Oliver Demny
Die Wut des Panthers

Oliver Demny, 1962 geboren, verweigerte den Kriegsdienst, studierte von 1984 bis 1992 Soziologie in Marburg, kollektiviert bei der linken Stadt- und Unizeitung *Marburg Virus* als Redakteur und Fotograf mit.

Inhalt

Vorwort zur 3. Auflage	7
Einige Vorbemerkungen	9

Kapitel I
Mosaiksteine 13

Die heißen Sommer	15
Die Sozialstruktur	18
Der Rassismus	23
Die Bürgerrechtsbewegung	27
Black Power	36

Kapitel II
Die Black Panther Party 39

Anfänge	41
Theorie und Praxis	58
Turbulente Jahre	74
Die Spaltung	115

Kapitel III
Fragmente 127

Bewegungen	128
Personen	145
Augenblicke hinter Gittern	155
Riots	161

Kapitel IV
Beschluß 167

Urteile	169
Grenzen der Black Panther Party?	174
Déjà-vu	186

Anmerkungen	199
Literatur	216

Vorwort
zur 3. Auflage

Bei der Fahrt durch die Stadt immer wieder Verzögerungen durch Straßensperren schwer bewaffneter Polizeieinheiten. Manche Sperren sind nicht für alle passierbar, sondern nur für InhaberInnen spezieller Ausweise.

Am Straßenrand die immer gleichen Szenen: Prügelnde Polizisten, deren Objekte meist eine andere Hautfarbe als die weiße haben.

Der Riot hat noch nicht richtig begonnen, die Massen der Schwarzen noch nicht die richtige Wut entwickelt. Es sind die ersten kleinen Scharmützel, die Schlimmes befürchten lassen in Los Angeles und in anderen großen Städten der USA.

Wieder einmal ist eine Ikone der Schwarzen ermordet worden. Diesmal keine gewohnte politische Führungsperson, sondern ein Musiker, der in seinen Texten das Establishment angriff.

Noch weiß niemand, wer ihn umbrachte. Wenn aber zu Tage tritt, wer es war, nämlich Ordnungshüter, dann Gnade Gott der Stadt der Engel.

Dies ist das düstere Zukunftsszenario in Kathryn Bigelows Film Strange Days von 1995. Er spielt heute, im Februar 2000, bereits in der Vergangenheit, denn er setzt zwei Tagen vor dem Milleniumssylvester an. Diesem Milleniumssylvester, das so viele Untergangsängste beschwor.

Das neue Jahrtausend: Wird es die Probleme der letzten zwei Jahrhunderte hinter sich lassen? Wird es ein friedliches Zusammenleben von Menschen geben, die von den US-amerikanischen Behörden als Großgruppen in verschiedene »Rassen« und »Ethnien« eingeteilt werden und sich in der Vergangenheit oft als Gegner gegenüberstanden?

Tauchen wir ein in die Vergangenheit der 60er und frühen 70er Jahre, in die politischen, sozialen und kulturellen Bemühungen und Kämpfe der Schwarzen, ihre Diskriminierung abzustreifen und ihre Lage zu verändern. Schauen wir, was aus der Ikone jener Jahre, der Black Panther Party wurde. Vielleicht lassen sich dann die Fragen zwar nicht beantworten, aber anders stellen.

Oliver Demny, Februar 2000

Einige Vorbemerkungen

Wie kommt ein Weißer aus Europa dazu, über die *Black Panther Party* zu schreiben, nachdem diese seit über 20 Jahren praktisch tot ist? Die Frage nach dem Interesse ist einfach zu beantworten. Zu Lebzeiten der Partei gab es – auch in der BRD – eine Flut von Material über sie: Autobiographien, Analysen und Ratschläge, Veröffentlichungen ihrer Schriften. Nach ihrer Spaltung 1971 ebbte dies rapide ab. Nichtzuletzt hatte das auch mit dem Niedergang der Studentenbewegung zu tun, die für solche Literatur einen Großteil des Marktes bot. Was also fehlt, ist eine Reflexion, die in Kenntnis der Ereignisse einfacher zu bewältigen ist, als in Zeiten, da sich die Menschen im Strudel aktueller Ereignisse befinden, und sich für diese die geschichtliche Entwicklung noch offen darstellt.

Gerade in den letzten Jahren hat es Veröffentlichungen gegeben, wie z.B. das hier häufig benutzte Buch von Ward Churchill und Jim Vander Wall *The FBI's Secret Wars Against the Black Panther Party and the American Indian Movement* aus dem Jahre 1988, die die Geschichte in einem anderen Licht erscheinen lassen. Die Rolle der Repression im Scheitern radikaler Organisationen wird klarer; durch Informationen aufgrund des *Freedom of Information Act*, das 1977 installierte Recht, nach Ablauf von 10 Jahren seine FBI-Akte auf Antrag einsehen zu können, und durch Informationen aus zum Teil erst Anfang der 80er Jahre beendeter Gerichtsprozesse – so begrenzt diese Informationen durch die staatlichen Behörden auch immer rausgegeben werden. Was würde heute alles ans Licht der Öffentlichkeit getragen, würde die Aktion wiederholt, die eine Gruppe mit dem selbstgegebenen Namen *Citizens' Commission to Investigate the FBI* durchführte, indem sie die Methoden des FBIs benutzte und in dessen Büro in Media, Pennsylvania einbrach, Akten mitnahm und an die Presse weiterleitete? Das machte damals die Existenz von COINTELPRO erst publik.[1]

Diese Lücke, das Fehlen einer rückblickenden Darstellung und Analyse unter Zuhilfenahme neuerer Informationen und Erkenntnisse damaliger Ereignisse, versucht dieses Buch zu schließen.

Die Ereignisse von damals sind auch insofern aktuell, da einige, nicht gerade wenige, der damaligen AktivistInnen heute noch politische Gefangene in den USA sind.

Der zweite Aspekt der Frage ist schon schwieriger zu beantworten: wie kommt ein Weißer dazu, eine schwarze Bewegung zu beurteilen? Die schwarzen Radikalen haben sich immer gegen eine Bevormundung gewehrt, gegen Urteile von Weißen. So zeigte Stokely Carmichael während des später noch erwähnten Kongresses *The Dialectics of Liberation* mit dem Finger auf diejenigen, die ihn wegen seiner totalen Zurückweisung der Unterstützung der schwarzen Bewegung durch weiße Liberale kritisierten, und fragte immer wieder: »Was habt ihr *getan*? ... Was *habt* ihr getan? ... Was habt *ihr* getan?«[2] Als ein verängstigter liberaler Weißer fragte: »Aber was sollen wir denn tun, um Euch zu helfen?«, brüllte er ihn an: »Go home, kill father and mother, hang up yourself!«[3] Von diesen Taten weit entfernt, kann der Verfasser dieses Buches nur so antworten, wie Jean-Paul Sartre in seinem Vorwort zu Frantz Fanons *Die Verdammten dieser Erde*, das den Dialog mit Europa ablehnt: »Als Europäer stehle ich einem Feind sein Buch und mache es zu einem Mittel, Europa zu heilen. Profitiert davon!«[4] Also die Hoffnung aus der Geschichte einer schwarzen Befreiungsbewegung, ihren Erfolgen und auch ihren Fehlern, lernen zu können. Oder, wie es Malcolm X ausdrückte: »Darum sage ich, daß es für Euch und für mich so wichtig ist, heute ein wenig Zeit damit zu verbringen, etwas über die Vergangenheit zu lernen, damit wir die Gegenwart besser verstehen, sie analysieren und dann anfangen zu handeln.«[5] Und dabei so solidarisch wie möglich und so kritisch wie nötig zu sein.

Die zum Teil chaotische Darstellungsweise des folgenden ist dadurch begründet, daß die Geschichte nicht so gradlinig und widerspruchsfrei verläuft, wie es HistorikerInnen gerne hätten. Daß das Buch streckenweise wie ein Krimi anmutet, liegt an den seinerzeitigen Formen politischer Auseinandersetzung in den USA.

Es wurde versucht, die eine Hälfte der Menschheit nicht wie sonst in der Sprache zu vergessen, sondern ebenso zu erwähnen. Da in den meisten Fabriken Arbeiter und Arbeiterinnen ihr Werk verrichten, wurden sie, wie neuerdings üblich, zu ArbeiterInnen zusammengefaßt. Genauso wurde bei anderen Bezeichnungen verfahren, außer es handelt sich eindeutig um die Handlung eines Geschlechts, wie bei den in unmittelbaren Kampfhandlungen stehenden GIs in Vietnam. Bei Bewegungen wurde dies unter bestimmten Umständen anders gehandhabt. Zum Beispiel ist hier immer nur von der Studentenbewegung die Rede. Zwar waren Frauen in ihr aktiv, es handelte sich politisch aber um eine männlich dominierte Bewegung, und der Verfasser hätte es als Geschichtsklitterung betrachtet, von einer StudentInnenbewegung zu reden.[6]

Neger, Schwarze, Afro- (oder Afrikanisch-) AmerikanerInnen bezeichnen demographisch die gleiche Bevölkerungsgruppe. Jedoch lassen sich Bezeichnungen und Begriffe nicht einfach aus ihrem politischen Kontext lösen. Deswegen wird das Wort Neger aufgrund seines diskriminierenden Gebrauchs in der Vergangenheit von mir nicht verwendet. Obwohl auch auf den ideologischen Charakter und die rassistische Komponente der Begriffe Schwarze, Weiße, Farbige hingewiesen wird, werden sie hier dennoch benutzt, weil in der hier hauptsächlich behandelten Zeit auch die AkteurInnen sich selbst so bezeichneten. Afro-AmerikanerInnen und das sich davon wieder abgrenzende Afrikanisch-AmerikanerInnen setzte sich erst später durch.[7] Genauso verhält es sich bei den UreinwohnerInnen. Hier wird die zu jener Zeit übliche Bezeichnung IndianerInnen gebraucht, heute nennen sie sich Natives. Der Wortgebrauch im Hinblick auf Statistiken wird an entsprechender Stelle erörtert werden.

Community bzw. *schwarze Community* wird im Orginal benutzt, da eine Übersetzung mit Gemeinde unzureichend wäre. Der Begriff meint sowohl den räumlichen Wohn- und Lebensort, bezeichnet darüberhinaus aber auch die unter den spezifischen Entwicklungsbedingungen in den USA entstandene zentrale Vermittlungsinstanz zwischen Familie und Gesellschaft. Die Community prägt also das öffentliche und auch private Leben. Schwarze Community bezeichnet die Schwarzen als ethnische, soziale und kulturelle Bevölkerungsgruppe und bezieht sich darüber hinaus auf die spezifische Struktur dieser Gruppe als Gemeinschaft.[8]

Bei Datenangaben wurde, falls in verschiedenen Quellen unterschiedliche angegeben wurden, dies entweder benannt oder nach dem Mehrheitsprinzip entschieden, d.h. falls es eine abweichende Quelle gab, drei andere aber übereinstimmten, wurde letzteren geglaubt.

Oliver Demny, April 1994

Kapitel I

Mosaiksteine

Die heißen Sommer

New York, Juli 1964 – In Harlem kam es zu mehrtägigen Unruhen, nachdem ein dienstfreier (weißer) Polizist in Zivil einen 15-jährigen schwarzen Jugendlichen erschoß, der ihn angeblich mit einem Messer bedroht hatte. Demonstrationen verwandelten die Innenstadt in einen Hexenkessel: Brennende Autos, Plünderungen von Geschäften, Pflastersteine, Eisenstangen und Molotowcocktails der Schwarzen gegen die Schußwaffen der Polizei. Vier Nächte und drei Tage tobten die Straßenschlachten. Dann schwappte die Woge des Aufruhrs über die Grenzen Manhattans in das Schwarzenviertel Bedford-Stuyvesant im Stadtteil Brooklyn.

Aber auch andere Städte waren betroffen: Im Ghetto von Rochester, im Nordwesten des Bundesstaates New York, gab es Rebellionen, nachdem zwei weiße Polizisten zwei betrunkene schwarze Jugendliche festgenommen hatten. Die Bilanz nach zehn ›heißen Tagen‹ in New York und Rochester: 7 Tote, 800 Verletzte, darunter 48 Polizisten, über 1.000 Festnahmen, Schäden in Millionenhöhe.[1]

Die ›heißen Sommermonate‹ wurden in den USA zu einer gefürchteten Zeit. Im Sommer 1965, vom 11. bis zum 16. August, brannte Watts, das Farbigen-Viertel von Los Angeles. Der Anlaß: die Festnahme eines (angeblich) betrunkenen schwarzen Autofahrers durch einen weißen Polizisten. »Eine Woche lang mordete, marodierte und brandschatzte der schwarze Mob.« schrieb damals die Presse. Das Resultat: 35 Tote, über 800 Verletzte, 700 niedergebrannte Häuser, die Verwüstung eines 77 Quadratkilometer großen Gebiets, 160 Millionen DM Sachschaden.[2]

The beat goes on; Sommer 1966. Nun kam es schon in mehr als zwei Dutzend Städten in den ganzen USA zu Aufständen. Unter anderem in Jacksonville (Florida), Sacramento (Kalifornien), Omaha (Nebraska), New York, Los Angeles, San Francisco, Chicago. Der Auslöser in Chicago war, daß die Polizei schwarze Kinder von einem Wasserhydranten vertrieb, den sie aufgedreht hatten, um sich in der Sommerhitze zu erfrischen.

Der blutige Höhepunkt dieses Sommers fand in Cleveland (Ohio) statt. »Tagelang loderten die Flammen, beschossen schwarze Hekkenschützen Polizisten, Soldaten der Nationalgarde und Feuerwehrleute, explodierten Molotowcocktails, prasselten Steine und Flaschen auf die Ordnungshüter. Schwarze und Weiße wurden getötet, verletzt, verhaftet.«[3] Am Ende dieses Sommers waren bei den Aufständen 12 Menschen getötet und über 400 verletzt worden.[4]

1967, im vierten ›heißen Sommer‹ waren schon über 100 Städte von den Aufständen betroffen, am härtesten Newark (New Jersey) und Detroit. Vom 12. bis zum 17. Juli tobte es in Newark, nachdem ein schwarzer Taxifahrer verhaftet worden war. »Kaum war der Verhaftete im Vierten Polizeirevier verschwunden, rotteten sich vor dem Gebäude Hunderte Farbige zusammen. Sie warfen mit Steinen und Flaschen und riefen: ›Schlagt die Trommeln und nicht die Köpfe.‹«[5] Bald darauf »war die 405.000-Einwohner-Stadt ein verwüstetes Schlachtfeld; 27 Menschen starben (davon 25 Schwarze, d. Verf.), über zweitausend wurden verwundet. An 60 Stellen wüteten Feuerbrünste, ganze Häuserblocks waren übersät mit Kugeleinschlägen, die Geschäfte der Innenstadt ausgeplündert oder zerstört. In den Straßen patrouillierten Schützenpanzer mit Maschinengewehren, 1.500 festgenommene Farbige füllten die Gefängnisse der Stadt.«[6]

Aber »die schwerste amerikanische Krise seit dem Bürgerkrieg«, so Senator Robert Kennedy[7], »die größte Tragödie in der langen Reihe der Explosionen in den Farbigen-Gettos«, so die Washington Post[8], fand vom 24. bis zum 28. Juli in Detroit statt, nach einer Polizei-Razzia gegen eine illegale Farbigen-Kneipe. »Rollende Barrieren räumten die Straßen: Panzer mit aufgesessenen Fallschirmjägern, die – in Viererformation nebeneinander – den Raum von Häuserfront zu Häuserfront ausfüllten. Ihre Maschinengewehre schossen auf alles, was sich auf Straßen und Plätzen bewegte. Über den Dächern kreisten Dutzende Hubschrauber – sie feuerten auf Dachluken und Simse. Ganze Stadtviertel brannten, Straßenzüge waren nur noch rauchgeschwärzte Ruinen. Auf Bürgersteigen und in Hausfluren lagen Tote, zum Teil verkohlt. Draußen trieben Uniformierte mit Kolbenstößen Gefangene zusammen. In vier Tagen und vier Nächten Straßenkampf säuberten Polizisten, Nationalgardisten und Fallschirmjäger der 82. und der 101. US-Division (die zuvor in Vietnam gekämpft hatten, d. Verf.) Straße um Straße, Haus um Haus. Dann – am letzten Wochenende – schwiegen die Karabiner der Heckenschützen, aber die Paras (von paratroops = Fallschirmjäger; d. Verf.) hatten eine zerstörte Stadt erobert: nicht eine feindliche Kapitale, sondern die fünftgrößte Stadt des eigenen Landes, die Auto-Hauptstadt der Welt, Detroit am Erie-See im US-Bundesstaat Michigan.«[9]

Das Justizsystem war überfordert. Das Stadtgefängnis von Detroit, gebaut für 1.200 Häftlinge, war mit 1.700 Personen völlig überbelegt. In den Bezirksgefängnissen wurden auf einen Raum für 50 Menschen 150 und mehr zusammengepfercht. Die Jugendstrafanstalt mußte während der Unruhen 600 aufnehmen, statt der 120 Jugendlichen für die sie eingerichtet war. Es wurden Behelfsgefängnisse errichtet, wie beispielsweise eine unterirdische Polizeigarage, in die 1.000 Inhaftierte gesperrt wurden. Andere wurden für mehr als 24 Stunden in städtische Autobusse gezwängt. Das bedeutete für die Betroffenen keine ausreichende Versorgung mit Kost, Wasser, Toiletten und medizinischer Behandlung. Ihre Rechte waren faktisch außer Kraft gesetzt. Sie hatten keine Möglichkeit mit AnwältInnen oder Verwandten Kontakt aufzunehmen, die wiederum nicht wußten, wo ihre MandantInnen oder Angehörigen eingesperrt waren.[10]

41 Menschen starben in diesen Tagen in Detroit, 2.000 wurden verletzt, 3.200 verhaftet, Tausende obdachlos. 1.500 Geschäfte wurden geplündert, 1.200 Brände gelegt, ein Sachschaden von zwei Milliarden DM verursacht und die Autoproduktion gestoppt. H. Rap Brown, einer der Führer der schwarzen StudentInnenorganisation SNCC, sagte später über diese Stadt: »Früher hieß sie Detroit, jetzt heißt sie Destroyed.«[11]

Wie sind diese ›Explosionen‹ zu erklären? Warum fanden sie statt? Warum fanden sie zu diesem Zeitpunkt statt?

Obwohl von keiner typischen Aufstandsstruktur geredet werden kann, gab es doch Ähnlichkeiten von Harlem bis Detroit: Vor den eigentlichen Unruhen hatte es Zwischenfälle gegeben; in fast der Hälfte aller Fälle waren sie auf Polizeimaßnahmen zurückzuführen. Die Spannung war gestiegen, bis nur noch der Tropfen fehlte, um das Faß zum Überlaufen zu bringen. Dieser Tropfen, der die Spannung dann in Gewalttätigkeiten umschlagen ließ, war sehr oft wiederum eine Polizeimaßnahme. Ob diese im Einzelfall gerechtfertigt war oder nicht, war für den weiteren Verlauf unerheblich. Dieser letzte Zwischenfall vor dem Ausbruch ereignete sich meist abends oder nachts an einem belebten Ort. »Erregt über den Vorfall versammelten sich mehr und mehr Menschen auf der Straße. Die Polizei rief Verstärkung herbei und versuchte, die Herumstehenden einzuschüchtern. Was hundertfach Erfolg gehabt hatte, versagte plötzlich.«[12] Steine und Flaschen flogen gegen die Polizisten. Schaufenster wurden eingeschlagen. Dann setzte meist eine Plünderungswelle ein. Die Ziele der Aggressionen waren aber nicht beliebig. Es traf die Symbole der weißen Gesellschaft: Polizei und Geschäfte von Weißen.

Die Hauptträger der Unruhen waren Jugendliche. Ein Vergleich zwischen Beteiligten und Unbeteiligten weist große Unterschiede in ihren Einstellungen zu ökonomischen und politischen Strukturen auf: sie waren besser informiert, sie waren sich stärker der rassischen Diskriminierung bewußt, sie waren seltener der Meinung, daß innerhalb der traditionellen politischen Strukturen etwas zu erreichen sei, und sie hatten schon öfter an politischen Aktionen teilgenommen. Sie waren also deutlich entfremdeter und politischer als ihre unbeteiligten schwarzen MitbürgerInnen.[13]

Doch das beschreibt eher den Verlauf der Unruhen und sagt wenig über die tieferliegenden Ursachen aus. Wo sind diese zu finden?

Die Sozialstruktur

In den USA lebten 1967 22 Millionen Schwarze. Damit bildeten sie einen Anteil von 11,1% an der Gesamtbevölkerung. Diese Zahlen des *US Bureau of the Census* sind allerdings nach dem ebenso offiziellen *Report of the National Advisory Commission on Civil Disorders* um 10% zu niedrig.[14]

Lebten die Schwarzen im letzten Jahrhundert hauptsächlich im den südlichen Bundesstaaten, um 1900 waren es mehr als 90%, so fand ab der Jahrhundertwende eine Binnenwanderung in den Norden und Westen statt. »1966 lebten nur noch 55% aller farbigen Amerikaner im Süden, 37% im Norden und 8% im Westen. Auf die Gesamtbevölkerung dieser Gebiete umgerechnet, stellte der Neger 20% der Gesamtbevölkerung im Süden, 8% im Norden und 5% im Westen.«[15]

Zu den Begriffen ›farbige Amerikaner‹ und ›Nicht-Weiße‹ muß noch eingeschoben werden: sie beinhalten auch andere farbige Minderheiten in den USA. Da aber ungefähr 94% aller Nicht-Weißen Schwarze waren, widerspiegeln offizielle Angaben über Nicht-Weiße die Lage der Schwarzen.[16]

Die Schwarzen bewohnten diese Gebiete aber nicht gleichmäßig verteilt, sondern konzentrierten sich in den Großstädten. Im Süden lebten 58,4% der dort ansässigen Schwarzen in *urban areas*, im Norden und Westen waren es 95,3%. »1960 lebten 1.141.322 nichtweiße Amerikaner in den Gettos von New York, mehr Schwarze als in irgendeiner Stadt Afrikas.«[17] Innerhalb der Städte konzentrierten sie sich noch einmal, und zwar in den Innenstädten, d.h. den Ghettos, während die weiße Bevölkerung in die Randgebiete, also die Vorstädte, zog.[18]

Die Situation in den Ghettos war katastrophal. Die Arbeitslosigkeit betrug 9,3% (1966); nach Schätzungen war die Unterbeschäftigung (Kurzarbeit, Gelegenheitsarbeit, etc.) dreimal höher. Insgesamt waren 32,7% der GhettobewohnerInnen arbeitslos oder unterbeschäftigt. Besonders verheerend war die Situation für Jugendliche: 37,2% der Mädchen und 31,4% der Jungen waren arbeitslos. »Die überdurchschnittlich hohe Arbeitslosigkeit unter farbigen Amerikanern findet ihre Ergänzung in einer überdurchschnittlichen Vertretung schwarzer Arbeiter in den am schlechtesten bezahlten Berufen.«[19]

Von daher ist es auch nicht verwunderlich, daß 40,6% aller Nicht-Weißen unter der offiziellen Armutsgrenze lebten. Wegen der großen Zahl von statistisch Nichterfaßten, gerade bei armen Schwarzen, dürfte diese Zahl weit höher gelegen haben und ungefähr die Hälfte aller Farbigen als arm zu bezeichnen gewesen sein. Besonders betroffen waren auch hier wieder Kinder und Jugendliche: von den in Armut lebenden Nicht-Weißen in den Ghettos waren 52% Kinder unter 16 Jahren, 61% unter 21 Jahren. Das hieß für viele, daß sie hungen mußten. Der *Report by the Citizen's Board of Inquiry into*

Hunger and Malnutrition in the United States sprach 1965 davon, daß ein Drittel bis die Hälfte aller Armen an Hunger und Unterernährung litt. Sozialhilfe zu empfangen bedeutete für die Armen keine wirkliche Hilfe. Die tatsächlichen Auszahlungen unterschritten beständig den Satz, der den Familien eigentlich zustand. Oft blieb dies sowieso bedeutungslos, da drei Viertel der Armen ohnehin keine Sozialhilfe erhielten, weil einzelne Bundesstaaten ihre Beteiligung an Sozialhilfeprogrammen des Bundes einschränkten und Auswahlkriterien anwendeten, die bis in die Illegalität reichten.[20]

Der Bericht beschrieb die konkret vorgefundenen Verhältnisse so: »Bei jedem Kind stellten wir fest: Folgen von Vitamin- und Nährsalzmangel; ernsthafte, unbehandelte Ekzeme und Geschwüre; Augen- und Ohrenkrankheiten, auch unbehandelte Knochenkrankheiten, die auf mangelhafte Ernährung zurückzuführen sind; Vorherrschen bakterieller und parasitärer Krankheiten sowie schwerer Anämie, die zu Energieverlust führt und unfähig macht, ein normales Alltagsleben zu führen; Herz- und Lungenkrankheiten – für deren Heilung ein Chirurg erforderlich wäre –, die nicht diagnostiziert und behandelt worden sind; epileptische und andere neurotische Störungen; schwere Nierenerkrankungen, bei denen andere Kinder sofort ins Krankenhaus eingeliefert würden; und schließlich bei Jungen und Mädchen aller besuchten Bezirke: deutliche Beweise für reale Unterernährung mit Schädigung der Körpergewebe – der Muskeln, Knochen und der Haut, sowie eine damit verbundene psychische Müdigkeit, Teilnahmslosigkeit und Erschöpfung. (...) Wir sahen Kinder, die offene Wunden hatten, (unbehandelte) chronische Arm- und Beinverletzungen und -verformungen. Wir sahen Wohnungen ohne fließendes Wasser, die voller bakterienübertragender Mücken und Fliegen waren. Wir sahen Kinder, die froh sind, wenn sie einmal am Tag essen können – ein Essen mit unzureichendem Vitamin, Nährsalz- und Eiweißgehalt. Wir sahen Kinder, die keine Milch zu trinken und kein Obst, grünes Gemüse oder Fleisch zu essen bekommen. Sie leben von stärkereichen Nahrungsmitteln – Grütze, Brot und Brei.«[21]

Schlechte Qualität der Wohnungen, Zusammenbruch der Familienstruktur, mangelhafte Gesundheitsversorgung, niedrige Lebenserwartung und starke Kriminalität bestimmten das Leben im Ghetto: 56% aller Nicht-Weißen lebten in als ›substandart‹ bezeichneten Wohnungen, 28,3% der Wohnungen waren überbelegt (1960). 23,7% der Nicht-Weißen Familien (1966) hatten eine Frau als Familienvorstand, so der offizielle Terminus. Faktisch bedeutete das, daß schwarze Frauen die alleinigen Verdienerinnen waren und sich nicht auf die Unterstützung eines Mannes verlassen konnten. Je ärmer, desto höher diese Zahl: für Familien unter der Armutsgrenze lag sie bei 42%. 26,3% aller nicht-weißen Kinder wurden unehelich geboren (1965). Schwarze Eltern konnten ihren Kindern keine ›behütete‹ Jugend bieten. Die Kinder wurden schon früh mit Gewalt und Gefahr konfrontiert. Also mußten sie früh lernen, sich in einer feindlichen Umwelt zu behaupten und zu überleben.[22]

Vergleicht man die Lage der Schwarzen mit der des weißen Amerika, so wird die Situation noch deutlicher: Nicht-Weiße waren 2,2 mal so häufig von Arbeitslosigkeit betroffen wie Weiße. Bezieht man dauerhafte Unterbeschäftigung mit ein, so war der Prozentsatz für die Ghettos 8,8 mal höher als im US-Durchschnitt (1966). Während 12,3% der weißen Mädchen zwischen 16 und 19 Jahren, die auch in Armutsvierteln lebten, also eigentlich der gleichen souialen Schicht angehörten, arbeitslos waren, betrug die Quote für nicht-weiße Mädchen 37,2%. Bei Jungen war das Verhältnis 17,2% zu 31,4% (1967).[23]

Hatten Schwarze Arbeit, so waren ihre Berufspositionen fast durchweg schlechter als die der Weißen: 85% der Fließbandarbeiter in den Fabriken waren Schwarze, bei den unangenehmsten Arbeiten bis zu 99%. Ein Drittel der erwerbstätigen schwarzen Frauen war als Hausbedienstete beschäftigt (1960).[24]

»Das Durchschnittseinkommen einer nichtweißen Familie betrug 1966 nur 58% des Einkommens einer weißen Familie.«[25] Doch die durchschnittliche Familiengröße war deutlich unterschiedlich: bei Weißen hatten sie 3,3, bei Nicht-Weißen 4 Mitglieder. »Schlüsseln wir die Familien nach Köpfen auf (was die amtliche Statistik auch hinsichtlich der Einkommensdaten unterläßt), so zeigt sich, daß das Pro-Kopf-Einkommen des schwarzen Amerikaners sogar nur 45% des weißen ausmacht.«[26]

	Elementarschule		Oberschule		College	
	weniger als 8 Jahre	8 Jahre	1-3 Jahre	4 Jahre	1-3 Jahre	4 Jahre oder mehr
weiß	4.477	6.103	7.267	8.217	9.252	11.697
nicht-weiß	3.349	4.399	4.418	5.886	7.043	9.510

(1966, alle Zahlenangaben in Dollar)

Wesentlich verantwortlich für die Berufschancen und damit für den Lebensstandard ist die Ausbildung. Schwarze gingen aber durchschnittlich nur 9,1 Jahre zur Schule, Weiße dagegen 12,1 Jahre (1966). Aber auch bei gleicher Bildung blieben die Schwarzen später vom Einkommen her benachteiligt. Die folgende Grafik[27] stellt das Durchschnittseinkommen weißer und schwarzer Familien mit derselben Ausbildung (des Haushaltsvorstandes) gegenüber.
Bei alledem verwundert es nicht, daß Nicht-Weiße, gemessen an ihrem Anteil an der Bevölkerung, 3,5 mal so häufig arm waren wie Weiße (1966).[28]

Die Geburtensterblichkeit Schwarzer war doppelt so hoch wie die der Weißen. Schwarze Mütter starben vier mal häufiger als weiße Mütter bei der Geburt. Im ersten Lebensjahr starben schwarze Kinder doppelt so häufig wie weiße. Allgemein lag die Lebenserwartung der Schwarzen um sieben Jahre unter der der Weißen, 64 Jahre zu 71 Jahren (1966).[29]

Die Diskriminierung der Schwarzen wurde auch noch ganz woanders sichtbar: in Vietnam. Aus ihrer verzweifelten Lage heraus erschien vielen Schwarzen der Militärdienst als einziger Ausweg, um zu einem gesicherten Einkommen zu gelangen. In Vietnam wurden sie zu Kanonenfutter. Sie bekleideten die unteren Dienstränge und waren so an den direkten Kampfhandlungen beteiligt. Die Nicht-Weißen stellten 11,5% der gesamten Mannschaftsstärke, aber 22% aller toten US-Soldaten.[30]

Der Rassismus

»Unser Volk zerfällt in zwei Teile, zwei verschiedene Gesellschaften – die eine schwarz, die andere weiß.«[31] So beschrieb die oben schon genannte offizielle Untersuchungskommission der ›Rassenunruhen‹, der *Report of the National Advisory Commission on Civil Disorders*, nach ihrem Vorsitzenden, dem Gouverneur von Illinois, auch kurz Kerner-Kommission genannt, die Situation. Weiter heißt es in dem Bericht: »Rassentrennung und Armut haben in den Gettos eine zerstörerische Atmosphäre geschaffen, die den meisten weißen Amerikanern völlig unbekannt ist.«[32]

In dem Bericht der Kommission wurden auch konkret die Mißstände dargelegt, die u.a. Ursachen für die Unruhen waren. Neben den oben schon beschriebenen Sozialverhältnissen (Arbeitslosigkeit und Unterbeschäftigung, unzumutbare Wohnverhältnisse, unbefriedigende Erziehungsverhältnisse), wurden neben ein paar anderen, unbedeutenderen (schlechte Erholungsmöglichkeiten und -programme, unzureichende Regierungs- und Sozialfürsorgeprogramme, unzulängliche kommunale Dienstleistungen), vor allem die Repression und der Rassismus benannt. Konkret äußerte sich letzteres in den Polizeipraktiken, der geringschätzenden Haltung der Weißen, der diskriminierenden Rechtspflege und den diskriminierenden Verkaufs- und Geschäftspraktiken.[33]

Wie man an den einzelnen Anlässen, die zu den Unruhen führten, sehen kann, war das Verhältnis der schwarzen Ghettobevölkerung zu – oder besser gegen – (meist weiße) Polizisten, einer der augenfälligsten Mißstände. Der Bericht: »Die Polizei ist nicht nur ein ›zündender‹ Faktor. Für einige Neger ist die Polizei zum Symbol der weißen Macht, des weißen Rassismus und der weißen Unterdrückung geworden. Und tatsächlich verkörpern viele Polizisten diese Haltung der weißen Bevölkerung. Die Atmosphäre der Feindschaft und des Zynismus wird durch den weitverbreiteten Glauben der Neger bestärkt, daß bei den Polizisten Brutalität vorherrsche, und zweierlei Recht gelte – eines für die Neger und eines für die Weißen. Das gereizte Verhältnis zwischen der Polizei und der Getto-Gemeinde bildete die Hauptquelle und lieferte den meisten Zündstoff für Ressentiments, Spannungen und Krawalle. Die Schuld aber trifft die gesamte Gesellschaft.«[34] Um es genauer zu sagen, den in der amerikanischen Gesellschaft verwurzelten Rassismus.

AfrikanerInnen waren von ihrem Kontinent verschleppt worden, damit sie auf den Plantagen in den USA arbeiteten. Sie ersetzten damit Ende des 17. Jahrhunderts die vorwiegend europäischen, hauptsächlich englischen *indentured servants*, Sklaven auf Zeit – in der Regel sieben Jahre – die meist aus ihrer Verschuldung heraus versklavt worden waren. Diese wurden nun als Bewachungspersonal über die zu lebenslangen SklavInnen ›aufgestiegenen‹ Schwarzen eingestellt. Damit war eine ›rassische Sklaverei‹ institutionalisiert, die die armen Weißen mit der Plantagenbourgeoisie unter dem ›Privileg der weißen Haut‹ verband.

Die Abschaffung der Sklaverei 1865 entließ die Schwarzen nicht in die bürgerliche Freiheit, sondern in die US-amerikanische Version der Apartheid. 1896 führte die Entscheidung des Obersten Bundesgerichts, die unter dem Schlagwort *divided but equal* bekannt wurde, vor allem im Süden zur ›Rassentrennung‹; öffentliche Einrichtungen wie Schulen, Eisenbahnabteile, Krankenhäuser, Toiletten existierten zweifach: einmal für Weiße, einmal für Schwarze. Gesetze wurden verabschiedet, die das Wahlrecht von Schwarzen beschnitten und sie praktisch von der Wahlurne fernhielten. Hinzu kam der Terror des Ku Klux Klan und ähnlicher Organisationen, sowie alltägliche Beleidigungen und Diskriminierungen.[35]

Stokely Carmichael und Charles V. Hamilton, zwei schwarze Aktivisten und Intellektuelle, sprachen 1967 in ihrem Buch *Black Power* von zwei (miteinander verbundenen) Arten von Rassismus: dem individuellen und dem institutionellen. Während die erste Form von weiten Teilen der Gesellschaft, also auch von vielen Weißen, verurteilt würde, sei die zweite Form verschleierter, subtiler, schwerer nachweisbar und werde meistens akzeptiert. »Wenn weiße Terroristen in der Kirche einer schwarzen Gemeinde Bomben legen und dabei fünf schwarze Kinder töten, ist das ein Akt von individuellem Rassismus, der von weiten Kreisen der Gesellschaft lebhaft bedauert wird. Wenn aber in derselben Stadt – Birmingham in Alabama –

nicht fünf, sondern fünfhundert schwarze Säuglinge im Jahr sterben, weil es an richtiger Nahrung, an Wohnung und ärztlicher Betreuung fehlt, und wenn tausende anderer zugrunde gehen und körperlich, seelisch und geistig in den Negervierteln verkommen durch Armut und Diskriminierung, dann ist das eine Auswirkung des institutionellen Rassismus.«[36] Er gründe sich auf einer behaupteten Überlegenheit der ›weißen‹ über die ›schwarze Rasse‹, weshalb Schwarze gesellschaftlich untergeordnet sein sollten. Dieser Rassismus sei keine Randerscheinung, sondern durchziehe die gesamte Gesellschaft.[37]

Carmichael und Hamilton untersuchten die umfassende Unterdrückung der Schwarzen durch die Weißen in drei Wirkungsbereichen:

1) *Der politische Bereich* werde ausschließlich von Weißen beherrscht. »In der Politik sind alle Entscheidungen, die das Leben der Schwarzen beeinflussen, von Weißen getroffen worden, von der weißen Machtstruktur.«[38] Diese zeichne sich vor allem dadurch aus, daß die verschiedenen weißen politischen Kräfte mit ihren ansonsten unterschiedlichen Strategien den Schwarzen gegenüber eine monolithische Struktur einnähmen: sie handelten als geschlossene Gruppe. »Konfrontiert mit Forderungen der Schwarzen, einigen sich die Weißen aller Parteien und bilden eine geschlossene Front.«[39]

Schwarze, die sich dennoch in gehobene Positionen der Machtstruktur emporgearbeitet hatten (›ganz oben‹ fand man keine), würden nicht mehr die Interessen der schwarzen Massen vertreten, sondern seien in eben dieser Machtstruktur so eingebunden, daß sie zu Abgesandten des weißen Amerikas geworden wären. »In unserem Land hat sich in den schwarzen Gemeinden eine regelrechte Klasse von ›Führern‹ gebildet, ›denen die Hände gebunden sind‹. Dies sind Farbige mit bestimmten Fähigkeiten in Technik und Verwaltung, die innerhalb ihrer Gemeinde eine nützliche Führungsrolle ausfüllen könnten, es aber nicht tun, weil sie der weißen Machtstruktur verpflichtet sind. Es sind farbige Lehrer, Beamte der Bezirks-Verwaltung, jüngere Geschäftsführer in Stellungen des Managements von Industrieunternehmungen u.s.f.«[40] Schwarze wurden demnach von realer Machtausübung ferngehalten.

2) *Der wirtschaftliche Bereich* sei durch Ausbeutungsstrukturen gekennzeichnet, in denen Schwarze als billiges Arbeitskräftereservoir dienen. Je nach wirtschaftlicher Lage würden sie eingestellt oder entlassen. Dabei bekämen sie durchweg bedeutend geringere Löhne als Weiße.

Außerdem werde ihnen im Konsumptionsbereich das Geld aus der Tasche gezogen. Die Waren würden im Ghetto teurer verkauft als ›draußen‹. Qualitativ schlechter seien sie dazu. Das Ghetto diene als Absatzmarkt für relativ zu teure Produkte. »Mit seinem unterdurchschnittlichen Verdienst zahlt der Farbige übermäßig hohe Preise für minderwertige Waren und außerdem mehr für seine Wohnung als der Weiße.«[41]

3) *Der soziale Bereich* sei gespalten. Auf der einen Seite das weiße Amerika mit seinen Werten und Normen, mit seinen Idealen und seiner Kultur. Auf der anderen Seite die des schwarzen Amerikas, die aber nach Ansicht der Weißen kulturlos und minderwertig sei. Schwarze würden (oft) auf eine gleiche Stufe mit Tieren gestellt. Das führe dazu, daß die Schwarzen selbst ihren Wert als menschliches Wesen anzweifelten und somit ihre Selbstachtung verlören. Sie würden das ihnen von den Weißen aufgedrückte Bild verinnerlichen.

»Diese Zweifel sind die Keimzellen für einen zerstörerischen Selbst- und Gruppenhaß – des Negerkomplexes – und für ein Vorurteil gegenüber sich selbst, das keine eigene Kraft wachsen läßt. Die intensive Beschäftigung vieler Neger mit Haarglättern, Hautbleichmitteln und dergleichen, veranschaulicht diesen tragischen Aspekt amerikanischen Rassenvorurteils – die Schwarzen glauben schließlich selbst an ihre Unterlegenheit.«[42]

Am augenfälligsten wurde dies bei der Übernahme des weißen Schönheitsideals – weiße Haut, blond, blauäugig – durch die Schwarzen. Schwarze Haut, krauses Haar und ›negroide‹ Gesichtszüge galten als häßlich. Ein ganzer Industriezweig profitierte durch den Verkauf von ›Schönheitsmitteln‹ zur Glättung der Haare und zum Bleichen der Haut. Die Hautfarbe wurde mit Charaktereigenschaften in Verbindung gesetzt. Je hellhäutiger ein/e Schwarze/r war, desto schöner und intelligenter galt er/sie.[43]

Der Versuch sich anzupassen, ›weiß zu werden‹, nicht mehr nach der eigenen, ›schwarzen‹ Kultur zu suchen, könne, so Carmichael und Hamilton, nicht gelingen. Es führe zu einem Leben zwischen den Grenzen, in den Randgebieten beider Gesellschaften. Eine Integration könne nicht stattfinden.

Carmichael und Hamilton verglichen die so von ihnen analysierte Situation der schwarzen Ghettos der USA mit der von Kolonien in der sogenannten Dritten Welt und stellten eine frappierende Ähnlichkeit fest. Das veranlaßte sie den seit Anfang der sechziger Jahre herumschwirrenden Begriff von der ›Kolonie im Mutterland‹ zu ergreifen.[44]

Die Bürgerrechtsbewegung

Um es banal auszudrücken, die Lage der Schwarzen war beschissen. Aber erklärt das allein ihre Rebellionen?

Schlechte Lebensbedingungen, Diskriminierung, Unterdrückung und Ausbeutung hat es in der Geschichte immer gegeben, Aufstände im Vergleich dazu nur selten. Menschen fügen sich zumeist in die gegebene Realität, da ihnen diese als die einzig mögliche erscheint. Solange sie keine andere Realität kennen, nehmen sie ›ihr Schicksal‹ ergeben an. Fall dieses Gefangensein in eine bestimmte Lebensweise nicht ausreicht, sie in der bestehenden Ordnung zu halten, wird es durch die Angst vor Repressionen erreicht.

Manchmal jedoch lehnen sich die Unterdrückten und Ausgebeuteten auf, verlieren die Scham, an ›ihrem Schicksal‹ selbst die Schuld zu tragen, widersetzen sich den Regeln der bestehenden Ordnung, überwinden die Angst vor der Repression.

Warum? Wann?

Ein großer Teil theoretischer Erklärungen führt als Grund ökonomische Veränderungen an. Sowohl Verbesserungen als auch Verschlechterungen schaffen Erwartungen. Werden diese nicht erfüllt, stimmen sie nicht mit den tatsächlichen Lebensbedingungen überein, entstehen Frustration und Ängste und entsprechend verschiedene Formen der Verweigerung und des Widerstandes. Andere Theori-

en gehen darüber hinaus und besagen, daß durch die ökonomischen Veränderungen die Strukturen des Alltagslebens praktisch außer Kraft gesetzt werden. Dadurch vermindert sich die soziale Kontrolle, bei gleichzeitiger Zunahme der Frustration. Damit daraus aber Protest und Aufruhr entstehen, müssen die Verhältnisse als ungerecht und nicht selbstverschuldet empfunden werden und die Hoffnung auf Veränderung bestehen.[45]
Hatte es nicht diese Hoffnung auf Veränderung durch die Bürgerrechtsbewegung gegeben?

Seit den vierziger Jahren hatte es eine Reihe gerichtlicher Entscheidungen gegen die schlimmsten und sichtbarsten Auswüchse des institutionellen Rassismus gegeben. Der Höhepunkt dessen war die Entscheidung des Obersten Gerichtshofs der USA am 17. Mai 1954, der die Rassentrennung im Schulwesen für verfassungswidrig erklärte, weil die Trennung in weiße und schwarze Schulen keine Chancengleichheit bot. Real änderte sich durch diese Art von Gerichtsurteilen für die Schwarzen allerdings nahezu nichts. Der Kampf in den Gerichtssälen für die Gleichberechtigung der Schwarzen wurde wesentlich von der *National Association for the Advancement of Colored People* (NAACP) geführt. Diese war vor dem ersten Weltkrieg von schwarzen Intellektuellen, weißen Liberalen und führenden Unternehmern gegründet worden. Sie war eine Organisation der recht kleinen schwarzen Mittelschicht und hatte nie eine größere Basis innerhalb der Masse der Schwarzen gehabt.[46]

Als die Geburtsstunde der Bürgerrechtsbewegung wird der 1. Dezember 1955 angegeben. An diesem Tag weigerte sich die schwarze Arbeiterin Rosa Parks in Montgomery, Alabama, in einem Bus einen Sitzplatz, der ausschließlich Weißen vorbehalten war, zu verlassen und sich in den für Schwarze erlaubten hinteren Teil zurückzuziehen. Sie wurde deswegen aufgrund der lokalen Rassentrennungsverordnung festgenommen. Damit war sie die fünfte Person, die in dem Jahr in Montgomery wegen Verletzung der Sitzordnung in Bussen verhaftet wurde. Es war schon vorher über einen Busboykott geredet worden und nach dem erfolgreichen Beispiel von Baton Rouge ein Jahr zuvor waren auch schon konkrete Schritte geplant worden. Nun wurde dies anläßlich der Verhaftung aufgegriffen.

Zwölf Monate dauerte der Busboykott. Dann fällte der Oberste Gerichtshof die Entscheidung, daß die Gesetze des Staates Alabama sowie entsprechende lokale Verordnungen über die Rassentrennung in Bussen verfassungswidrig waren.[47]

Diese »erste große Schlacht«[48] der Bürgerrechtsbewegung, mit der sie gleich ihren »ersten bedeutenden Sieg«[49] errang, zeigt, daß sich das Kampfterrain von den Gerichtssälen auf die Straße verlagert hatte. Neue Widerstandsformen wurden entwickelt. Das waren konsequent gewaltlose ›direkte Aktionen‹: Demonstrationen, Boykotte, sit-ins und bewußte Verletzungen der Rassentrennungsordnung, wie z.b. die *freedom rides*, also die organisierten Bus- oder Zugfahrten zur Aufhebung der Rassentrennung im Transportwesen.[50]

Da die institutionalisierte Rassentrennung in den Südstaaten am krassesten zum Ausdruck kam, beschränkte die Bürgerrechtsbewegung ihre Aktivitäten fast ausschließlich auf dieses Gebiet. Auch die WählerInnenregistrierungskampagnen fanden dort statt. 1962 waren lediglich 25% der Schwarzen im Süden als WählerInnen registriert. Zahllose Restriktionen weißer Beamter verhinderten ihre Aufnahme in die Listen. Durch die Registrierungskampagne wurde versucht, das zu ändern. Dahinter stand die Vorstellung daß, wenn mehr und mehr Schwarze sich registrieren lassen würden und damit ein nicht zu übersehendes WählerInnenpotential darstellten, sich die Chance für mehr Schwarze in öffentlichen Ämtern bieten könnte. Damit verbunden war für viele die Hoffnung, durch einen Erfolg der Registrierungskampagne, einen Schlüssel zum Sturz des südlichen Kastensystems zu erhalten.[51]

Die Organisationen, die die entscheidenden Träger der Aktivitäten waren, neben einer Unmenge kleinerer, oft nur kommunal arbeitender Gruppen: Die *Southern Christian Leadership Conference* (SCLC) war 1957 von dem international wohl bekanntesten Vertreter der Bürgerrechtsbewegung, dem Baptistenprediger Martin Luther King, gegründet worden. Der *Congress of Racial Equality* (CORE), der bereits 1942 gegründet worden war. Und das erst am 17. April 1960 gegründete *Student Nonviolent Coordinating Comitee*, kurz SNCC oder auch SNICK genannt. Alle drei hatten jedoch keine besonders entwickelte Organisationsstruktur. Ihr Ziel war nicht eine formelle

Mitgliedschaft aufzubauen. Der Zusammenhang war dementsprechend locker und funktional. Er ergab sich aus den Aktivitäten der Menschen, die immer wieder zahlreich für Aktionen mobilisiert werden konnten. 1960 nahmen insgesamt über 50.000 Menschen, die meisten schwarz, aber auch einige weiß, an Demonstrationen der Bürgerrechtsbewegung teil.[52]

Die Mitglieder von CORE und SNCC kamen aus der oberen Unterschicht: »sie sind Schwarze, sie kommen aus dem Süden, ihre Familien sind arm und gehören zur Arbeiterklasse, aber sie haben ein College besucht.«[53] Und sie waren engagiert und hoffnungsvoll, mit den Mitteln des zivilen Ungehorsams die Grenzen orthodoxer Politik, wie sie die NAACP praktizierte, zu durchbrechen. Das SNCC war am Anfang keine rein schwarze Organisation. Bei seinem Gründungstreffen setzte es sich aus ca. 60% Schwarzen und 40% Weißen zusammen.[54]

Das Ziel der Bürgerrechtsbewegung war die Beseitigung der extremsten Auswüchse des Rassismus und die Integration der Schwarzen in das amerikanische System. Dieses Ziel brachte Martin Luther King in einer seiner Reden deutlich zum Ausdruck: »...trotz der Schwierigkeiten von heute und morgen habe ich einen Traum. Es ist ein Traum, der tief verwurzelt ist im amerikanischen Traum. Ich habe einen Traum, daß eines Tages diese Nation sich erheben wird und der wahren Bedeutung ihres Credos gemäß leben wird: Wir halten diese Wahrheit für selbstverständlich: daß alle Menschen gleich erschaffen sind.‹ Ich habe einen Traum, daß eines Tages auf den roten Hügeln von Georgia die Söhne früherer Sklaven und die Söhne früherer Sklavenhalter miteinander am Tisch der Brüderlichkeit sitzen können. (...) Das wird der Tag sein, an dem alle Kinder Gottes diesem Lied eine neue Bedeutung geben können: ›Mein Land, von dir, du Land der Freiheit, singe ich. Land, wo meine Väter starben, Stolz der Pilger, von allen Bergen laßt die Freiheit erschallen.‹ Soll Amerika eine große Nation werden, dann muß dies wahr werden.«[55] Symbolisch für diesen Traum stand die Hymne der Bürgerrechtsbewegung: *We shall overcome – some day*.[56]

Beantwortet wurde das Engagement mit Beschimpfungen, Schlägen, Tränengas, Gefängnis, Folter und Mord. Die Hoffnung der

Schwarzen, durch Appelle an das Gewissen der Weißen ihre Situation ändern zu können, war aber nicht unbegründet. Liberale Weiße, vor allem im Norden, konnten sich durchaus mit den Zielen und Mitteln der Bürgerrechtsbewegung identifizieren. Selbst von der *Demokratic Party* gab es Unterstützung, wobei allerdings andere als moralische Gründe ausschlaggebend waren. Sie spekulierte auf das zum größten Teil noch nicht erfaßte schwarze WählerInnenpotential. Neben verbaler Unterstützung flossen deshalb hauptsächlich Dollars der *Democratic Party* in die Registrierungskampagne.

Die Bürgerrechtsbewegung erzielte Mitte der 60er Jahre Erfolge; es gab legislative Zugeständnisse. Das gipfelte nach den halbherzigen Bürgerrechtsgesetzen von 1957 und 1960 in die von 1964 und 1965. Sie sollten das Wahlrecht der Schwarzen durchsetzen und die Rassentrennung und -diskriminierung weiter einschränken. Im Süden wurden sie zum Teil sogar mit Hilfe von Bundestruppen gegen den weißen Widerstand durchgesetzt.[57]

Die Bürgerrechtsbewegung brachte also ein paar Fortschritte für die Schwarzen: Erlangung politischer Rechte, mehr politische Repräsentation und die Schwächung des alltäglichen Terrors, wie Lynchmorde und Polizeibrutalität, als Mittel sozialer Kontrolle. Und sie hatte Erwartungen und das Selbstbewußtsein der Schwarzen geweckt. Schwarz war nicht mehr häßlich; im Gegenteil galt jetzt *black is beautiful*.[58]

Aber sie stieß auch an ihre Grenzen. Im Endeffekt war sie eine Mittelstandsbewegung geblieben. Ihr Ziel, die formalrechtliche Gleichstellung der Schwarzen, konnte nur den schwarzen Mittelstand befriedigen. Für die Masse der Schwarzen bedeutete es keine Änderung ihrer sozialen Verhältnisse. Die zentralen Probleme blieben bestehen. »Sie (die Bürgerrechtsbewegung; d. Verf.) erkämpfte einer Anzahl armer Neger im Süden zwar das Stimmrecht, aber damit noch nicht die materiellen Voraussetzungen für ein menschenwürdigeres Leben; sie eröffnete einigen schwarzen Kindern den Zugang zu integrierten Schulen, aber sie beseitigte nicht die schwarzen Gettos, die immer wieder segregierte Schulen hervorbringen mußten; sie veranlaßte zwar die Regierung zu einem Angriff auf die Segregation im Wohnungswesen – jedoch nur auf dem Papier, nicht in den Slums; sie kämpfte mit einigem Erfolg um Almosen (Wohlfahrts-

unterstützung, Anti-Armutsprogramme usw.) für die verelendeten Massen, jedoch nicht um einen Anspruch auf Arbeit für jeden.«[59]
Mittelständisch war die Bürgerrechtsbewegung deshalb, weil ihre Führungspersonen dieser Schicht entstammten. Sie hatten das Stadium der ›direkten Aktion‹ eröffnet und geprägt, sie verfügten über eine bessere Schulbildung als die Masse der Schwarzen, aber noch nicht über eine gesicherte Existenz. Von daher läßt sich die Bürgerrechtsbewegung zum Teil begreifen als der Kampf einer aufsteigenden sozialen Gruppe, die ihre eigene Position in der Mittelklasse politisch festigen wollte. D.h. es ging um eine ›rassische‹ Neuzusammensetzung der gesellschaftlichen Hierachiestufen.[60]

Als dann die Rebellionen in den Ghettos ausbrachen, die vielfach als eine Absage der schwarzen Massen an die Bürgerrechtsbewegung interpretiert wurden, stellte sich die Führungselite der Bürgerrechtsbewegung offen auf die Seite der Herrschenden. Sie forderte die Wiederherstellung von »Ruhe und Ordnung« durch Polizei und Armee.[61]

Zwar radikalisierte sich ein Teil der Bürgerrechtsbewegung: die Forderungen nach Integration standen nicht mehr allein und wurden konkret durch solche nach Chancengleichheit ergänzt, Ende der Diskriminierung auf dem Arbeits- und Wohnungsmarkt, gleiche Löhne und Arbeitsbedingungen, gleiche politische Rechte, usw., aber für viele Schwarze hatte die Bewegung ihre Anziehungskraft verloren. Sie waren ungeduldig geworden aufgrund der geringen Erfolge und ihrer unverändert schlechten materiellen Lage. Aber gleichzeitig verlor die Bürgerrechtsbewegung durch ihre teilweise Radikalisierung langsam die Unterstützung der weißen Liberalen.[62]

»So begann die Suche nach neuen politischen Alternativen, unabhängig von der Koalition mit den Liberalen, ohne Rücksicht auf die begrenzten Konzeptionen der Bürgerrechtsbewegung und desillusioniert von der Möglichkeit, durch Wahlen wesentliche Veränderungen herbeiführen zu können. An die Stelle der Integration in die bestehenden Institutionen trat der Ruf nach unabhängigen politischen und sozialen Institutionen des schwarzen Amerika.«[63]

Eine Folge war, daß das SNCC 1965/66 den Begriff *Nonviolent* aus seinem Namen rauswarf und simpel durch *National* ersetzte. Eine Tatsache die merkwürdigerweise in der Literatur nie erwähnt wird. Als weitere Folge könnte bezeichnet werden, daß auf dem jährlichen Bundestreffen des SNCC im April 1966 die weißen Mitglieder ausgeschlossen wurden, weil sie bei der Arbeit innerhalb der schwarzen Gemeinschaft kaum von Nutzen wären und sich lieber unter Weißen organisieren sollten.[64]

Hier muß ein Einschub erfolgen, denn zu jener Zeit existierte schon lange eine bedeutende Organisation, deren Ideologie und Zielsetzung der Bürgerrechtsbewegung entgegengesetzt war: Die *Nation of Islam*, eher bekannt als *Black Muslims*. Ihre Wurzeln lagen in nationalistischen Strömungen der Schwarzen, die sich in den zwanziger Jahren ausgebreitet hatten. 1930 von Wali Farrad gegründet, wurde die *Nation of Islam* seit 1934 von Minister Elijah Muhammad geleitet.[65] Sie war in erster Linie eine religiöse Sekte mit strengen Regeln. Alkohol, Rauchen, Rauschgift, Tanzen, Flirten, Kinobesuche, schuldhafter Verlust des Arbeitsplatzes etc. waren streng verboten. Sie entfaltete eine Fülle religiöser und sozialer Aktivitäten. Neben Tempeln in den Ghettos unterhielt sie Restaurants, Läden, Schulen und ihre eigene Muslim Universität in Chicago. Eine eigene Selbstverteidigungsgruppe, die *Fruit of Islam*, sorgte für ihren Schutz. Ihre Ideologie basierte auf dem Glauben an die Überlegenheit der schwarzen Rasse, darauf, daß die schwarze Rasse von Gott, der schwarz sei, auserwählt worden sei und die Weißen letztendlich mit dem weißen Teufel untergehen würden. In ihrer religiösen Lehre züchtete der schwarze Wissenschaftler Yakub vor tausenden von Jahren aus der ursprünglich schwarzen Menschheit die braune, dann die gelbe und danach die weiße ›Rasse‹, indem er die schwarzen Hautpigmente nach und nach herausfilterte. Mit den Hautpigmenten zusammen ging den ›Rassen‹ auch Menschlichkeit verloren. Die Weißen seien deshalb unfähig zu Gefühlen wie Liebe und Ehrlichkeit und von Natur aus schlecht. Allah werde sie, wenn er zur Abhaltung des jüngsten Gerichts auf der Erde erscheine – und zwar zuerst in den USA –, zusammen mit der christlichen Religion vernichten. Die Schwarzen, die sich von den Weißen und ihren verdorbenen Verhaltensweisen ferngehalten hätten, würden dann daraus als die neuen Herrscher der Welt hervorgehen. Mit der Weltgemeinschaft des Islam hatte sie wenig gemein und bezog sich paradoxerweise faktisch mehr auf die Bibel als auf den Koran. Ihr Ziel war ein eigenständiger schwarzer Kapitalismus, aufgebaut nach strengen moralischen Vorschriften, in dem Fleiß und Tüchtigkeit zum Erfolg führen sollten und die Bildung eines eigenen schwarzen Staates auf dem Boden der USA. Bis in die 50er Jahre war ihr Einfluß gering und sie besaß gerade mal 400 Mitglieder. Dann setzte ein Boom ein und sie konnte dadurch, daß sie schwarzes Selbstbewußtsein förderte, konnte sie tausende durch sie geheilte Süchtige und Gefängnisinsassen rekrutieren. Schätzungen zufolge besaß sie auf ihrem Höhepunkt 75.000 bis 250.000 Mitglieder in 27 Bundesstaaten. Diese führten ein Drittel bis ein Viertel ihres Einkommens an die Organisation ab. Ihr bekanntestes Mitglied war der Boxweltmeister Muhammad Ali alias Cassius Clay. Die Ablehnung des amerikanischen und die Annahme eines afrikanischen oder arabischen Namens war ein häufig anzutreffendes Phänomen jener Jahre.[66]

Ihr bedeutenster Führer wurde Malcolm Little, 1925 in Omaha, Nebraska, geboren, den wohl niemand unter diesem Namen kennt, aber viele als Malcolm X. »Seinen Familiennamen Little hat er bewußt abgelegt, mit der Begründung, er sei seinen Vorfahren von weißen Sklavenhaltern gegeben worden. Das X bedeutete, ›daß ich nicht weiß, wer ich bin‹ und dies zuzugeben, schien ihm besser, als einen von Weißen gegebenen Namen zu haben.«[67] Seine bewegte Jugend als Krimineller brachte ihm 1946 eine zehnjährige Haftstrafe wegen eines Raubüberfalls ein. Im Gefängnis kontaktierte er mit Black Muslims und nach seiner vorzeitigen Entlassung 1952 wurde er ihr bedeutendster Führer und Organisator. Längere Zeit leitete er den Tempel in Harlem, New York. Anfang März 1964, nach einer Pilgerreise nach Mekka, die ihn auch in andere Staaten des Nahen Ostens und Afrikas führte, kam es zum Bruch zwischen Malcolm X und den Black Muslims. Er stimmte nicht mehr mit ihrer Rassentheorie überein und sah mehr in der Politik als in der Religion eine Möglichkeit zur Beendigung der schlechten Lebensbedingungen der Schwarzen. Er gründete am 8. März eine eigene religiöse Organisation, die *Muslim Mosque, Inc.*, dann, ein paar Monate später, am 28. Juni, eine nichtreligiöse und sozialistisch angehauchte Organisation, die *Organiza-*

tion of Afro-American Unity (OAAU). Von Juli bis September 1964 reiste er zum zweiten Mal in den Nahen Osten und nach Afrika, was ihn weiter von reinen Rassentheorien entfernte und ihm eine internationalistische Sichtweise verschaffte. Er hatte an der Gipfelkonferenz der *Organization of African Unity* in Kairo teilgenommen, auf der er dafür warb, daß die afrikanischen Staaten das US-amerikanische Rassenproblem vor die UN bringen sollten. Damit war er zwar nicht erfolgreich, aber es wurde eine gemäßigte Resolution verabschiedet, die die Diskriminierung in den USA verurteilte. In den USA ›predigte‹ Malcolm X im Gegensatz zur Bürgerrechtsbewegung revolutionäre Gewalt, denn »mit Knien und Beten erkämpft man sich kein Recht«[68]. Zur Verteidigung der schwarzen Communities vor der Polizeibrutalität schlug er beispielsweise die Bildung von *rifle clubs* vor.[69]

Auf einer Rede, die er am 8. April 1964 in New York auf einer Versammlung des sozialistischen *Militant Labor Forum* hielt, übrigens vor einem zu drei Vierteln weißem Publikum, sagte er: »Die schwarze Revolution ist in Afrika, Asien und Lateinamerika im Gang; wenn ich sage schwarz, meine ich nicht weiß, sondern schwarz, braun, rot oder gelb. Unsere Brüder und Schwestern in Asien, die von den Europäern kolonisiert wurden, unsere Brüder und Schwestern in Afrika, die von den Europäern kolonisiert wurden, und in Lateinamerika die Bauern, die von den Europäern kolonisiert wurden, sie alle befinden sich seit 1945 in einem Kampf, um die Kolonialisten oder die Kolonialmächte, die Europäer, aus ihrem Land zu entfernen. Das ist eine wirkliche Revolution. Revolution basiert immer auf Land. Revolution basiert niemals darauf, daß man jemand um eine integrierte Tasse Kaffee bittet. Revolutionen können niemals erkämpft werden, indem man die andere Backe hinhält. Revolutionen basieren niemals auf ›Liebet Eure Feinde und betet für die, die Euch beleidigen und verfolgen‹. Und Revolutionen werden niemals mit dem Absingen von *We Shall Overcome* durchgeführt. Revolutionen basieren auf Blutvergießen. Revolutionen sind niemals Kompromisse; sie beruhen niemals auf Verhandlungen. Revolutionen beruhten niemals auf irgendeiner Art von Geschenken; Revolutionen beruhen auch nicht einmal darauf, daß man darum bettelt, in eine korrupte Gesellschaft oder ein korruptes System auf-

genommen zu werden. Revolutionen stürzen Systeme. Und auf dieser Erde gibt es kein System, das sich korrupter, verbrecherischer als dieses System erwiesen hätte, das im Jahr 1964 immer noch 22 Millionen Afro-Amerikaner kolonisiert, immer noch 22 Millionen Afro-Amerikaner versklavt.«[70]
Nochmal änderte er seinen Namen, inspiriert durch die Reisen, in El Hajj Malik El Shabazz. Bekannt blieb er aber weiterhin als Malcolm X.[71] Am 21. Februar 1965 wurde er, während einer Ansprache in Harlem, niedergeschossen. Viele vermuteten, daß Elijah Muhammad den ›Abtrünnigen‹ umbringen ließ; Beweise dafür gibt es nicht. Die OAAU zerfiel kurz darauf, aber die Bedeutung von Malcolm X für die schwarze Bewegung blieb bestehen.[72]

Black Power

Als am 6. Juni 1966 James Meredith, eine Symbolfigur der Bürgerrechtsbewegung, auf seinem Mississippi Freedom March angeschossen wurde, spaltete sich die Bewegung. *We Shall Overcome* und die kurz zuvor noch vom radikaleren Teil gebrauchte Forderung *Freedom Now* wurden abgelöst durch *We Shall Overrun*. In diesem Zusammenhang verwendete Stokely Carmichael erstmals den Slogan *Black Power* und faßte damit die Gedanken zusammen, die sich im radikalen Teil der Bürgerrechtsbewegung zu entwickeln begannen.

Black Power »ist ein Aufruf an die Schwarzen in diesem Land, sich zu vereinen, ihr Erbe zu erkennen, einen Gemeinschaftssinn zu entwickeln. Es ist ein Aufruf an die Schwarzen, ihre eigenen Ziele abzustecken, ihre eigenen Organisationen zu leiten und diese Organisationen zu unterstützen. Es ist ein Aufruf, die rassistischen Institutionen und Wertbegriffe der bestehenden Gesellschaft abzulehnen.«[73]

Der erste Schritt dazu müßte sein »unsere eigenen Begriffe zu schaffen, mit denen wir dann uns und unser Verhältnis zur Gesellschaft definieren.«[74] Die Wichtigkeit der eigenen Definition von Begriffen wurde von Stokely Carmichael oft betont. Dazu zitierte er einen Wortwechsel aus Lewis Carrolls Kinderbuch *Alice hinter den Spiegeln*: »Wenn *ich* ein Wort gebrauche‹, sagte Goggelmoggel in recht hochmütigem Ton, ›dann heißt es genau, was ich für richtig halte – nicht mehr und nicht weniger.‹ ›Es fragt sich nur‹, sagte Alice, ›ob man Wörter einfach etwas anderes heißen lassen kann.‹ ›Es fragt sich nur‹, sagte Goggelmoggel, ›wer der Stärkere ist, weiter nichts.‹«[75] Carmichael und Hamilton legten in ihrem Buch *Black Power*, das den bezeichnenden Untertitel *Die Politik der Befreiung in Amerika* trägt, ein Konzept dar, das der wohl bündigste Versuch war, diesen vieldeutigen und unterschiedlich aufgefaßten Begriff *Black Power* zu umgrenzen und zusammenzufassen. Ausgangspunkt war ihre oben beschriebene Analyse des schwarzen Amerikas als Kolonie im Mutterland. Um die anhaltende Diskriminierung aufzuheben, helfe es nicht, immer wieder auf das weiße Amerika zu hoffen, es möge mit der Unterdrückung doch endlich aufhören. Das war die Idee der Bürgerrechtsbewegung bis dahin gewesen. Im Gegenteil: die Schwarzen müßten ihre eigene Macht, schwarze Macht, *Black Power*, entwickeln, um ihre eigenen Interessen vertreten zu können. »Ehe eine Gruppe in die offene Gesellschaft eintreten kann, muß sie ›die Reihen aufschließen‹. Damit meinen wir, daß ein Zusammengehörigkeitsgefühl der Gruppe notwendig ist, damit sie von einer Verhandlungsbasis aus wirksam in einer pluralistischen Gesellschaft operieren kann.«[76] Es wird darauf verwiesen, daß das für jede andere ethnische Gruppe in den USA bisher selbstverständlich gewesen sei. Aber den Schwarzen werde der Vorwurf des umgekehrten Rassismus gemacht. Das sei falsch, da sie ja keine andere Gruppe unterwerfen, sondern ohne die Dominanz anderer Gruppen ihr Leben selbst bestimmen und selbst verwirklichen wollten: »die volle Beteiligung am Prozeß der Entscheidung, soweit er das Leben der Schwarzen betrifft«.[77]

Um diese Kontrolle über die eigenen Lebensbereiche zu erlangen, genüge es nicht, vereinzelte Schwarze in Positionen der Machtstruktur zu heben. Solche hätten bisher als *Onkel Toms* fungiert. Dieser Begriff wurde in Anlehnung an Harriet Beecher-Stowes Roman *Onkel Toms Hütte* gebraucht und bezeichnete jene Schwarzen, die aus Naivität oder Lethargie ihren Frieden mit den herrschenden Zuständen gemacht hatten und vor den Weißen ›buckelten‹. »Ein schwarzes Erscheinungsbild ist noch nicht ›schwarze Macht‹.«[78]

Schwarze in gehobenen Positionen müßten, um der schwarzen Gemeinschaft wirklich dienen zu können, in ihr verwurzelt sein.[79]

Um zu dieser ›Schwarzen Macht‹ zu gelangen, müsse vom Dogma der Gewaltlosigkeit Abstand genommen werden. Die Gewalt werde von den Weißen ausgeübt, und um ihr wirksam begegnen zu können, müsse man klarmachen, daß man zurückschlage: »Nichts bringt einen Angreifer, der entschlossen ist, dich umzubringen, schneller zur Besinnung, als die unmißverständliche Mitteilung: ›O.K., du Idiot, eine Bewegung und du riskierst das gleiche wie ich – dein Leben.‹«[80]

Erst wenn das Ziel, die Bildung von *Black Power*, erreicht sei, wäre eine Zusammenarbeit mit Weißen – Koalitionen mit weißen Gruppen und Parteien – wieder möglich. Andernfalls würde der Zustand der Bürgerrechtsbewegung immer nur reproduziert: Zusammenarbeit zwischen machtvollen Weißen und abhängigen Schwarzen.[81]

Das Konzept der *Black Power*, wie es von Carmichael und Hamilton dargelegt wurde, stellte keine feste Programmatik dar. Viele Fragen blieben ungeklärt. Wie sollte es zum Beispiel konkret aussehen, daß Schwarze in Entscheidungspositionen der schwarzen Gemeinschaft wirklich dienen, und nicht an ihren persönlichen Interessen orientiert handeln? Alle Fragen zu beantworten war aber gar nicht der Anspruch des Konzeptes. Es sollte nur den Rahmen liefern, der dann im Prozeß konkret zu füllen sei.[82]

Wir sehen uns also 1966 einer Situation gegenüber, in der die materiellen Bedingungen der Schwarzen außerordentlich schlecht waren und eine deutliche Diskrepanz zu der Masse der Weißen aufwies. Durch Abwanderungen aus dem Süden in den Norden und Westen und durch ihre Zusammenballung in den Ghettos der Großstädte änderte sich ihre soziale Struktur und die direkte soziale Kontrolle nahm ab. Gleichzeitig war ihre Hoffnung auf Integration in den *melting pot*, den US-amerikanischen Schmelztiegel der ethnischen Gruppen, enttäuscht. Aber ihr Selbstbewußtsein war erwacht. Sie machten sich nicht mehr selbst für ihre Lage verantwortlich, sondern die Weißen und deren Rassismus. Und die Angst vor Repressionen hielt sie nicht davon ab, ihre Wut auf die Straße zu tragen.

Kapitel II

Die Black Panther Party

Anfänge

15. Oktober 1966 gründeten Huey P. Newton und Bobby Seale in Oakland, Kalifornien, die *Black Panther Party for Self-Defense*.[1]

Da beide zentrale Personen der kommenden Ereignisse waren, soll kurz auf ihre bisherige Biographie eingegangen werden. Huey Percy Newton wurde am 17. Februar 1942 in Oak Grove, Louisiana, als jüngstes von sieben Kindern geboren. Sein Vater, ein Arbeiter, fand eine Anstellung in Oakland, und so zog die Familie 1945 dorthin. Huey P. Newton wuchs wie alle Ghettokinder auf der Staße auf, und wie die meisten hatte er Berührungen mit Polizei und Gerichten. 1962 bekam er eine Bewährungsstrafe wegen eines tätlichen Angriffs auf einen Polizisten. 1964 saß er 8 Monate im Gefängnis und bekam eine 3-jährige Bewährungsstrafe wegen einer Messerstecherei. Er besuchte das Merritt College in Oakland und kurz die San Francisco Law School. Zu dieser Zeit arbeitete er wechselnd in verschiedenen kleineren politischen Gruppierungen der Schwarzen mit.

Bobby Seale wurde am 22. Oktober 1936 in Dallas, Texas, geboren. Er wuchs gemeinsam mit einem Bruder, einer Schwester und einem Vetter auf. Auch seine Kindheit und Jugend waren von Armut bestimmt. Er wurde Walzblechmechaniker und arbeitete beim Militär, bis er dort ›unehrenhaft‹ entlassen wurde, und danach in der Flugzeugindustrie. 1960 zog er nach Oakland und besuchte unregelmäßig das Merritt College, wo er dann im September 1962 zum ersten Mal auf Huey P. Newton traf. Zum Teil arbeiteten sie in den gleichen politischen Gruppen, aber nicht immer zur gleichen Zeit. Im Sommer 1966 hatten beide einen Job im Armenhilfe Programm, Seale als Werkmeister im Jugendprogramm und Newton als Community-Organisator.[2]

›Ihre‹ neugegründete *Black Panther Party* hatte nichts mit der oft wegen ihres Symbols – einem schwarzen Panther – genauso genannten *Lowndes County Freedom Organization* zu tun. Das war eine mit der Unterstützung des SNCC 1965 gegründete schwarze Partei, die eine Alternative zu den Demokraten und den Republikanern bieten wolte, allerdings, wie zu erwarten war, bei den Wahlen unterlag.[3] Auch mit der ein Jahr zuvor gegründeten *Black Panther Party of Northern*

California hatte sie nichts zu tun. Diese änderte kurze Zeit später auf Druck der *Black Panther Party for Self-Defense* ihren Namen und errichtete das erste *Black Studies Department* am Merrit College.

Die *Black Panther Party for Self-Defense* unterschied sich von diesen vor allem durch ihre Aufforderung zur organisierten bewaffneten Selbstverteidigung der Schwarzen gegen Übergriffe der Polizei und Aggressionen weißer Rassisten. Das war einer ihrer zentralen Programmpunkte. Huey P. Newton erklärte, daß sich das deutlich in ihrem Symbol ausdrücke: »Der Panther ist ein Tier, das niemals angreift. Aber wenn er angegriffen oder bedrängt wird, dann erhebt er sich und löscht den, der ihn angreift oder überfällt, aus – absolut, entschlossen, völlig, gründlich, ganz und gar.«[4] Es war nicht der erste Versuch der Organisierung bewaffneter Selbstverteidigung. Seit 1957 forderte Robert F. Williams, NAACP-Sekretär in Monroe, North Carolina, dazu auf, sich gegen den Terror des *Ku-Klux-Klan* zu schützen. Als das FBI ihn deshalb 1961 verhaften wollte, floh er zuerst nach Kuba, dann nach China. Der zweite Versuch war 1965 die Gründung der *Deacons for Defense and Justice* in verschiedenen Orten Louisianas. Beide Anläufe stellten aber die Politik der Bürgerrechtsbewegung und ihre Gewaltlosigkeit nicht grundsätzlich in Frage, ja sie fühlten sich als Teil der Bürgerrechtsbewegung. Waffengewalt war für sie keine neue Strategie, sondern notwendiger reiner Selbstschutz. Die *Black Panther Party* ging jedoch über die bloße Selbstverteidigung hinaus. Deswegen wurde auch der Zusatz *for Self-Defense* im Herbst 1968 wieder gestrichen, weil dadurch die Gewichtung zu sehr auf die Selbstverteidigung gelegt wurde und zu wenig auf ihren Charakter als Partei mit einem politischen Programm.[5]

Nachfolgendes 10-Punkte-Programm bildete die Grundsatzerklärung der Black Panther Party. Die Formulierung »durch den weißen Mann« in Punkt 3, wurde am 27.12.1969 »durch den Kapitalisten« ersetzt.[7]

Mit tausend Abzügen dieses Programms starteten Huey P. Newton und Bobby Seale ihre Agitation in der schwarzen Community von Oakland. Auf der Straße sprachen sie die Schwarzen an, erklärten ihr Programm und diskutierten es mit ihnen.[8]

Oktober 1966, Black Panther Party Programm: Was Wir Wollen, Was Wir Glauben:

1. *Wir wollen Freiheit. Wir wollen die Vollmacht haben, das Schicksal unseres schwarzen Volkes zu bestimmen.*
Wir glauben, daß wir Schwarzen nicht eher frei sein werden, als bis wir nicht über unser Schicksal selbst bestimmen können.

2. *Wir wollen Vollbeschäftigung für unser Volk.*
Wir glauben, daß die Regierung der Vereinigten Staaten dafür verantwortlich und dazu verpflichtet ist, jedem Menschen Arbeit oder ein gesichertes Einkommen zu verschaffen. Wir glauben, wenn die weißen amerikanischen Geschäftsleute uns keine Vollbeschäftigung gewähren, dann sollten die Produktionsmittel den Geschäftsleuten genommen und dem Volk übergeben werden, damit alle Angehörigen des Volkes organisiert und beschäftigt werden können und einen hohen Lebensstandard erreichen.

3. *Wir wollen, daß unser schwarzes Volk nicht länger durch den weißen Mann ausgeraubt wird.*
Wir glauben, daß diese rassistische Regierung uns ausgeraubt hat, und wir fordern jetzt die überfällige Schuld von ›vierzig Äckern und zwei Mauleseln‹ ein. Vierzig Äcker und zwei Maulesel sind uns vor hundert Jahren als Wiedergutmachung für Sklavenarbeit und Massenmord an Schwarzen versprochen worden. Wir nehmen dafür auch den Gegenwert in Geld an, das wir an unsere vielen Wohngemeinden verteilen werden. Die Deutschen helfen jetzt den Juden in Israel wegen des geschehenen Rassenmords am jüdischen Volke. Die Deutschen haben sechs Millionen Juden ermordet. Die amerikanischen Rassisten haben sich an der Ermordung von über fünfzig Millionen Schwarzen beteiligt; wir halten deshalb unsere Forderung für bescheiden.

4. *Wir wollen anständige, menschenwürdige Wohnungen.*
Wir glauben, wenn die weißen Hausbesitzer unserem schwarzen Volk keine anständigen Wohnungen geben, dann sollten Häuser und Land in genossenschaftliches Eigentum verwandelt werden, damit unser Volk mit Hilfe der Regierung für seine Leute bauen und ihnen anständige Wohnungen schaffen kann.

5. *Wir wollen für unser Volk eine Ausbildung, die das wahre Wesen der dekadenten amerikanischen Gesellschaft aufdeckt. Wir wollen eine Ausbildung, die uns unsere wahre Geschichte und unsere Stellung in der heutigen Gesellschaft verstehen lehrt.*

Wir glauben an ein Bildungssystem, das unserem Volk ein Verständnis seiner selbst vermittelt. Wenn ein Mensch nicht ein Verständnis seiner selbst sowie seiner Stellung in der Gesellschaft und in der Welt besitzt, dann hat er auch kaum Aussicht, irgend etwas anderes zu verstehen.

6. *Wir wollen, daß alle schwarzen Männer vom Militärdienst befreit werden.*
Wir glauben, daß wir Schwarzen nicht gezwungen werden sollten, im Militärdienst zur Verteidigung einer rassistischen Regierung zu kämpfen, die uns nicht beschützt. Wir wollen nicht Angehörige anderer farbiger Völker in der Welt bekämpfen und töten, die wie wir Schwarzen von der weißen rassistischen Regierung Amerikas betrogen werden. Wir wollen uns gegen den Zwang und die Gewalt der rassistischen Polizei und des rassistischen Militärs schützen, welche Mittel auch immer dazu nötig sein mögen.

7. *Wir wollen die sofortige Beendigung der Polizei-Brutalität und der Morde an schwarzen Menschen.*
Wir glauben, daß wir der Polizei-Brutalität in unseren schwarzen Wohngemeinden ein Ende setzen können, indem wir Gruppen von Schwarzen zur Selbstverteidigung organisieren, die sich der Aufgabe widmen, unsere schwarzen Gemeinden gegen rassistische Unterdrückung und Brutalität der Polizei zu verteidigen. Der zweite Zusatz zur Verfassung der Vereinigten Staaten gewährt das Recht, Waffen zu tragen. Darum glauben wir, daß sich alle Schwarzen zur Selbstverteidigung bewaffnen sollten.

8. *Wir wollen die Freilassung aller Schwarzen, die in Bundes-, Staats-, Kreis- und Stadtgefängnissen oder -Zuchthäusern inhaftiert sind.*
Wir glauben, daß alle Schwarzen aus den vielen Zuchthäusern und Gefängnissen entlassen werden sollten, weil ihnen keine gerechte und unparteiische Gerichtsverhandlung gewährt wurde.

9. *Wir wollen, daß alle Schwarzen bei Gerichtsverhandlungen von solchen Geschworenen beurteilt werden, die ihresgleichen sind oder aus ihren schwarzen Wohngemeinden stammen, wie es die Verfassung der Vereinigten Staaten vorsieht.*
Wir glauben, daß die Gerichtshöfe sich an die Verfassung der Vereinigten Staaten halten sollten, so daß den Schwarzen gerechte Verhandlungen gewährt werden. Der Vierzehnte Zusatz zur Verfassung der Vereinigten Staaten gibt jedem das Recht, von seinesgleichen beurteilt zu werden; das heißt von Menschen aus einer ähnlichen wirtschaftlichen,

sozialen, religiösen, geographischen, milieumäßigen, geschichtlichen und rassischen Umgebung. Somit wird das Gericht genötigt sein, Geschworene aus dem schwarzen Gemeinwesen zu wählen, aus dem der schwarze Angeklagte stammt. Wir wurden und werden auch jetzt noch ausschließlich von weißen Geschworenen beurteilt, die kein Verständnis für den »durchschnittlich denkenden Mann« aus der schwarzen Wohngemeinde haben.

10. *Wir wollen Land, Brot, Wohnungen, Bildung, Kleidung, Gerechtigkeit und Frieden; und als wichtigstes politisches Ziel eine von den Vereinten Nationen durchgeführte Volksabstimmung in der gesamten schwarzen Kolonie, an der nur schwarze Staatsangehörige aus der Kolonie teilnehmen dürfen; diese Abstimmung soll über den Willen des schwarzen Volkes hinsichtlich seines nationalen Schicksals entscheiden.*
Wenn es im Laufe der Geschichte für ein Volk nötig wird, die politischen Bande zu lösen, die es mit einem anderen Volk verknüpft haben, und unter den Mächten auf dieser Erde den eigenen und gleichberechtigten Stand einzunehmen, der ihm nach den Gesetzen der Natur und ihres Schöpfers zusteht, dann verlangt eine angemessene Achtung vor den Meinungen der Menschheit, daß es die Gründe nennt, die es zu dieser Loslösung zwingen.
Wir halten folgende Wahrheiten für selbstverständlich: Alle Menschen sind gleich geschaffen und von ihrem Schöpfer mit gewissen unveräußerlichen Rechten begabt; dazu gehören Leben, Freiheit und das Streben nach Glück. Zu ihrer Sicherung sind unter den Menschen Regierungen eingesetzt, deren rechtmäßige Gewalt sich aus der Zustimmung der Regierten herleitet; wenn eine Regierungsform hinsichtlich dieser Ziele zerstörerisch wirkt, dann ist das Volk berechtigt, die Regierungsform zu ändern oder abzuschaffen und eine neue Regierung einzusetzen; es wird sie auf der Grundlage aufbauen und ihre Vollmachten in der Form organisieren, die seiner Ansicht nach am meisten geeignet ist, seine Sicherheit und sein Glück zu bewirken. Die Klugheit fordert, seit langem bestehende Regierungen nicht um geringer und vorübergehender Ursachen willen zu ändern; dementsprechend hat alle Erfahrung gezeigt, daß die Menschen eher dazu neigen, zu leiden, solange die Übel erträglich sind, als sich durch die Abschaffung der gewohnten Formen ihr Recht zu verschaffen. Wenn aber eine lange Kette von Schmähungen und Rechtsbrüchen, die unveränderlich den gleichen Zweck verfolgen, die Absicht erweist, sie einer absoluten Gewaltherrschaft zu unterwerfen, dann haben die Menschen das Recht und die Pflicht, eine solche Regierung abzuschütteln und neue Vorkehrungen für ihre künftige Sicherheit zu treffen.[6]

Von einer Partei kann zu diesem Zeitpunkt eigentlich nicht wirklich gesprochen werden, bei diesem Zwei-Mann-Verein. Trotzdem hatten sich Huey P. Newton selbst zum Verteidigungsminister der Partei und Bobby Seale zum Vorsitzenden ernannt. Bei ihrer Agitation auf der Staße zog bald der 15-jährige Bobby Hutton mit ihnen los. Er wurde als das erste ordentliche Mitglied in die Partei aufgenommen. »So fing es an: Mit Straßenversammlungen, mit viel Gerede von Gewalt und ein paar Schlägereien innerhalb der schwarzen Gemeinwesen und vielen Anwerbungen – niemand weiß, wie viele – auf der Straße.«[9]

Hier der Bericht eines (weißen) Zuhörers über diese Straßenversammlungen: »Bei all diesen Kundgebungen finden sich kleine Gruppen junger Schwarzer ein, um Bobby Seale und Huey Newton zuzuhören; sie machen den Schwarzen klar, auf welche Weise sie später, wenn die Zeit gekommen ist, in Dreier- oder Vierergruppen die Sache durchführen sollen. Bei der Sache handelt es sich darum, weiße rassistische Polizisten zu exekutieren und Molotowcocktails in lebenswichtige industrielle Anlagen zu werfen. Alles das wird plötzlich sehr real und sehr ernsthaft, wenn man Huey Newton fragt – der jünger wirkt, als er mit seinen fünfundzwanzig Jahren ist – warum denn soviel von der Erschießung einiger Bullen geredet wird, und er vertraulich mitteilt, daß es sich ja gar nicht um das Töten einiger weniger Polizisten handelt, wenn die Zeit dazu gekommen ist, sondern daß es dann innerhalb der ganzen Nation gegen die gesamte weiße Okkupationsarmee gehen wird.«[10]

Sie begannen also vor allem mit Punkt sieben ihres Programms, der Organisierung des schwarzen Selbstschutzes. Um ihn auch konkret umzusetzen, informierten sie sich über ihre Rechte, indem sie juristische Handbücher lasen. Sie studierten die Gesetze über das Tragen von Waffen – welche Waffen sie, an welchen Orten, unter welchen Umständen, tragen durften. Ihre ersten Waffen, ein M-1-Gewehr und eine 9 mm Pistole, bekamen sie Ende November von einem japanischen Radikalen. Da sie kein Geld hatten, überzeugten sie ihn, die Waffen kostenlos abzugeben, »damit (sie; d.Verf.) anfangen konnten, das Volk auf einen revolutionären Kampf vorzubereiten.«[11]

Und sie schufen sich eine organisatorische Infrastruktur: Ein Ladenraum an der Ecke 56. Straße/Grove Street in Oakland wurde angemietet. Am 1. Januar 1967 wurde dieses erste offizielle Büro der Partei eröffnet. Somit war eine Anlaufstelle für Interessierte geschaffen, in der sich Ende Januar schon 25 Menschen trafen. Bald darauf war die Partei auf 30 bis 40 Mitglieder angewachsen. Jeden Mittwochabend wurden in dem Büro Kurse für politische Bildung abgehalten. Jeden Samstag gab es Versammlungen, in denen das 10-Punkte-Programm diskutiert wurde. In der Stunde vor den Versammlungen fand der Pflichtunterricht in Waffengebrauch und Waffensicherung statt.[12]

Nach und nach vergrößerte sich ihr Waffenarsenal. Teils dadurch, daß schon vorhandenes von den Mitgliedern mitgebracht wurde, teils durch Neukauf. Das hierfür benötigte Geld besorgten sie sich in der Zeit unter anderem durch den Verkauf des Roten Buches von Mao Tse-tung. Billig eingekauft in einem chinesischen Buchladen in San Francisco vertrieben sie es mit Aufpreis vor dem Campus in Berkeley. Auch Demonstrationen eigneten sich als guter Markt.[13]

Das Rote Buch wurde auch intern als Schulungsmaterial benutzt. Zentral für die Panther waren die Passagen, in denen Mao über die Rolle der Bewaffnung und des Krieges im Befreiungskampf schrieb. Als Motto für die *Black Panther Party* wählte Huey P. Newton ein Zitat von ihm: »Unser Ziel ist die Abschaffung des Krieges. Wir wollen keinen Krieg; aber der Krieg kann nur durch Krieg abgeschafft werden, und um die Waffen loszuwerden, ist es nötig, die Waffen erst einmal aufzunehmen.«[14] In politischen Debatten ließ er dieses Motto so einfließen: »Politik ist Krieg ohne Blutvergießen, und Krieg ist Politik mit Blutvergießen, er ist eine Fortsetzung der Politik, aber mit Blutvergießen.«[15] Und: »Wir werden (...) über die politische Macht sprechen, die vom Lauf eines Gewehrs ausgeht.«[16]

Der militärischen Macht wurde also für die Lösung der Probleme der Schwarzen eine große Bedeutung zugewiesen. Ausgehend von der Analyse der USA als ein System, das seine Interessen mit Gewalt durchsetze, und damit die gewaltlose Politik der Bürgerrechtsbewegung ad absurdum führe, kam die *Black Panther Party* zu der Einsicht, daß Gewalt zu der Erreichung ihrer Ziele notwendig sei. Dabei sollte nicht unterschlagen werden, daß sie die Lehren Maos nur aus dem Roten Buch und zudem sehr oberflächlich rezipierten.[17]

Neben dem Roten Buch und Schriften von Che Guevara und natürlich Malcolm X – der wohl zu den Lehrmeistern aller radikalen Schwarzen gehört – war Frantz Fanons *Die Verdammten dieser Erde* bedeutend für ihr Selbstverständnis, ja wahrscheinlich die wichtigste Schrift.[18]

Newton und Seale hatten es schon vor der Parteigründung intensiv studiert. Sie waren begeistert davon, wie Fanon die Rolle und die Bedeutung der Gewalt im Prozeß der Befreiung beschrieb. Eldridge Cleaver, der erst später der *Black Panther Party* beitrat, zu der Zeit noch Journalist, nannte das Buch ›die Bibel‹ der schwarzen Militanten in den USA. Er beschrieb die für ihn zentralen Punkte von Fanons Analyse so: »In einem bestimmten Stadium der psychologischen Wandlung eines unterdrückten Volkes, das den Kampf um seine Freiheit aufgenommen hat, entwickelt sich im kollektiven Unterbewußtsein eine Neigung zu Gewalt. Das unterdrückte Volk hat den unbezähmbaren Wunsch, seine Beherrscher zu töten. Aber dieses Gefühl weckt sofort zahllose Zweifel; denn sobald sich das Volk seines Wunsches, gegen die Sklavenhalter vorzugehen, bewußt wird, schreckt es entsetzt vor diesem Impuls zurück. Die Gewalt schlägt auf sich selbst zurück, und die Unterdrückten bekämpfen sich gegenseitig: sie töten einander und tun sich all das an, was sie im Grunde ihren Unterdrückern antun wollten. Eingeschüchtert durch die überlegene bewaffnete Macht der Unterdrücker, haben die Kolonialvölker das Gefühl, daß dieser Unterdrücker im Grunde unbesiegbar ist und daß es absolut sinnlos ist, ihm die Stirn zu bieten.«[19] Haß und Gewalt dürfen nicht gegeneinander gerichtet sein, sondern müssen sich gegen das richtige Ziel wenden, gegen den Unterdrücker. Es sei für ein unterdrücktes Volk vollkommen normal, den Wunsch zu haben, diesem Unterdrücker den Hals abzuschneiden. Das sei der Weg, die Verzerrung der Persönlichkeit, wie sie zum Beispiel oben von Carmichael und Hamilton geschildert wurde, zu überwinden und damit erst zum Menschen zu werden. Die Gewalt könne damit der psychologischen Befreiung der Schwarzen dienen. Die Rechtfertigung, ja die Unbedingtheit der Gewalt in Revolutionen war also für die Panther ein zentraler Ausgangspunkt ihrer politischen Theorie.[20]

Parallel zu diesen theoretischen Studien eigneten sie sich auch praktisches Wissen an: neben den schon oben genannten Waffengesetzen lasen sie weitere juristische Werke und lernten ihre gesetzlichen und verfassungsmäßigen Rechte kennen. Diese vermittelten sie weiter. Dazu druckten sie ein 13 Punkte umfassendes Rechtshilfe Informationsblatt, welches die Grundrechte aller BürgerInnen gegenüber der Polizei zusammenstellte.[21]

In dieser frühen Phase der Partei lag die Hauptaktivität der Panther darin, ihre Bewaffnung in der Öffentlichkeit zu demonstrieren. Sie gingen bewaffnet zu Partys und zu Versammlungen, fuhren hinter Polizeistreifen her und beobachteten sie, und sorgten auch als Schutztruppe für die Sicherheit von bekannten Schwarzen bei öffentlichen Auftritten.[22]

Es liegt auf der Hand, daß dies nicht ohne Zwischenfälle und Konfrontationen mit der Polizei ablaufen konnte. Klar, daß offen bewaffnete Schwarze eine Provokation in den Augen der Polizei - ein Störfaktor - sein mußten. Von daher war es vorhersehbar, daß die Polizei einzugreifen versuchte, um dieses Auftreten zu unterbinden, was ihr aber zu diesem Zeitpunkt nicht gelingen konnte. Irritiert durch das unerschrockene, kampfbereite Auftreten der Panther und ihre juristisch einwandfreie Argumentation, die Rechtfertigung ihres Handelns mit der Verfassung, ging die Polizei aus diesen, noch auf die verbale Ebene beschränkten Auseinandersetzungen, als Verlierer hervor.[23]

Exemplarisch sei hier der Zwischenfall bei der *Ramparts*-Redaktion in San Francisco dargestellt. Betty Shabbazz, die Witwe von Malcolm X, hatte sich dort zum Gespräch mit Eldridge Cleaver getroffen, der für diese Zeitschrift arbeitete. Die Panther hatten die Verantwortung für die Sicherheit von Betty Shabbazz während der Dauer ihres Besuchs in der Bay Area übernommen.

Eldridge Cleaver beschrieb: »Als Schwester Betty und Hakim Jamal aufbrechen wollten, übernahm Huey P. Newton das Kommando. Ohne ein überflüssiges Wort zu verlieren, schickte er fünf seiner Männer nach draußen. Sie sollten für Schwester Betty und Jamal eine Gasse durch die Menge der Zuschauer bahnen, die sich auf der Straße angesammelt hatte, die meisten unter ihnen waren Polizisten. Dicht hinter den fünfen setzte sich eine Gruppe von zehn Panthern in Marsch, die Hakim Jamal und Schwester Betty schützend in ihre Mitte nahmen. Newton selber setzte sich mit Bobby Seale und drei anderen Panthern ans Ende des Zuges.

Ich ging mit hinaus und beobachtete den Abzug von der Treppe vor dem Ramparts-Gebäude aus. Als Huey aus der Tür trat, fing der Kameramann vom Fernsehen, der gerade aus dem Haus geworfen worden war, wieder an zu filmen. Huey nahm einen Briefumschlag aus der Tasche und hielt ihn vor die Linse der Kamera.

›Gehen Sie mir aus dem Weg!‹ rief der Fernsehmann. Huey hielt den Briefumschlag unbeirrt weiter vor die Linse. Da fing der Fernsehmann an zu fluchen, holte plötzlich aus und schlug Hueys Hand mit der Faust weg. Huey wandte sich ruhig an einen der etwa zwanzig Polizisten, die die Szene beobachteten, und sagte: ›Ich wünsche, daß Sie diesen Mann wegen tätlicher Beleidigung verhaften.‹

Im Gesicht des Polizisten tauchte ein ungläubiger Ausdruck auf, und dann platzte er mit den Worten heraus: ›Wenn ich hier jemanden verhafte, dann werden Sie es sein.‹

Huey wandte sich dem Kameramann zu und hielt ihm wieder den Umschlag vor die Linse. Noch einmal holte der Kameramann aus und schlug Hueys Hand weg. Da holte auch Huey aus, packte den Kameramann am Kragen und schleuderte ihn gegen die Wand. Der Fernsehmann drehte sich um sich selbst, taumelte und fiel aufs Pflaster, wobei er ängstlich versuchte, die Kamera auf seiner Schulter zu schützen.

Bobby Seale griff nach Hueys Ärmel. ›Komm, Huey, laß uns hier weg.‹

Huey und Bobby gingen auf dem Trottoir entlang zu ihrem Wagen. Die Polizisten standen auf dem Sprung, konzentriert, als ob sie jede Sekunde mit dem Schießbefehl rechneten.

›Vorsicht! Diese Hunde schießen am liebsten von hinten! Wendet ihnen nicht den Rücken zu!‹ rief Huey den anderen drei Panthern und Bobby zu. Zu diesem Zeitpunkt waren Schwester Betty und Jamal und die übrigen Panther bereits in ihren Wagen, die sich gerade in Bewegung setzten und in das Verkehrsgetümmel einfädelten. Nur diese fünf Panther waren noch am Ort.

In diesem Moment trat ein großer, muskulöser Polizist vor. Im Gehen löste er den Riemen, der seine Pistole im Halfter festhielt und schrie Huey dauernd zu: ›Nehmen Sie Ihr Gewehr weg! Richten Sie Ihr Gewehr nicht auf mich!‹ Dabei fummelte er weiter an seiner Pistole herum, als ob er sie ziehen wolle.

Das war ein Augenblick größter Spannung: Huey blieb stehen und starrte den Polizisten an.

›Laß uns abhauen, Huey!‹ sagte Bobby Seale. ›Laß uns bloß weg hier!‹

Huey hörte nicht auf ihn. Er ging langsam auf den Polizisten zu, bis er knapp einen Meter vor ihm stand, und sagte: ›Was ist los mit Ihnen? Juckt es Ihnen in den Fingern?‹

Der Polizist gab kein Antwort.

›Sie wollen Ihre Pistole ziehen?‹ fragte Huey ihn.

Die anderen Polizisten riefen ihrem Kollegen zu, er solle sich beruhigen und die Sache nicht so ernst nehmen. Aber er schien sie überhaupt nicht zu hören. Er starrte Huey abschätzend an.

›Okay, du dickes, fettes Rassistenschwein‹, sagte Huey, ›dann zieh doch deine Pistole!‹

Der Polizist rührte sich nicht.

›Zieh doch, du feiger Hund!‹ Huey legte eine Patrone in den Lauf seines Gewehrs ein. ›Ich warte‹, sagte er und blieb ruhig vor dem Polizisten stehen.

Die anderen Polizisten zogen sich aus der Schußlinie zurück. Auch ich trat vorsichtshalber auf die oberste Treppenstufe zurück. Ich starrte Huey an, der da mitten unter den Polizisten stand und gewagt hatte, einen von ihnen aufzufordern, seine Pistole zu ziehen. Verdammt, er muß verrückt sein, dieser Nigger, dachte ich.

Da gab der Polizist auf. Er stand vor Huey und seufzte und senkte den Kopf. Huey lachte ihm ins Gesicht. Dann drehte er sich um, ging elastischen Schrittes die Straße entlang und verschwand im flimmernden Sonnenlicht.«[24]

Auch wenn diese Darstellung pathetische Züge trägt, gibt sie gerade dadurch wieder, daß es dieses selbstbewußte Auftreten war, das den Panthern Achtung und Sympathie bei den Schwarzen eintrug, vor allem bei Jugendlichen und jungen Erwachsenen. Hier sahen die Schwarzen, wie sich die Panther als Gruppe ihrer dauernden Diskriminierung und Degradierung erfolgreich entgegenstellten, ›sich nicht zum Vieh machen ließen‹, und damit ihre menschliche Würde und Selbstachtung behaupteten. Immer mehr schlossen sich der Partei an, so daß sie bis zum April 1967 ca. 100 Mitglieder umfaßte.[25]

Am 1. April 1967 wurde Denzil Dowell, ein Schwarzer, in North Richmond von der Polizei erschossen. Es stand nachweislich fest, daß er zum Zeitpunkt des tödlichen Schusses unbewaffnet war und mit erhobenen Händen dastand. Dennoch erfolgte keine amtliche Untersuchung. Schon im Dezember des Vorjahres waren in North Richmond zwei Schwarze von der Polizei getötet worden. Sie hatten Schußwunden in den Achselhöhlen, ein Beweis dafür, daß auch sie ihre Arme über den Kopf erhoben hatten.[26]

Die Angehörigen Dowells riefen die Panther, von denen sie gehört hatten. Diese stellten eigene Nachforschungen an. »Nach dem Polizeibericht war er von drei Schüssen getroffen worden, wie auch die Lokalpresse berichtete, die wie alle weißen Blätter ihre Meldungen über solche Vorfälle von der Polizei erhielt. Doch im Bericht des Leichenbeschauers war von sechs Schußwunden die Rede. (...) Angeblich war Dowell erschossen worden, als er versuchte, sich der Verhaftung wegen eines Einbruchs zu entziehen. Doch in das fragliche Gebäude war niemand eingedrungen. Im Bericht des Leichenbeschauers hieß es, Dowell sei verblutet, doch da, wo er angeblich hingestürzt war, fand sich kein Blut. Dagegen entdeckte man Blut etwa zwanzig Meter von einem Zaun entfernt, über den Dowell nach Angabe der Polizei zu klettern versuchte, bevor er erschossen wurde. Dowell war nicht bewaffnet, und niemand hat behauptet, die Polizisten hätten die Schüsse zu ihrer eigenen Verteidigung abgegeben. Die Dowells und Freunde aus der Nachbarschaft suchten nach Einschußlöchern in Gebäuden und berechneten danach die Geschoßbahnen; auf diese Weise überzeugten sie die Panther, daß Dowell tatsächlich ermordet worden war.«[27]

Die Panther nutzten das Interesse der schwarzen Bevölkerung an den Ereignissen, um mit ihnen zu diskutieren. Sie hielten Straßenversammlungen ab: »...Bruder Huey sagte zu mir (Bobby Seale; d. Verf.), ich sollte loslegen und anfangen zu reden. Also fing ich an, zu den Brüdern dort zu reden. Ich erklärte ihnen das Zehn-Punkte-Programm, sagte ihnen etwas über unsere Organisation und erzählte, daß rassistische Gestapo-Schweinehunde den Bruder Denzil Dowell getötet hatten. Ich sagte ihnen auch, wir müßten jetzt anfangen, uns zusammenzuschließen und uns mit Waffengewalt zu organisieren; ich erklärte, daß die Black Panther Party nach Nord-Richmond gekommen war, daß sie dazu da sei, den Menschen zu dienen, und daß sie eine Partei für die Schwarzen sein sollte.«[28] »Huey machte weiter, er redete zu den Brüdern und Schwestern und erzählte ihnen, wie wir uns organisieren und anfangen, auf eine organisierte und disziplinierte Weise Gewehre und Waffen zu gebrauchen. Wir werden durchaus revolutionär vorgehen und uns gegen alle rassistischen Angriffe verteidigen. Wir werden auch bei diesen Polizeischweinen die Runde machen, wir werden in unseren Wohngemeinden Rundgänge machen, sogar die alten Leute werden von ihren Wohnungen und Häusern aus ihren Rundgang zu machen haben. Und jeder muß eine Schrotflinte in seiner Wohnung haben – jeder.«[29]

Nach ihrer zweiten Straßenversammlung dort, traten fast alle der drei- bis vierhundert ZuhörerInnen der Partei bei. Damit war die *Black Panther Party* in der Bay-Area, der Gegend um die San Francisco Bay, die stärkste und geschlossenste radikale Organisation.[30]

Was sie für ihre AnhängerInnen auszeichnete, war, daß sie nicht nur redeten, sondern den Schwarzen vor allem praktisch zu helfen versuchten. Mit den Angehörigen Dowells zusammen erzwangen sie ein Gespräch mit dem Staatsanwalt und mit der Polizeidirektion. Sie wollten eine Anklage gegen den Polizisten erreichen, der geschossen hatte. Sie waren erfolglos, weil die Behörden sich sträubten, eine Untersuchung des Vorfalls einzuleiten.[31]

Im Rahmen dieser Geschehnisse veröffentlichte die Partei die erste Nummer ihrer Zeitung *The Black Panther, Black Community News Service*. Diese Ausgabe bestand aus zwei im Matrizenverfahren beidseitig bedruckten Blättern, in einer Auflage von 5.000 bis 6.000.[32]

In diesem Zusammenhang muß eine weitere Person vorgestellt werden, nämlich der bereits erwähnte Leroy Eldridge Cleaver, der später zum Herausgeber des *The Black Panther* wurde. Er wurde am 31. August 1935 in Little Rock, Arkansas, als Sohn eines Kellners und Klavierspielers und einer Volksschullehrerin geboren. Insgesamt waren sie fünf Kinder, zwei Mädchen und drei Jungen. 1946 zog die Familie nach Phoenix, Arizona, später nach Los Angeles, wo sie im Ghetto in Armut lebte. Wegen kleinerer Vergehen kam Eldridge Cleaver schon früh mit der Polizei und der Justiz in Konflikt. 1947 erste Jugenderziehungsanstalt, 1952 zweite Jugenderziehungsanstalt, 1954-57 erster Gefängnisaufenthalt in Soledad. 1958 wurde er wegen ›versuchter Notzucht mit Tötungsabsicht‹ zu 14 Jahren Haft verurteilt. Er hatte versucht, eine weiße Frau zu vergewaltigen, was er nach seiner eigenen Erklärung zur Zeit der Tat als ein Durchbrechen der Normen und Werte der weißen Gesellschaft und damit als Selbstbefreiung verstanden hatte. Im Gefängnis wandelte er sich. Er verurteilte die eigene Tat. Er trat der *Nation of Islam* bei, brach dann – wie Malcolm X – mit ihr und wurde dessen Anhänger. Er las viel. Und er begann zu schreiben. Nachdem einige seiner Manuskripte aus dem Gefängnis geschmuggelt und veröffentlicht wurden, erreichte er dank seiner (weißen) Anwältin Beverly Axelrod und des Einsatzes einiger Prominenter (u.a. Maxwell Geismar, Paul Jacobs, Norman Mailer) am 12. Dezember 1966 eine bedingte Haftentlassung. Aufgrund seiner schriftstellerischen Fähigkeiten erhielt er eine Anstellung als Redakteur bei der Zeitschrift *Ramparts*, einem linken Magazin, das ursprünglich als liberale Vierteljahrsschrift für katholische Laien begonnen hatte.[33]

Seit dem Februar 1967 hatte er Kontakt zur *Black Panther Party*. Zwar hatte er zu Anfang noch Vorbehalte, doch am 15. April bekannte er sich auf einer Veranstaltung gegen den Vietnamkrieg vor 65.000 Menschen zu den Grundforderungen der Partei und wurde kurz darauf ihr Informationsminister.

Am 2. Mai 1967 brach eine Autokarawane nach Sacramento auf, der Hauptstadt des Bundesstaates Kalifornien, 24 Männer, die Mehrzahl von ihnen mit Waffen ausgestattet, ein paar unbewaffnet, weil sie unter Bewährung standen oder bedingt entlassen waren, und 6 unbewaffnete Frauen. Der Anlaß war eine Beratung im Capitol über die Vorlage zu einem Waffengesetz, eingebracht von dem reaktionären Oaklander Abgeordneten Mulford. Nach dieser Vorlage sollte das Mitführen geladener Waffen innerhalb von Gemeindegrenzen für Privatpersonen verboten werden. Nach den Vorfällen in North-Richmond, bei denen die Panther ihre Bewaffnung demonstriert hatten, hatte die Polizei wesentlich an dieser Vorlage mitgearbeitet. Es handelte sich also um eine eigens gegen die *Black Panther Party* gerichtete Gesetzesvorlage.

Die Panther hatten geplant, mit einer Aktion die Aufmerksamkeit der Medien zu erreichen: »Wir nehmen die besten Panther, die wir haben, und gehen auf die Treppe vor dem Capitol mit unseren Gewehren und bewaffneten Leuten, voll bewaffnet. Und da werden wir eine Botschaft an alle Welt verlesen, denn die ganze Presse wird dort sein. Die Presse ist immer da. Sie wird die Botschaft hören, und sie wird sie wahrscheinlich überall im Land ausposaunen. Ich weiß, ich weiß genau, sie wird sie in ganz Kalifornien ausposaunen. Wir müssen eine Botschaft unter der Bevölkerung verbreiten.«[34]

Sie blieben allerdings nicht auf der Treppe stehen, auf der Bobby Seale zum ersten Mal die Erklärung verlas, sondern gingen mit ihren Waffen ins Capitol hinein. Durch die nächstbeste Tür betraten sie den Versammlungssaal. Sie befanden sich aber nicht wie geplant auf der ZuschauerInnentribüne, wo das Tragen von Waffen zu jener Zeit legal gewesen wäre, sondern direkt im Plenarsaal. Der Parlamentsvorsitzende sah plötzlich vor sich den bewaffneten Trupp und das war nicht legal. Die Panther wurden des Saales verwiesen und in einen anderen Raum gebracht. Einigen wurden die Waffen abgenommen und entladen. Doch schließlich setzten sie sich lautstark mit der Berufung auf ihre Rechte durch und erhielten ihre Waffen – geladen – zurück. Sie gingen, nachdem sie mehrmals ihre Erklärung vor der Presse verlesen hatten:

Bekanntmachung Nummer Eins: Erklärung des Verteidigungsministers, erlassen am 2. Mai 1967 in Sacramento, Kalifornien, Staats-Capitol-Gebäude

Die Black Panther Party für Selbstverteidigung ruft das ganze amerikanische Volk und besonders die schwarze Bevölkerung auf, sorgfältig auf die rassistische kalifornische Gesetzgebung zu achten, die zur Zeit ein Gesetz in Betracht zieht, das den Zweck hat, die schwarze Bevölkerung genau zur gleichen Zeit waffenlos und machtlos zu halten, zu der rassistische Polizeikräfte überall im Lande Terror, Brutalität, Mord und Unterdrückung des schwarzen Volkes verstärken.

Zur gleichen Zeit, da die amerikanische Regierung einen rassistischen, rassenmörderischen Krieg in Vietnam führt, werden die Konzentrationslager, in denen während des Zweiten Weltkrieges Amerikaner japanischer Herkunft interniert waren, erneuert und vergrößert. Da Amerika die barbarischste Behandlung solcher Menschen, die keine Weißen sind, im Laufe der Geschichte beibehalten hat, sind wir zu dem Schluß gezwungen, daß diese Konzentrationslager für solche schwarzen Menschen vorbereitet werden, die entschlossen sind, sich ihre Freiheit zu erringen und jedes dafür notwendige Mittel einzusetzen. Die Versklavung des schwarzen Volkes seit den ersten Anfängen Amerikas, der an den Indianern verübte Rassenmord und die Einschließung der Überlebenden in Reservate, das grausame Hinschlachten von Tausenden schwarzer Männer und Frauen, der Abwurf von Atombomben über Hiroshima und Nagasaki und jetzt das feige Gemetzel in Vietnam – all das bezeugt die Tatsache, daß die rassistischen Machthaber Amerikas gegenüber den Farbigen nur eine Politik kennen: Unterdrückung, Rassenmord, Terror und rohe Gewalt.

Das schwarze Volk hat gebettelt, gebeten, Eingaben gemacht, demonstriert und alles sonst nur mögliche getan, um die rassistischen Machthaber Amerikas dazu zu bewegen, das viele Unrecht gutzumachen, das im Laufe der Geschichte am schwarzen Volk verübt worden ist. All diese Bemühungen sind mit verstärkter Unterdrückung, Betrug und Heuchelei beantwortet worden. Ebenso, wie die rassistische amerikanische Regierung die Angriffe in Vietnam verstärkt, verstärken auch die amerikanischen Polizeikräfte die

> Unterdrückung der schwarzen Bevölkerung in all den Gettos Amerikas. Bösartige Polizeihunde, Schlagstöcke und stärkere Patrouillen sind in den schwarzen Wohngemeinden gewohnte Anblicke geworden. Die Stadtverwaltungen haben kein Ohr für die Bitten der schwarzen Menschen um Befreiung von dieser wachsenden Terrorisierung.
> Die Black Panther Party für Selbstverteidigung hält den Zeitpunkt für gekommen, daß die schwarze Bevölkerung sich gegen diesen Terror bewaffnet, ehe es zu spät ist. Das bevorstehende Mulford-Gesetz bringt uns der Stunde des Untergangs einen weiteren Schritt näher. Ein Volk, das so lange Zeit hindurch so viel von einer rassistischen Gesellschaft erlitten hat, muß an einer Stelle einen Grenzstrich ziehen. Wir glauben, daß die schwarze Bevölkerung Amerikas sich wie ein Mann erheben muß, um dem Fortschreiten einer Tendenz Einhalt zu gebieten, die unausweichlich zu ihrer völligen Ausrottung führt.[35]

Ohne verhaftet zu werden, konnten die Panther das Capitol verlassen. Erst an einer Tankstelle ein paar Häuserblocks weiter, als sie sich gerade auf den Rückweg nach Oakland machen wollten, startete die Polizei ihre Aktion. »Verhaftet sie alle, gleich weswegen. Verhaftet sie alle wegen irgend etwas«, tönte es aus dem Polizeifunkgerät. Unter den Verhafteten befanden sich Bobby Seale, Bobby Hutton und Eldridge Cleaver, der ja noch unter Bewährung stand. Die Anklage lautete auf Verschwörung mit der Absicht die Würde der gesetzgebenden Körperschaft zu verletzen.

Das Resultat dieser Aktion: Alle 24 Männer wurden angeklagt und mit Kautionen von bis zu 2.200 Dollar für jeden belegt. Später kam es zu einigen Verurteilungen. Bobby Seale und ein anderer Panther erhielten die härtesten Strafen, jeweils 6 Monate Freiheitsentzug. Gegen Eldridge Cleaver konnte keine Anklage erhoben werden, nachdem bewiesen wurde, daß er nicht bewaffnet und als Pressevertreter anwesend war.

Doch dies war nur die eine, negative Seite. Die andere – geplante – sah so aus: große nationale und sogar internationale Aufmerksamkeit. Die Londoner *Times* berichtete über das Ereignis. Reporter rissen sich um Interviewtermine mit führenden Panthern. Und die zweite Nummer ihrer Zeitung *The Black Panther, Black Community News Service* erschien, mit dem Titel *Die Wahrheit über Sacramento*.[36]

Bis zum Oktober 1967 wuchs die Black Panther Party auf über 700 Mitglieder an. Genauere Angaben sind nicht zu finden, da die Panther aus Gründen des Schutzes vor Repression nie welche veröffentlicht haben. Ihr Wirkungsfeld war zu diesem Zeitpunkt hauptsächlich noch auf die Bay Area beschränkt. Allerdings gab es auch schon zwei Ortsgruppen an der Ostküste im Bundesstaat New York: Eine in Jersey City (gegründet im Mai 1967) und die Zweite in Newark (gegründet im Oktober 1967).[37]

Theorie und Praxis

Bisher war einiges von den Aktionen der *Black Panther Party* zu lesen gewesen, ihr Zehn-Punkte-Programm vermittelt einen kleinen Einblick in ihre politischen Vorstellungen, aber was war sie genau, was wollte sie und wie stellte sie sich vor dieses zu erreichen?

Das ist nicht so einfach zu beantworten, da sie nie eine geschlossene Analyse und Strategie vorgelegt hat. Insofern kann dies nur aus Zeitungsartikeln, Interviews und Reden ihrer einzelnen RepräsentantInnen herausgearbeitet werden.[38]

Ideologisch und organisatorisch gesehen begriff sich die *Black Panther Party* als eine marxistisch-leninistische Partei. Das bedeutete, daß sie auf einer marxistischen Gesellschaftsanalyse fußte, die sie jedoch für ihre Situation in den USA modernisierte.[39]

In ihrer ökonomischen Analyse wurden die USA als eine rassistische und kapitalistische Klassengesellschaft gesehen, in der das Profitstreben die Triebkraft der Produktionsweise sei. Eine dekadente Gesellschaft, weswegen sie auch mit dem Namen Babylon bedacht wurde. Der Kapitalismus sei im staatsmonopolistischen Stadium, es habe also eine Verschmelzung der Monopole, in denen der Großteil der Kontrolle über die Wirtschaft zentralisiert sei, mit dem Staat stattgefunden, um ihre Macht auszuweiten und die Profitmaximierung sicherzustellen. Die wesentliche Erscheinungsform sei der militärisch-industrielle Komplex, die ›Hochzeit‹ der Industrie mit dem Pentagon. In ihrer Theorie begriff die *Black Panther Party* den Rassismus nicht als isolierte Erscheinung, als Böswilligkeit der Weißen, sondern im Zusammenhang und vor dem Hintergrund des Kapitalismus. Der Rassismus diene dazu, die Arbeiterklasse zu spalten, eine Gruppe gegen die andere auszuspielen, den Klassenkampf zum Rassenkampf zu pervertieren und damit die bestehenden Herrschafts- und Ausbeutungsverhältnisse aufrechtzuerhalten. Aus der Abschaffung des Kapitalismus folge zwar nicht automatisch die Aufhebung des Rassismus, dazu sei er in den Weißen zu tief verankert, aber in einem anderen Gesellschaftssystem böten sich bessere Möglichkeiten den Kampf zu seiner Eliminierung zu führen.[40]

Natürlich übernahm auch die *Black Panther Party* den oben benannten Begriff der Black-Power-Bewegung von der ›Kolonie im Mutterland‹ in ihrer Analyse. Aufgrund der geographischen Verstreutheit der einzelnen Ghettos sprach sie oft von einer ›dezentralisierten Kolonie‹. Logisch weitergedacht mußte dann die Polizei als ›Okkupationsarmee‹ verstanden werden, die die Unterdrückung der Schwarzen zu sichern hatte, und inhaftierte Schwarze mußten als politische Gefangene gesehen werden. Aber die *Black Panther Party* ging noch über diese Definition hinaus, behauptete eine nationale Einheit des schwarzen Amerika und bezeichnete die Schwarzen als Nation innerhalb der Nation. Diesen Status erkannte sie auch anderen unterdrückten ethnischen Minderheiten in den USA zu. Teilweise wurde mit dem Begriff der ›Kolonie im Mutterland‹ auch sehr ungenau argumentiert, wenn beispielsweise weiße ArbeiterInnen aufgrund ihrer Stellung im Kapitalismus als Kolonisierte bezeichnet wurden.[41]

Die zu verwirklichende Utopie eines alternativen Gesellschaftsmodells für alle Menschen, und nicht nur für die Ghettos, war für die *Black Panther Party* der Sozialismus: weltweite Auslöschung des Imperialismus, Abschaffung des Privateigentums an Produktionsmitteln, Orientierung an den Bedürfnissen der Menschen und nicht am Profit, Kontrolle aller Menschen über Produktion und Verteilung des gesellschaftlichen Reichtums, Mitentscheidung jedes/jeder einzelnen am gesellschaftlichen Prozeß, Beendigung von Ausbeutung und entfremdeter Arbeit, Abschaffung des Staates. In einer solchen Gesellschaft könnten die Menschen frei sein, frei von fremder, äußerer Kontrolle, frei ihr Leben selbst zu bestimmen, dank der Kontrolle der Mächte, die ihre Existenz und ihr Verhalten regeln.

Die Skizzierung der zukünftigen Gesellschaft, in der diese abstrakt formulierten Ziele realisiert werden sollten, blieb jedoch unkonkret. Es wurden keine detaillierten Angaben darüber gemacht, wie sie organisiert werden sollte.[42]

Damit erteilte die *Black Panther Party* den Vorstellungen weiter Teile der Black-Power-Bewegung von einem schwarzen Kapitalismus eine Absage. Innerhalb des Kapitalismus gäbe es keine Lösungsmöglichkeiten für die Probleme der Schwarzen. Newton sagte in einem Interview: »Wenn ein Kennedy und ein Lindsay unserem ganzen Volk anständige Wohnungen verschafften, Vollbeschäftigung und einen hohen Lebensstandard gewährleisteten, wenn sie dem schwarzen Volk die Selbstbestimmung und faire Gerichtsverfahren garantierten, indem sie es selber zu Gericht sitzen lassen; wenn sie die Völker dieser Erde nicht weiter ausbeuteten; wenn sie alles das täten, hätten sie die Probleme gelöst. Ich glaube aber nicht, daß sie unter dem gegenwärtigen System, dem Kapitalismus, diese Probleme lösen können.«[43]

Auch ein schwarzer Kapitalismus, parallel zum weißen, könne das nicht leisten. Das würde nur den einen Ausbeuter durch einen anderen ersetzen, würde also nur für eine kleine Schicht eine Verbesserung ihrer Position auf Kosten der Massen bedeuten. Außerdem bestünde keine Chance für diese Konzeption, da die weißen Kapitalisten ihre Macht nicht aus der Hand geben würden und damit schwarze Kapitalisten nur Erfüllungsgehilfen des Systems bleiben könnten. Die Realität gab ihnen recht. »Wo seit 1967, als die weiße amerikanische Bourgeoisie den ›schwarzen Kapitalismus‹ zu propagieren begann, Konzernführer in der Sprache der *Black Power* davon redeten, sie gründeten in den Gettos ein unabhängiges und parallel laufendes ›schwarzes‹ ökonomisches System, das die historische Entwicklung des ›weißen‹ amerikanischen Kapitalismus nachvollziehen werde, handelt es sich in Wirklichkeit um die Errichtung eines untergeordneten ökonomischen Systems, das zugunsten ›weißer‹ Konzerne von einer schwarzen Managerschicht geleitet wird und in verschleierter Form die bestehenden Ausbeutungsverhältnisse in den schwarzen Gemeinden aufrechterhält.«[44] Eine Lösung der Probleme der Schwarzen könne also nur in der grundlegenden Veränderung des Gesellschaftssystems liegen.[45]

Nach der Klassenanalyse der *Black Panther Party* war die US-amerikanische Gesellschaft sowohl in ökonomische Klassen als auch in ethnische Gruppen, in Kasten, gegliedert. An der Spitze der gesellschaftlichen Organisation sah sie die herrschende Klasse, die sich dadurch auszeichne, daß sie reich sei, die Fabriken und die Rohstoffe besitze, die, kurz gesagt, über das Kapital und die Produktionsmittel verfüge. Aufgrund dieser Macht könne sie die USA beherrschen und kontrollieren. Und diese Klasse war fast vollständig weiß.[46]

Nach dieser Theorie kaufte sich die herrschende Klasse, um ihre Macht ausüben zu können, Leute, die in ihrem Sinne die Gesellschaft verwalteten und die Kontrolle über die gesellschaftlichen Institutionen ausübten. Die auffälligsten für die Aufbegehrenden waren die ›Beschützer des Systems‹, die Polizei und die Streitkräfte, ohne die die Herrschaft auf Dauer nicht aufrechterhalten werden könne.[47]

Die antagonistische Klasse, die Ausgebeuteten, Manipulierten und Kontrollierten, seien in den ethnischen Gruppen zu suchen: bei den Schwarzen, MexikanerInnen, Puerto-RicanerInnen, IndianerInnen, Eskimos, ... Diese alle zählten zur gleichen Kaste, sie würden gemeinsam diskriminiert und ausgebeutet. Es wurden sogar arme Weiße und sogar Mittelklasse-College-StudentInnen dazu gerechnet, weil auch sie als Individuen unterdrückt seien. Aber diese Klasse existiere nicht als Klasse an und für sich, sie sei aufgrund objektiver Bedingungen gespalten. So wurde eine Vierteilung konstatiert: die Arbeiterklasse des Mutterlandes, die Arbeiterklasse der Kolonie, das Lumpenproletariat des Mutterlandes, das Lumpenproletariat der Kolonie. Die ›Arbeiterklasse des Mutterlandes‹, also die weißen ArbeiterInnen, hätte sich im Laufe ihrer Kämpfe ein ›hübsches Nest‹ einrichten können: gewerkschaftliche Vertretung, Tarifverhandlungen, Schutzgesetzgebung, soziale Sicherheit. Sie hätte sich aufkaufen lassen und damit in »eine höchst unrevolutionäre, reformistisch gesinnte Bewegung, die nur an höheren Löhnen und mehr Sicherheit der Arbeitsplatzes interessiert ist«[48], verwandelt. Mit der revolutionären Arbeiterklasse zu Marx' Zeiten, »den brodelnden Massen, die von abgrundtiefer Armut niedergedrückt waren«[49], hätte sie nichts mehr zu tun. Zusammen mit der ›Arbeiterklasse der Kolonie‹, also den farbigen ArbeiterInnen, gehöre sie zum rechten Flügel des Proletariats.[50]

Der linke Flügel werde vom Lumpenproletariat gebildet, dem sich die Panther selbst zugehörig fühlten: »O.K. Wir sind Lumpen. Vorwärts. Lumpenproletariat sind all diejenigen, die keine sichere Beziehung oder althergebrachten Anteil an den Produktionsmitteln und den Einrichtungen der kapitalistischen Gesellschaft haben. Der Teil der ›industriellen Reservearmee‹, der beständig in Reserve gehalten wird; der niemals gearbeitet hat und das auch niemals tun wird; der keine Arbeit finden kann; der ohne Ausbildung und ungelernt ist; der durch Maschinen, Automation und Kybernetik ersetzt und niemals ›umgeschult oder mit neuen Qualifikationen versehen‹ worden ist; all diejenigen, die von Wohlfahrt oder staatlicher Hilfe leben. Ebenso die sogenannten ›kriminellen Elemente‹, die von ihrem gewitzten Verstand leben, von denen, die sie ausnehmen; die Gewehre in die Gesichter von Geschäftsleuten stecken und sagen ›Hände hoch‹ oder ›gib's auf! Diejenigen, die einen Job noch nicht einmal wollen, die die Arbeit hassen und nichts damit im Sinne haben, die Zeituhr irgendeines Schweines zu stechen, die eher einem Schwein in die Fresse schlagen und ihn dann ausrauben als die Zeituhr des gleichen Schweines zu stechen und für ihn zu arbeiten, diejenigen, die Huey P. Newton die ›illegitimen Kapitalisten‹ nennt. Kurzgesagt alle die, denen die Wirtschaft verschlossen war, die man um ihr rechtmäßiges soziales Erbe beraubt hat.«[51]

Bei dieser Einteilung seien die Unterschiede im ›Mutterland‹ zwischen Arbeiterklasse und Lumpenproletariat ziemlich stabil, in der ›Kolonie‹ verschwömmen diese Grenzen aufgrund der gemeinsamen Kolonisation beider Gruppen.[52]

An dieser Stelle muß noch angeführt werden, daß die orginär Marx'schen Begrifflichkeiten ungenau verwandt wurden. Es wurden die Arbeiterklasse und das Lumpenproletariat unter dem Begriff Proletariat subsumiert, während Marx Arbeiterklasse und Proletariat synonym verwandte und das Lumpenproletariat als eine deklassierte Schicht ansah. Nicht näher definiert blieb der Begriff der Kaste und in welchem Verhältnis er zur Kategorie Klasse stand. Außerdem muß noch bemerkt werden, daß die hier beschriebene Einteilung in zwei Arbeiterklassen von Cleaver stammte, während Newton und Seale nur von einer sprachen, in der es eine objektive Interessensidentität Weißer und Farbiger gäbe.[53]

International gesehen begriff sich die *Black Panther Party* als Bestandteil der globalen antiimperialistischen Front der Befreiungsbewegungen der sogenannten Dritten Welt.[54]

Für die *Black Panther Party* war ihre Interpretation der Methode von Marx zur Aufhebung der Unterdrückung und zum Sturz des Kapitalismus, nämlich »Gewaltsame Revolution durch das Proletariat gegen den bürgerlichen Staatsapparat der Klassenunterdrückung und Repression. Revolutionäre Gewalt gegen die konterrevolutionäre Klassengewalt, ausgeübt durch den besonders repressiven Zwang der bewaffneten Werkzeuge des Staates«[55], also Klassenkampf, nicht so einfach auf ihre Situation in den USA übertragbar.[56]

Ihre ökonomische Analyse stützte sich auf zwei Säulen, erstens den Begriff von den Ghettos als ›Kolonie im Mutterland‹, zweitens den Begriff von den USA als kapitalistisches System, das weiße und farbige ArbeiterInnen unterdrücke und ausbeute, und ihre Klassenanalyse, die die Spaltung des Proletariats benannte, machte die Entwicklung des Konzepts der Gleichzeitigkeit von nationalem Befreiungskampf und Klassenkampf gegen den allen gemeinsamen Feind, die weiße Bourgeoisie, nötig. Wie diese Gleichzeitigkeit konkret zu bewerkstelligen sei, wurde nicht gesagt.[57]

Trotzdem war damit in der Theorie wieder eine Absage an Strömungen der Black-Power-Bewegung erteilt, die einzig den Rassismus bekämpfen wollte.[58]

Da der Klassenkampf für die unterdrückten ethnischen Gruppen, vor allem für die Schwarzen, oft vom Rassenkampf verdeckt werde, da dem notwendigen Zusammenschluß aller Unterdrückten, der »Allianz aller Ausgebeuteten dieser Gesellschaft«[59], der Rassismus als Problem gegenüberstehe, sei es notwendig, daß die verschiedenen Fraktionen erst einmal eigene Organisationen bildeten.[60]

Deswegen war die *Black Panther Party* eine ausschließlich schwarze Partei. Sie berief sich damit auf Malcolm X, der gesagt hatte, daß es keine Einheit von Schwarzen und Weißen geben könnte, bevor nicht zuerst eine schwarze Einheit entstanden sei. Sie schlossen aber selbst zu jenem Zeitpunkt Bündnisse mit weißen Gruppen nicht prinzipiell aus, wenn diese radikal waren, was voraussetzte, daß sie ihren eigenen Rassismus bekämpften und die Autonomie der *Black Panther Party* anerkannten.[61]

Weil das schwarze Lumpenproletariat als die ärmste und am meisten unterdrückte Gruppe angesehen wurde, wurde sie, in Anlehnung an Fanons *Die Verdammten dieser Erde*, auch als die revolutionärste betrachtet, da die Schwarzen die Speerspitze der Aufstände gebildet hatten. Darum sollten sie auch als erste organisiert werden. »Huey wollte Brüder von der Straße dabei haben – Brüder, die Bankraub begangen hatten, die homosexuell waren, die mit Rauschgift gehandelt hatten, Brüder, die sich keinen Scheißdreck gefallen ließen, die mit Polizeischweinen gekämpft hatten; denn Huey P. Newton wußte: Sobald sie sich einmal auf dem Gebiet der politischen Bildung zusammenfinden würden (und das war nicht schwierig, ihre politische Bildung würde in dem Zehn-Punkte-Programm bestehen), sobald er die Brüder organisierte, mit denen er umging, mit denen oder gegen die er kämpfte – er kämpfte härter gegen sie als sie gegen ihn –, sobald er diese Brüder organisierte, hatte er Nigger, hatte er Schwarze, hatte er Revolutionäre, die ganz hervorragend sein würden.«[62]

Die Mitglieder der *Black Panther Party* sollten die Avantgarde bilden und als Kader das schwarze Volk durch Aktionen erziehen. »Die BP Partei ist das Licht des Leuchtturms, der den schwarzen Menschen den Weg in die Befreiung zeigt.«[63] Sie sollte den wahren Charakter des Systems entlarven und den Schwarzen ein Bewußtsein über ihre Lage in diesem System nahebringen. »Hauptfunktion der Partei ist es, das Volk wachzurütteln und es die Strategie des Widerstandes gegen den Machtapparat zu lehren.«[64] Das Ziel war also, die Schwarzen zu befähigen, die Machtstruktur zu erkennen, zu bekämpfen, zu zerschlagen, die herrschende Klasse aus ihren Machtpositionen zu verdrängen und letztendlich die Regierung zu stürzen.[65]

Die bisher gezeigten Brüche und Weiterentwicklungen der *Black Panther Party* im Vergleich zu Teilen der *Black-Power*-Bewegung – Verbindung von Rassismus- und Kapitalismusanalyse und Absage an die Hoffnung auf einen schwarzen Kapitalismus – waren ein weiterer Schritt aus der Diffusität des Begriffs *Black Power* zu einer Konkretisierung. *Black Power* war eine Antwort gewesen auf die ideologischen Debatten über neue Orientierungen in der Bürgerrechtsbewegung, wohl die radikalste jener Zeit, und zumindest die, die das größte Aufschreien des weißen Amerika auslöste. Aber was sie eigentlich genau war, war schwer faßbar, was wohl auch daran lag, daß ihre Definitionen vieldeutig waren, der Inhalt ungewiß und auch die verschiedenen SprecherInnen verschiedene Perspektiven und Haltungen repräsentierten.[66]

Als marxistisch-leninistische Partei war die *Black Panther Party* natürlich nach den Kadervorstellungen Lenins organisiert. Diese Notwendigkeit ergäbe sich aus der Stärke des Imperialismus: »Einem System wie diesem kann man nur mit einer Organisationsstruktur Widerstand leisten, die noch nachdrücklicher diszipliniert und strukturiert ist«[67], sagte Huey P. Newton. Damit war ein weiterer Bruch zur Black-Power-Bewegung vollzogen, die sich als Bewegung verstand und jede straffere Organisierung als Schritt zur Verbürokratisierung ablehnte.[68]
»Ursprünglich hatten wir in der Black Panther Party eine Rangordnung eingeführt, je nach den politischen Aufgaben und Pflichten der Mitglieder. Ein Captain war gewöhnlich ein Koordinator, das war seine politische Pflicht. Wir haben die Leute danach beurteilt, ob sie Verantwortung übernehmen oder nicht; es ist nämlich ein Grundsatz unserer Partei, daß man wohl eine Vollmacht weitergeben kann, aber Verantwortung kann man nicht abgeben. Leutnants waren für die Sicherheit verantwortlich, Sergeanten waren Abteilungsleiter, Korporale leiteten Unterabteilungen. Ein regulärer Panther ohne bestimmten Rang hatte keine Ausbildung, ein *Buck Private* (Rekrut) stand noch in der Ausbildung. *Privates* (Gemeine) waren Panther, die ihre Ausbildung – sechs Wochen lang in politischen Schulungskursen der Partei – beendet hatten. So hatten wir das im Anfang alles aufgebaut, bis zum Zentralstabsassistenten und dem

Stabschef.«[69] Mitglieder wurden ständig politisch geschult und mußten sich täglich über die aktuelle politische Situation informieren. Sie mußten zudem über juristische Kenntnisse verfügen. Täglich mußte ein Bericht über Aktivitäten und Erfahrungen abgeliefert werden. Und sie mußten sich im Umgang mit Waffen schulen.[70] Das war dargelegt in den strengen Disziplinarregeln, an die sich die Parteimitglieder zu halten hatten, und die regelmäßig im *The Black Panther* veröffentlicht wurden.

Bei so strikten Regeln verwundert es nicht, daß die Panther Uniformen trugen: schwarze Hose, blaues Hemd, schwarze Lederjacke und eine schwarze Baskenmütze, eine Hommage an die französische Résistance. Speziell Lederjacke und Baskenmütze wurden Ende der 60er Jahre zur »revolutionären Mode« für viele Leute.[72]

Niemand bekam von der Partei ein festes Gehalt bezahlt. Wer aber den ganzen Tag für sie arbeitete, bei dem/der sorgte sie auch für das, was er/sie zum Leben brauchte. Die Geldmittel dafür, wie für die Unkosten der Parteiarbeit, kamen aus Spenden, Honoraren für Vorträge und dem Verkauf ihrer Zeitung.[73]

Der *Black Panther Party* beitreten konnte jede/r Schwarze ab dem 16. Lebensjahr. Für die jüngeren gab es eine Jugendorganisation, die *Jung-Panther*. Dort wurden die Geschichte der Schwarzen und revolutionäre Grundsätze vermittelt. Mit Waffen kamen sie noch nicht in Berührung.[74]

Die Frauen in der *Black Panther Party* sollten gleichberechtigt sein und männlicher Chauvinismus bekämpft werden: »Wir müssen ein System errichten, das auf dem Ziel der absoluten Gleichheit aller Menschen beruht; und zwar auf dem Prinzip der Gleichheit sowohl *von* jedem einzelnen Menschen, Mann oder Frau, *her* - gemäß seinen Fähigkeiten - wie auch *auf* jeden einzelnen Menschen, Mann oder Frau, *hin* - gemäß seinen Bedürfnissen: Wir halten die Einführung des Sozialismus in der Gesellschaft für ein Mittel, durch das wir auch anfangen, die bedrückenden gesellschaftlichen Hindernisse zu beseitigen; wir hoffen, eine Gesellschaft aufzubauen, in der sich eines Tages Mann und Frau ganz nach ihrer natürlichen Neigung

Regeln der Black Panther Party

Acht Punkte zur Beachtung
1. Sprich höflich.
2. Bezahle ehrlich für das was du kaufst.
3. Gib immer zurück was du leihst.
4. Bezahle für alles was du beschädigst.
5. Schlage oder fluche nicht auf Leute.
6. Beschädige kein Eigentum oder die Ernte der armen, unterdrückten Massen.
7. Nimm dir keine Freiheiten bei Frauen heraus.
8. Wenn wir jemals Gefangene nehmen müssen, behandele sie nicht schlecht.

Die drei Hauptregeln:
1. Gehorche den Anordnungen in all deinen Handlungen.
2. Bemächtige dich nicht einer einzigen Nadel oder eines Fädchens von den ›armen und unterdrückten‹ Massen.
3. Reiche alles ein, was vom angreifenden Feind erbeutet wurde.

Jedes Mitglied der Black Panther Party in unserem rassistischen Amerika hat sich an diese Regeln zu halten, um aktives Mitglied der Partei zu sein. Für die Durchführung dieser Regeln sorgen die Mitglieder des Zentralkomitees, die zentralen und örtlichen Mitarbeiter einschließlich aller Captains, die der nationalen, einzelstaatlichen oder örtlichen Leitung der Black Panther Party unterstehen. Die Dauer einer notwendigen Suspendierung oder einer anderen disziplinarischen Maßnahme wegen Verletzung dieser Regeln bestimmen nationale Entscheidungen durch die nationalen, einzelstaatlichen, Kreis- oder örtlichen Ausschüsse und Mitarbeitergruppen, unter denen gegen die Regeln der Black Panther Party verstoßen wurde.
Jedes Mitglied der Partei muß diese Regeln wörtlich auswendig kennen und sie täglich anwenden. Eine Verletzung der Regeln hat jedes Mitglied seiner Führung zu melden; andernfalls ist es antirevolutionär und unterliegt ebenfalls der Suspendierung durch die Black Panther Party.

1. Kein Parteimitglied darf Narkotika oder Marihuana in seinem Besitz haben, während es für die Partei arbeitet.
2. Jedes Parteimitglied, das Narkotika injiziert, wird aus unserer Partei ausgeschlossen.
3. Kein Parteimitglied darf bei der täglichen Arbeit für die Partei betrunken sein.
4. Kein Parteimitglied darf gegen Vorschriften verstoßen, die sich auf die Verwaltungsarbeit, auf die Generalversammlungen der Black Panther Party oder auf Versammlungen der Black Panther Party an irgendeinem Ort beziehen.
5. Kein Parteimitglied darf eine Waffe, gleich welcher Art, unnötig oder versehentlich gegen irgend jemanden benutzen, richten oder abfeuern.
6. Kein Parteimitglied darf in eine andere militärische Streitmacht eintreten als in die Schwarze Befreiungsarmee.
7. Kein Parteimitglied darf eine Waffe bei sich haben, wenn es betrunken ist oder unter dem Einfluß von Narkotika oder Marihuana steht.
8. Kein Parteimitglied darf irgendein Verbrechen an anderen Parteimitgliedern oder überhaupt an schwarzen Menschen begehen oder in unserem Volk etwas stehlen oder an sich nehmen, auch nicht eine Nadel oder ein Fädchen.
9. Im Falle einer Verhaftung geben Black Panthers nur Namen und Anschrift an, leisten aber keine Unterschrift. Alle Parteimitglieder müssen sich die »Erste Rechtshilfe« zu eigen machen.
10. Jedes Parteimitglied muß das Zehn-Punkte-Programm der Black Panther Party kennen und verstehen.
11. Mitteilungen der Partei müssen national und örtlich bekanntgegeben werden.
12. Das Zehn-Punkte-Programm sollen alle Parteimitglieder kennen und auch von allen Parteimitgliedern verstanden werden.
13. Alle Finanz-Officers unterstehen der Gerichtsbarkeit des Finanzministers.
14. Jeder hat täglich einen Arbeitsbericht zu erstatten.
15. Jeder Leiter einer Unterabteilung oder Abteilung, jeder Leutnant und Captain hat täglich die Arbeitsberichte vorzulegen.
16. Alle Panther müssen lernen, Waffen einwandfrei zu handhaben und zu bedienen.

17. Jeder aus dem Führungskader, der ein Mitglied ausschließt, muß dies dem Herausgeber unserer Zeitung mitteilen, damit es in der Zeitung veröffentlicht und so allen Zweigstellen und Gruppen bekanntgemacht wird.
18. Die Teilnahme an politischen Schulungskursen ist Vorschrift für die allgemeine Mitgliedschaft.
19. In den Bürostellen sollen sich nur die Diensttuenden aufhalten, die an dem Tage jeweils für die betreffenden Arbeiten bestimmt worden sind. Alle anderen, einschließlich Captains, Abteilungsleiter usw., haben unsere Zeitung zu verkaufen und in der Wohngemeinde politisch tätig zu sein.
20. Kommunikation: Alle Zweigstellen haben dem Nationalen Hauptbüro schriftliche Wochenberichte vorzulegen.
21. Alle Zweigstellen haben Erste-Hilfe- und/oder medizinische Kerntruppen einzurichten.
22. Alle Gruppen, Zweigstellen und Teilgruppen der Black Panther Party müssen dem Finanzministerium und auch dem Zentralkomitee monatlich einen Finanzbericht erstatten.
23. Jeder, der eine leitende Stellung einnimmt, hat täglich mindestens zwei Stunden zu lesen, um über die wechselnde politische Lage auf dem laufenden zu bleiben.
24. Keine Gruppe oder Zweigstelle darf Zuschüsse, Unterstützungen, Gelder oder sonstige Hilfen irgendeiner Regierungsstelle annehmen, ohne sich vorher mit dem Nationalen Hauptbüro in Verbindung zu setzen.
25. Alle Zweigstellen haben sich an die politische Richtung und Ideologie zu halten, die das Zentralkomitee der Black Panther Party festgelegt hat.
26. Alle Zweigstellen haben ihren übergeordneten Gruppen schriftliche Wochenberichte vorzulegen.[71]

verbinden können.«[75] Die Panther arbeiteten innerhalb der Partei und in der schwarzen Community daran. So lernten die weiblichen Mitglieder genauso den Umgang mit Waffen, wie die männlichen, da sie von der Polizei ebenso brutal bedrängt würden. Eine weitere Regel der *Black Panther Party* besagte, daß in der Partei kein Mann Gewalt gegen eine Frau ausüben dürfe. Auch der geschlechtsspezifischen Arbeitsteilung wurde zu Leibe gerückt. Weibliche Mitglieder mußten nicht zu Hause bleiben, wenn sie Kinder hatten. Sie konnten sie zu einem Ort bringen, an dem auf sie aufgepaßt wurde – von einer Frau oder einem Mann. Hausarbeiten sollten von beiden Geschlechtern verrichtet werden. Bei der Parteiarbeit sollten die Frauen nicht nur für die Schreibarbeiten zuständig sein, das sollte genauso die Arbeit der Männer sein. Traditionelle Rollen sollten somit aufgebrochen werden. Der Sozialismus sollte in jedem Haus der Panther gelebt werden.[76]

Auch das war wieder eine Absage an Strömungen der schwarzen Bewegung, bis hin zum SNCC, die eine Unterwerfung der schwarzen Frau unter den schwarzen Mann forderten, damit er durch diese Herrschaftsausübung seine eigene Unterdrückung in der Gesellschaft kompensieren könne und seine Männlichkeit bestätigt fände. Dafür waren sogar Benimmregeln für die untertänige schwarze Frau herausgegeben worden.[77]

All dem gegenüber fällt zuerst einmal auf, daß das Zehn-Punkte-Programm der *Black Panther Party* so radikal gar nicht war. Es war an die Plattform der Nation of Islam angelehnt und verblieb wesentlich in der Tradition von *Black Power*-Konzepten einer eigenen schwarzen Kontrolle über die Ghettos. Es waren Forderungen und Argumentationen enthalten, die zum Teil direkt aus geltenden Gesetzen und der Verfassung begründet waren. So wurde die Diskrepanz zwischen den, den Schwarzen auf dem Papier zugestandenen Rechten und der Realität aufgezeigt. Die Panther forderten durch ihre Praxis diese Rechte zum Teil konkret ein, wie zum Beispiel das Recht, in der Öffentlichkeit Waffen zu tragen, oder unbehelligt von der Polizei zu bleiben, solange man nicht wirklich verhaftet war. Die *Black Panther Party* war somit sowohl von ihrem Programm als auch von ihren Aktivitäten her vollkommen legal.[78]

Es war ihr Bestreben, öffentlich im System zu operieren. Nur so sei es möglich, solange die Partei noch nicht bekannt genug sei, ihre Aufklärungsarbeit zu verrichten. Sie dürfe erst dann in den Untergrund gehen, wenn sie durch die Repression der Herrschenden dazu gezwungen würde. Dann werde hoffentlich das Programm und die Strategie der Partei schon so weit verbreitet sein, daß die Menschen sich Informationen über die Aktionen der Partei selbstständig zu beschaffen wüßten.[79]

Das waren bisher die theoretischen Vorstellungen der *Black Panther Party*. Doch Papier ist geduldig. Was tat sie wirklich?

Am Anfang kümmerte sie sich um alltägliche, vergleichsweise banale Probleme der schwarzen Community. So sorgte sie mit dafür, daß an einer vielbefahrenen Straße eine Verkehrsampel installiert wurde, die Schulkindern mehr Sicherheit beim Überqueren der Fahrbahn bot. Oder indem sie schwarze Mütter, deren Kinder in der Schule von Lehrern geschlagen worden waren, bei einem Beschwerdegang zum Schulleiter begleitete.[80]

Vor der Formulierung des Zehn-Punkte-Programms hatte Huey P. Newton gesagt: »Wir brauchen ein Programm. Wir müssen ein Programm für das Volk haben, ein Programm, das das Volk anspricht und das die Leute verstehen; ein Programm, das die Leute sehen und lesen können und das ihre Forderungen und Bedürfnisse ausdrückt. Es muß sich auch mit dem philosophischen Sinn unseres Lebens in dieser Welt befassen, aber der philosophische Sinn muß sich zugleich auf etwas Konkretes beziehen.«[81] Die *Black Panther Party* versuchte dies praktisch umzusetzen und zu erfüllen, indem sie in der schwarzen Community Hilfsprogramme durchführte. Sie wollte damit die Not der Schwarzen lindern und ihr Überleben sichern, ihnen bei ihren konkreten Problemen helfen – getreu der maoistischen Parole: dem Volke dienen – und ihnen damit zeigen, wie das Gesellschaftssystem zu ändern sei: »wenn wir uns einig sind, wenn wir arbeiten und uns für solche Programme zusammentun, dann können wir die bedrückenden Lebensumstände nach und nach beseitigen.«[82] Das bezeichnete die Partei als revolutionäre, sozialistische Programme.[83]

Sie organisierte kostenlose Frühstücke für Kinder. Dafür wurden Geschäftsleute gebeten, Nahrungsmittel und Geld zu spenden. Im Januar 1969 begannen sie in Oakland mit einem Frühstück für 20 Kinder. Im Dezember desselben Jahres bekamen schon 30.000 Kinder im ganzen Land diese Mahlzeit, bevor sie in die Schule gingen. Die Regierung stellte später fest, daß die Panther mehr Kindern zu essen gaben als staatliche Stellen. Darüberhinaus wurden wichtige Grundnahrungsmittel an Bedürftige verteilt.[84]

In New York wurde ein ›Kostenloses-Kleidungs-Programm‹ begonnen, als durch Kürzungen der Wohlfahrtszahlungen die Kleidungsgelder für arme Familien gestrichen wurden. Aus Spenden und aus nicht-abgeholter Kleidung chemischer Reinigungen bekamen Kinder und Teenager kostenlos Bekleidung. Die *Black Panther Party* organisierte in Kalifornien kostenlose Transporte zu den Gefängnissen, damit die Angehörigen von Gefangenen diese besuchen konnten. Ab dem Sommer 1969 richtete die Partei ›Freie Gesundheitsstationen‹ ein, mit kostenlosen Medikamenten. ÄrztInnen und MedizinstudentInnen verpflichteten sich unentgeldlich dort zu arbeiten und einfache Behandlungen durchzuführen. Hauptsächlich handelte es sich um Vorbeugungsmaßnahmen, wie Impfungen und die Behandlung von ›Armenkrankheiten‹ wie Sichelzellenanämie und Tuberkulose. Das größte Problem hierbei war die Beschaffung geeigneter Räume. Ähnlich war die ›Freie Rechtsberatung‹ angelegt. AnwältInnen berieten kostenlos in zivil- und strafrechtlichen Fällen. Weiterhin wurden freie Arbeitsstellen gesucht und vermittelt, sowie Bewerbungstips gegeben. Sogenannte *Liberation Schools* wurden eingerichtet. Das US-amerikanische Erziehungs- und Bildungssystem sei so konzipiert, daß Schwarze und andere Minoritäten unwissend gehalten würden. Es sei nur darauf ausgerichtet, die Menschen für bestimmte Funktionen im kapitalistischen System heranzuziehen. Das Interesse der *Black Panther Party* war aber ein anderes: Die Unterdrückten und Ausgebeuteten sollten den wahren Charakter des Systems erkennen können, informiert werden über die Geschichte des Kampfes gegen das System und die Möglichkeiten seiner Weiterführung. »In anderen Worten: Wir wollen uns in die Lage versetzen, uns selbst und unseren Kindern die Notwendigkeit dieses Kampfes gegen die herrschende Klasse zu vermitteln.«[85] Um das zu erreichen, führten sie einen Kampf an den Colleges zur Errichtung schwarzer Studienzweige und der Hinzufügung schwarzer Kurse zum Lehrplan. Und sie organisierten selbst diese Form von Bildung durch die *Liberation Schools*.[86]

Zum Teil versuchte sie explizite politische Bildung in Form von Schulungsprogrammen zu vermitteln. Dabei gab es drei verschiedene: für die Communities, in denen Panther das Zehn-Punkte-Programm, Ideologie und Ziele der Partei erläuterten und Artikel aus *The Black Panther* diskutierten; für Kader der Partei, in denen Aufsätze und Reden von Parteimitgliedern oder Auszüge ›ihrer‹ Theoretiker, wie zum Beispiel Mao, diskutiert wurden; und gesonderte für die Parteileitung.[87]

Die *Black Panther Party* versuchte die schwarze Bevölkerung davon zu überzeugen, daß sie sich in die Wahllisten eintrug. Das war eine Voraussetzung dafür, als Geschworene berufen zu werden. Durch einen höheren Anteil schwarzer Geschworener hoffte sie, eine fairere Rechtssprechung vor Gericht für arme, unterdrückte Menschen zu erreichen.[88]

Sie stellte, wie oben geschildert, bewaffnete Patrouillen auf, die die Polizei in den Ghettos beobachte und bei ihren Einsätzen kontrollierte, um Übergriffe der Polizei gegen die GhettobewohnerInnen zu vermeiden. In einigen Städten ging sie gegen Drogendealer vor.[89]

Die Partei hatte nicht nur Programme für die schwarze Community, sondern auch im Produktionsbereich für schwarze ArbeiterInnen. Es gab ab 1969 sogenannte *Black-Panther-Wählerversammlungen*, die innerhalb der Gewerkschaften arbeiteten. Diese agitierten nicht nur für höhere Löhne und bessere Arbeitsbedingungen, sondern auch für die Forderung nach einer 30-Stunden-Woche bei gleichbleibendem Lohn. Dadurch sollten neue Arbeitsplätze für Arbeitslose geschaffen werden. Das sollte ein Schritt hin auf das Ziel sein: »Die Arbeiter sollen begreifen, daß sie die Produktionsmittel kontrollieren müssen, und daß sie anfangen sollen, ihre Macht für die Kontrolle der Produktionsziele einzusetzen und so der ganzen Bevölkerung zu dienen.«[90]

Um ihre Positionen zu verbreiten, gaben sie wöchentlich ihre in der Regel 24-seitige Zeitung *The Black Panther* heraus. 1969 erreichte sie eine Auflage von 125.000. Damit war sie die stärkste linksradikale Zeitung in den USA, die sogar in andere Länder verschickt wurde. Sie enthielt Informationen und Neuigkeiten über die Partei, Theorieaufsätze ihrer Mitglieder, Nachrichten aus den schwarzen und anderen unterdrückten Communities, internationale Nachrichten, speziell aus Afrika, sowie Informationen über wichtige Dienstleistungen.[91]

Die ›außenpolitischen‹ Aktionen der *Black Panther Party* waren symbolischer Natur und dienten ›innenpolitischer‹ Propaganda: so 1969 die Bitte von Eldridge Cleaver an die Regierung Nordvietnams, seinem Vorschlag zuzustimmen, falls die Regierung der USA die politischen Häftlinge in ihrem eigenen Land freiließe, daß dann Nordvietnam die US-amerikanischen Kriegsgefangenen entließe. Oder im August 1970 das Angebot Huey P. Newtons an die FNL, ein Truppenkontingent Freiwilliger nach Vietnam zu schicken. Die FNL bezeichnete das Angebot als ›freundliche Geste‹, wollte jedoch keinen unmittelbaren Gebrauch davon machen. Bekanntschaften gab es darüber hinaus zu japanischen Radikalen, der franko-canadischen Unabhängigkeitsbewegung und nach Cuba. Die Kontakte zu Befreiungsbewegungen oder entkolonialisierten Staaten der sogenannten Dritten Welt waren locker, beschränkten sich auf Solidaritätsbekundungen, feste Bündnisse existierten nicht.[92]

Turbulente Jahre

28. Oktober 1967 – Nach einer Schießerei mit der Polizei in den frühen Morgenstunden wurde Huey P. Newton verhaftet. Er war durch mehrere Bauchschüsse schwer verletzt. Ein Polizist war tot, ein zweiter verwundet. Die vierte beteiligte Person, ein Panther, blieb unversehrt. Gegen Huey P. Newton wurde Mordanklage erhoben. Im Falle einer Verurteilung hatte er mit seiner Hinrichtung in der Gaskammer zu rechnen.[93]

Von da an wurde die *Free Huey*-Kampagne zu einem der zentralen Punkte der Parteiarbeit. Für die juristische Vertretung wurde Charles

R. Garry ausgesucht, ein Weißer, von Bobby Seale als ›Lenin des Gerichtsaals‹ betitelt.[94]

Die *Black Panther Party* schloß ein Arbeitsbündnis mit der in erster Linie weißen *Peace and Freedom Party*. Diese war 1967 als politische Alternative zur *Demokratic Party* und der *Republican Party* gegründet worden. Unter anderem opponierte sie gegen den Vietnamkrieg. Zuerst in Kalifornien aufgestellt, konnte sie sich schließlich in den meisten Bundesstaaten an der Wahl beteiligen. Im Rahmen der Zusammenarbeit wurde Huey P. Newton als Kandidat für den Kongreß aufgestellt, Bobby Seale für das Repräsentantenhaus, Kathleen Cleaver für einen Gemeindebezirk von San Francisco und Eldridge Cleaver als Präsidentschaftskandidat (er bekam dann bei den Wahlen insgesamt 195.135 Stimmen, Newton 25.000[95]). Die Kandidatur zielte im Grunde nicht auf einen Wahlsieg, sondern sollte die Gegenkandidaten unter Druck setzen, damit sie sich der Bevölkerung gegenüber verantwortungsbewußter verhielten. Vor allem Schwarze sollten daran erinnert werden, daß sie im Grunde Mitglieder einer Elite geworden waren und den Kontakt zu der schwarzen Bevölkerung verloren hatten.[96]

Zuerst war die *Black Panther Party* gegenüber diesem Bündnis mit der *Peace and Freedom Party* skeptisch gewesen, da sie aus Furcht vor der Verfolgung eingetragener Mitglieder, wie sie die CPUSA erfahren hatte, noch keine offizielle Wahlpartei werden wollte. Außerdem befürchtete sie, wieder einmal für die Belange der Weißen instrumentalisiert und ausgenutzt werden zu können. Sie sah aber durch diese Zusammenarbeit eine Chance für eine breitere Öffentlichkeit im Fall von Huey P. Newton. Die *Peace and Freedom Party* akzeptierte überraschend schnell die Forderung ›Befreit Huey!‹ für die Öffentlichkeitskampagne und auch das Zehn-Punkte-Programm, »nicht etwa als ihr eigenes, sondern als das von den Panthern angestrebte, zu dessen Verwirklichung sie beitragen wollte.«[97] *The Movement*, ein radikales Untergrundblatt aus San Francisco, begrüßte diese Unterstützung im Fall Huey P. Newton: »...die Wichtigkeit dieses Aspekts kann kaum überschätzt werden, denn er bedeutet gleichzeitig die Stellungnahme zum Rassismus, zur Konfrontation der politisch fortschrittlichsten Gruppe im Lande mit den Machthabern, zum Thema Rechtsbeugung und Rassismus vor Gericht, zur Behandlung politischer Gegner und zum Repressionssystem in den Gefängnissen.«[98] Außerdem erhielt die *Black Panther Party* materielle Unterstützung von der *Peace and Freedom Party*.[99]

Weitere Ziele des Bündnisses wurden dahingehend formuliert, Weiße dazu zu bringen, in ihren eigenen Communities gegen den Rassismus zu arbeiten und die Kontrolle über die Polizei in den Communities zu erreichen.[100]

Für die Parlamentswahlen im Bundesstaat Washington im Herbst beteiligen sich auch die Ortsgruppe der *Black Panther Party* in Seattle. Hier gab es jedoch kein Wahlbündnis, sondern lediglich zwei Mitglieder der Partei, die als unabhängige Kandidaten aufgestellt wurden.[101]

Am 17. Februar 1968, dem 26. Geburtstag von Huey P. Newton, veranstaltete die *Black Panther Party* eine Solidaritätsveranstaltung im Oakland-Auditorium unter dem Motto *Come See About Huey*, an der über 5.000 Menschen teilnahmen.[102] Neben führenden Panthern und Vertretern der *Peace and Freedom Party* war Stokely Carmichael einer der Hauptredner. Seine Biographie: Er wurde am 29. Juni 1941 in Port-of-Spain auf Trinidad geboren. Seine Familie zog schon 1943 nach New York, er selbst kam erst 1952 nach Harlem. Er wuchs in ärmlichen Verhältnissen auf, konnte aber dennoch erstklassige Schulen in der Bronx besuchen. Nachdem er mehrere Stipendien weißer Hochschulen zurückgewiesen hatte, begann er Philosophie und Politologie an der vorwiegend von Schwarzen besuchten Howard-Universität in Washington zu studieren. Er schloß dort 1964 mit einem Bachelor-Grad ab. Seit 1960 hatte er sich in der Bürgerrechtsbewegung engagiert und an den *Freedom Rides* teilgenommen. Insgesamt wurde er 35 mal verhaftet. 1965 wurde er Mitglied beim SNCC, bis Mai 1967 war er dessen Vorsitzender. In diesem Jahr reiste er nach London, wo er neben Herbert Marcuse, Ronald D. Laing, John Gerassi, Paul M. Sweezy, David Cooper und anderen an dem Kongress *The Dialectics of Liberation* teilnahm, der dort vom 15.-30. Juli stattfand. Er nahm auch an der *Organi-*

zacion Latinoamericana de Solidaridad Konferenz, kurz OLAS Konferenz genannt, teil, die vom 31. Juli bis 10. August in Havanna tagte. Im November sah man ihn beim *Russel Tribunal* in Stockholm. Weitere Reisen dieses Jahres führten ihn nach Prag, Hanoi, Algier, Kairo und Paris. 1968 heiratete er die südafrikanische Sängerin Miriam Makeba.[103]

Sein Auftritt in Oakland war seine erste öffentliche Rede nach seinen Reisen. Darin kritisierte er die Koalition zwischen der *Black Panther Party* und der zum Großteil weißen *Peace and Freedom Party*. Er forderte statt dessen eine rein schwarze *Black United Front*, die alle Kräfte der Schwarzen von links bis rechts vereinigen sollte.

Bei dieser Gelegenheit wurde die Fusion des SNCC mit der *Black Panther Party* bekanntgegeben. Carmichael, schon seit dem 29. Juni 1967 Mitglied und Feldmarschall der Panther, wurde zum Premierminister ehrenhalber ernannt. Rap Brown, seit 1963 Mitglied des SNCC, 1966 Verantwortlicher für Alabama, dann Stokely Carmichael als Vorsitzenden ablösend, zum Justizminister und James Forman, ebenso ein hohes SNCC Mitglied, zum Außenminister. Ein weiterer Erfolg der Versammlung war die Einnahme von 10.000 Dollar. Einen Tag später fand eine ähnliche Veranstaltung in Los Angeles statt.[104]

In dieser Zeit setzte eine verschärfte Verfolgung der *Black Panther Party* durch die Polizei ein: Photos der führenden Parteimitglieder hingen in der Bay Area in allen Polizeistationen; ihre Fahrzeuge wurden verfolgt, oft angehalten und kontrolliert; das Parteibüro wurde ständig überwacht; am drastischsten waren die Durchsuchungen ihrer Wohnungen:

16. Januar 1968, 3 Uhr 30 morgens: Angehörige des Taktischen Sonderkommandos, einer Spezialeinsatzgruppe der Polizei von San Fracisco, drangen in Eldridge und Kathleen Cleavers Wohnung ein. Sie bedrohten die beiden und den anwesenden Emeroy Douglass, den Kultusminister der Partei, mit vorgehaltener Waffe. Sie suchten nach belastendem Material, das ihnen als Vorwand für eine Verhaftung hätte dienen können. Die Durchsuchung war erfolglos.

25. Februar 1968, 2 Uhr morgens – Ein Aufgebot der Polizei trat die Tür von Bobby Seales Haus ein, zerrte ihn und seine Frau aus

den Betten und verhaftete sie wegen Verschwörung zum Mord. In derselben Nacht wurden noch 6 weitere Mitglieder der Partei, unter ihnen David Hilliard, der Stabschef der Partei, und Alpentrice ›Bunchy‹ Carter, stellvertetender Verteidigungsminister, unter gleicher Anklage verhaftet. Die Anklage mußte allerdings wenig später fallengelassen werden. In Bobby Seales Verfahren kam zutage, daß die Polizei unrechtmäßig in seine Wohnung eingedrungen war und in ihren Aussagen vor Gericht gelogen hatte.

In dieser Woche waren 16 Mitglieder der Partei grundlos verhaftet worden mit der Beschuldigung, Vergehen begangen zu haben, die nie begangen worden waren.[105]

Nachdem im März die Polizei zum zweitenmal mit Gewalt bei Eldridge Cleaver eingedrungen war, gab Newton die Direktive aus: »...werden künftig diejenigen, die unsere Türen in der Art von Gangstern angehen, die unsere Wohnungen illegal, ungesetzlich und als Rowdies betreten wollen, die unsere Tür eintreten und unser Haus unter Verletzung unserer Menschenrechte stürmen, als Gangster, Übeltäter und Gesetzesbrecher behandelt werden. Es gibt keine Möglichkeit zu entscheiden, ob ein Uniformierter der an einem illegalen Versuch zum Einbruch in unsere Wohnungen beteiligt ist, tatsächlich ein Gesetzeshüter ist. Er verhält sich wie ein Gesetzesbrecher und wir müssen uns dementsprechend verhalten. Wir ziehen die Grenze an unserer Schwelle. Es ist deshalb Auftrag an alle Mitglieder der Black Panther Party, die technische Rüstung zu erwerben, die für die Verteidigung ihrer Wohnung notwendig ist. Jedes Mitglied der Partei, das solche technische Ausrüstung besitzt und versäumt, die Schwelle seiner Wohnung zu verteidigen, soll für immer aus der Partei ausgeschlossen sein.«[106]

3. April 1968 – Eine Einheit der Polizei von Oakland drang in eine Kirche ein, in der eine regelmäßige Versammlung der *Black Panther Party* stattfand. Sie kamen mit erhobenen Gewehren herein. Als sie bemerkten, daß keiner der von ihnen erwarteten Führer anwesend war, zogen sie unverrichteter Dinge wieder ab.[107]

Die *Black Panther Party* kam langsam in Kontakt mit dem FBI. Obwohl die vorliegenden Informationen keinen genauen Zeitpunkt feststellen lassen, ab wann sie zum Ziel wurde, müßte es in diesem Zeitraum liegen – in den bekanntgewordenen FBI-Memoranden taucht sie seit September 1968 auf.[108]

Das *Federal Bureau of Investigation*, die Bundeskriminalpolizei der USA, dessen Zentrale sich in Washington, D.C. befindet und über Außenstellen in zahlreichen Städten verfügt, hat die Aufgaben: Aufklärung von Verstößen gegen das Bundesstrafrecht, Sammlung von erkennungsdienstlichen Unterlagen und Beweismaterial, Spionage- und Sabotageabwehr, Staatsschutz und Schutz des Präsidenten. Damit übernimmt das FBI die Aufgabe und Funktion einer politischen Polizei. Um das zu erfüllen, verfügte es über Counterintelligence-Programme, sogenannte COINTELPROs. Das FBI definierte diese in einem internen Memorandum vom 25. März 1971 so: »COINTELPRO ist das Code-Wort für Counterintelligence Programm. (...) Ziele dieses Programms sind es, schwarze extremistische Gruppen zu neutralisieren, Gewalt bei diesen Gruppen zu verhindern und Koalitionen schwarzer extremistischer Organisationen zu verhindern.«[109] Es sollten also Individuen und Organisationen, attackiert werden, die das FBI als politisch unerwünscht betrachtete. In den 40er und 50er Jahren waren die kommunistische Partei CPUSA und die trotzkistische *Socialist Workers Party* (SWP) die hauptsächlichen Zielscheiben der FBI-Aktivitäten gewesen. In den 60er Jahren dehnte sich dies aus. Es soll mehr als 2.370 COINTELPROs in diesem Jahrzehnt gegeben haben, u.a. gegen die SDS, verschiedene schwarze Gruppen, wie z.B. das SNCC, gegen Organisationen, die die Unabhängigkeit Puerto Ricos forderten, und sogar gegen Martin Luther King. Die *Black Panther Party* wurde von J. Edgar Hoover, dem Direktor des FBI, im Zuge der COINTELPROs als die größte Gefahr für die innere Sicherheit der USA bezeichnet. Nachdem am 8. März 1971 eine Gruppe mit dem Namen *Citizens' Commission to Investigate the FBI* in deren Büro in Media, Pennsylvania, eingebrochen war und mitgenommene Akten veröffentlicht hatte, wurden die COINTELPROs im April 1971 offiziell eingestellt. Dennoch liefen die FBI-Aktionen gegen politische Gruppen unter anderer Bezeichnung weiter.[110]

Bei den COINTELPROs handelte es sich um eine ganze Serie von anhaltenden und systematischen Kampagnen. In der Sprache des FBI verweist der Begriff auf spezielle geheime und typischerweise illegale Operationen. Es arbeitete dabei mit reaktionären Organisationen zusammen, von denen viele erst durch das FBI in die Welt gesetzt oder von ihnen erweitert wurden, sowie mit lokalen Polizeieinheiten, die teilweise extra dafür gebildet wurden. Das FBI benutzte hierbei folgende Methoden:

Überwachung
Gegen mißliebige Organisationen und Individuen wurde ein massives Überwachungsprogramm aufgefahren: Abhören, betrügerisches Eindringen und Einbruch in Wohnungen und Büros, elektronische Überwachung, Observation, Postüberwachung... Der Sinn solcher Aktivitäten lag niemals in der Informationsbeschaffung allein, sondern es sollte eine Paranoia geweckt werden, indem man die Zielpersonen gewahr werden ließ, daß ihnen eine ›Sonderbehandlung‹ widerfuhr. In FBI-Dokumenten taucht die Formulierung auf, daß die Überwachten denken sollten, daß ›an FBI agent behind every mailbox‹ sitzt.

Postfälschung
Durch die Herstellung von fiktiven Briefen sollten innerhalb einer Gruppe oder zwischen Gruppen Spannungen erzeugt oder vorhandene verstärkt werden. Wenn das Gewalttätigkeiten in Aussicht stellte, wurden die Bemühungen logischerweise intensiviert fortgesetzt.

›Schwarze Propaganda‹ Operationen
Publikationen, wie Flugblätter, Erklärungen, etc. wurden im Namen der Betroffenen erstellt und vertrieben, um ihre Positionen, Ziele und Aktionen in der Öffentlichkeit verzerrt darzustellen.

Desinformation oder ›Graue Propaganda‹
Falsche Informationen wurden an die Medien gegeben, um zu diskreditieren. Damit sollte die Öffentlichkeit propagandistisch auf die Verfolgung der Betroffenen vorbereitet werden, so daß dann auch brutale Ausschreitungen seitens der Exekutive akzeptiert würden. Ebenso versprach man sich davon, Verurteilungen vor Gericht, gerade auch bei dürftiger Beweislage, durchsetzen zu können.

Panther 1968

Kostenloses-Lebensmittel-Programm

Bobby Hutton und Bobby Seale im
California State Capitol in Sacramento

Panther halten Poster von Huey P.
Newton vor dem Gerichtsgebäude
von Alameda County

o.l.: Jung Panther

o.r.: Kathleen Cleaver

Free Huey-Kampagne

kostenlose Gesundheitsstation

kostenlose Transporte für Angehörige zu den Gefängnissen

Frühstücksprogramm

Agitation durch *The Black Panther*

Zeichnungen aus *The Black Panther*
von Emory Douglas

America - love it or leave it

Chicagoer Polizisten entfernen Fred Hamptons Leiche in den Morgenstunden des 4. Dezembers 1969

"Wir sind wirklich glücklich. Unsere Kinder sind gesund, wir essen gute Lebensmittel und wir haben ein wirklich nettes Zuhause."

„Ich glaube nicht, daß für Ritchie das Spielen mit Gewehren einen negativen Effekt auf seine Persönlichkeit hat. (Er will bereits ein Polizist sein.) Sein Spielen mit Waffen in der Kindheit wird ihn nicht zum Polizistenmörder machen. Beim Spielen mit Gewehren lernt er den sozialen Umgang mit anderen Kindern. Ich finde Nachbarn, die verärgert sind über Ritchies Gewehr, wo entweder der Vater jagt oder deren Kinder die ersten sind, die Ritchies Gewehr nehmen und weggehen und damit spielen."

Attica: Die Polzei treibt nach ihrem Angriff die Gefangenen im Hof zusammen und läßt sie auf dem Bauch kriechen, ehe sie sich nackt ausziehen müssen und durchsucht werden.

„Wir wollen Land, Brot, Wohnungen, Erziehung, Kleider, Gerechtigkeit und Frieden."

Behinderung der Gegenöffentlichkeit
Den Zeitungen linker Organisationen wurden Steine bei ihrer Verbreitung in den Weg gelegt: höhere Besteuerung, Anhebung der Transportkosten, Boykott des Transports, Naßwerdenlassen oder Besprühen der Zeitung mit der übelriechenden Chemikalie Skatol. Das FBI war dabei immer der Drahtzieher, der andere Behörden und Gesellschaften zu diesen Aktivitäten veranlaßte. Desgleichen wurde versucht, Fernsehauftritte etc. von politischen AktivistInnen zu verhindern.

Ständige Verhaftungen
Den dauernden Verhaftungen der Zielpersonen anhand falscher Beschuldigungen lag nicht primär die Hoffnung zugrunde, eine Verurteilung erreichen zu können, obwohl diese Möglichkeit natürlich immer wieder bestand. Sie sollten stören, Angst erzeugen lassen, die Belästigten durch Untersuchungshaft und gerichtliche Untersuchungen fesseln und ihre finanziellen Mittel durch Kautionszahlungen und AnwältInnenhonorare erschöpfen.

Informanten und Provokateure
Diese sollten illegale Aktionen in Gang setzen, die dann wichtigen Mitgliedern oder der ganzen Organisation zugeschrieben werden konnten. Weiterhin sollten sie die interne Funktionsweise der Organisationen stören und bei der Verbreitung von Falschinformationen helfen.

›Pseudo-Gangs‹
Es gibt einige Anzeichen dafür, daß das FBI selbst Organisationen ins Leben rief, die verwirren, spalten und Bewegungen untergraben sollten.

Verleumdung
Das war ein sehr verbreitetes Mittel. Es wurden Gerüchte in die Welt gesetzt, bestimmte Mitglieder, meist Schlüsselfiguren, seien Polizeispitzel, veruntreuten Gelder und ähnliches. Dafür fabrizierte das FBI selber die Beweise, wie z.B. einen fingierten Bericht der betroffenen Person ans FBI, der dann im Wagen von Bekannten deponiert wurde, so als sei er zufällig aus der Tasche gerutscht. Dies sollte Miß-

trauen gegen die Zielpersonen hervorrufen, sie isolieren und eliminieren. Kam die Gefahr von Gewalttätigkeiten gegen diese auf, wurden logischerweise die Verleumdungen fortgesetzt. War eine Isolierung erreicht, bestand die Möglichkeit sie zu wirklichen Informanten umzudrehen.

Weiterleitung von Informationen
Firmenleitungen wurden mit Informationen über die politischen Meinungen und Aktivitäten ihrer ArbeiterInnen und Angestellten versorgt. Genauso bekamen Kreditinstitute Informationen über politisch Unerwünschte.

Beweisfälschungen
Eine andere weitverbreitete Taktik. Das FBI selbst stellte die Beweise für strafrechtliche Verfolgungen her. ZeugInnen wurden eingeschüchtert und genötigt, Falschaussagen vor Gericht zu machen. Entlastende Beweise wurden zurückgehalten.

Ermordungen
Untersuchungen des Kongresses haben zwar keine nachweisbaren direkten Beteiligungen des FBI an Ermordungen geliefert, dennoch kann es keinen Zweifel geben, daß auch diese Methode zu den Waffen der COINTELPROs gehörte. In einem Dokument des Leiters der Außenstelle San Diego an den Direktor hieß es: »Schießereien, Schlägereien und weitverbreitete Unruhe sind weiterhin in den Ghettogebieten von Südost San Diego vorherrschend. Obwohl keine spezifische Geheimdienstaktion als zur Gesamtsituation maßgeblich beitragend angesehen werden kann, wird angenommen, daß ein wesentlicher Teil dieser Unruhe diesem Programm zugeschrieben werden kann.«[111] Es kann wiederholt demonstriert werden, daß das FBI an der außerrechtlichen physischen Eliminierung ausgesuchter politischer Führer beteiligt war, indem es Basisinformationen, Logistik und andere notwendige Bestandteile für solche Operationen lieferte. Es benutzte für die Durchführung aber immer Stellvertreter. Morde wurde dann gewählt, wenn andere Methoden die betroffene Person in ihrem politischen Umfeld unschädlich zu machen, fehlgeschlagen waren.[112]

4. April 1968, 18 Uhr 08 – Martin Luther King wurde in Memphis von einem Weißen erschossen.[113]
Wieder explodierten die Ghettos: »Die dem Guardian vom 13.4.1968 entnommene folgende Aufstellung berücksichtigt nur die ersten vier Tage der Rebellion. 72 Städte waren bis zu diesem Zeitpunkt betroffen, 32 Tote, 13.876 Verhaftungen und wenigstens 2.266 Verletzte wurden gezählt. Eine von der New York Times am 14. April veröffentlichte Übersicht sprach dann von 125 betroffenen Städten, 46 Toten, mindestens 2.600 Verletzten und 21.270 Verhafteten. Unter den Toten befanden sich nur 5 Weiße und nicht ein einziger Polizist. Der Sachschaden wurde auf 45 Millionen Dollar geschätzt. Außer der Polizei waren Militärs in Stärke von 55.000 Mann im Einsatz, davon 21.000 Mann Bundestruppen und 34.000 Mann Nationalgarde.«[114] »Vor dem Capitol zogen erstmals seit über 35 Jahren Soldaten auf. Polizisten riegelten das Weiße Haus ab. ›Washington‹, so entsetzte sich das US-Nachrichtenmagazin *Newsweek*, ›glich der belagerten Hauptstadt einer Bananenrepublik.‹«[115]
Die Unruhen waren spontane Reaktionen der Schwarzen auf Martin Luther Kings Ermordung. Und sie dienten zu Plünderungsaktionen. Insofern handelten die Schwarzen nicht in direktem Zusammenhang mit dem politischen Black Power-Programm.[116]

6. April 1968 – Nachdem sie schon ein paar Tage zuvor die Nachricht erhalten hatten, daß die Polizei einen Angriff auf sie plane, gerieten mehrere Panther in Oakland in eine Schießerei mit ihr. Dabei wurde Bobby Hutton erschossen, aus kurzer Distanz von hinten, kurz nachem er und Eldridge Cleaver mit erhobenen Händen und blind vom Tränengas aus dem Haus herauskamen, in dem sie Zuflucht gesucht hatten. Cleaver wurde mit einer Schußverletzung am Bein verhaftet, seine Bewährung, unter der er immer noch stand, aufgehoben. Sieben Panther wurden wegen Verschwörung zum Mord festgenommen.[117]
Einen Tag später, am 7. April, fand eine Veranstaltung der *Black Panther Party* statt, ein Picknick im DeFremery Park in Oakland. Dieses war schon länger geplant gewesen und sollte der finanziellen Unterstützung des Huey P. Newton-Verteidigungsfonds und des

Wahlkampffonds dienen. Nach den dramatischen Ereignissen der letzten Tage setzte sich die *Black Panther Party* hier dafür ein, daß es nicht zu spontanen Aufständen kam, sondern forderte die Schwarzen auf, sich zu organisieren. Sie trat für ihr Prinzip der organisierten Selbstverteidigung ein.[118]

1968 kam es nicht wie in den Jahren davor zu einem ›heißen Sommer‹. Es gab nur noch kleinere spontane Rebellionen. Ein Grund dafür lag auch in dem weiter ausgebauten Repressionsapparat.[119]

Es kam aber aus anderen Gründen wie bisher zu Unruhen. Vom 26. bis 29. August fand in Chicago der Parteitag der Demokraten statt. Ihr Präsidentschaftskandidat sollte dort nominiert werden. Aber nicht nur die PolitikerInnen kamen. Anwesend waren auch 6.000 Soldaten, 6.000 Nationalgardisten, 12.000 Polizisten – und mehrere Tausend DemonstrantInnen. Unter ihnen war die ganze Bandbreite der US-amerikanischen Protestbewegung vertreten: Hippies, Yippies – der politische Flügel der Hippie-Bewegung – AnarchistInnen, RevolutionärInnen, Motorrad-Gangs, schwarze AktivistInnen, junge Rowdys, AnhängerInnen verschiedenster politischer Gruppen und auch VertreterInnen minoritärer Meinungen innerhalb der Demokraten. Sie nutzten den Parteitag, um in Chicago gegen die Präsidentschaftskandidatur Hubert Humphreys und gegen den Vietnamkrieg zu protestieren. Dazu aufgerufen hatte vor allem die *National Mobilization to End the War in Vietnam*, eine zentrale Organisation von Anti-Kriegsgruppen.

Am Wochenende vor der Eröffnung des Parteitags begannen die DemonstrantInnen sich im Lincoln-Park zu versammeln. Eine der Reden wurde von Bobby Seale gehalten. Sie war typisch für ihn und die Ideologie der *Black Panther Party*. Er sprach gegen spontanen Aufruhr und für die Organisierung in kleinen Gruppen, von dem Recht auf Selbstverteidigung bei Angriffen durch die Polizei, und daß man sich dafür Waffen besorgen müsse.

Zu den mehrtägigen Gewalttätigkeiten kam es dann unmittelbar wegen der Räumung des Parks durch die Polizei. Obwohl es Provokationen von Seiten der DemonstrantInnen gegeben hatte, ging die Gewalt hauptsächlich von der Polizei aus. Und zwar weit über das hinaus, was nötig gewesen wäre, um Menschenmengen aufzulösen oder Verhaftungen vorzunehmen. So redeten sogar offizielle Stellen von Polizeiterror. Vier Tage lang veranstaltete sie eine Menschenjagd durch Parks und Bars. Mit Knüppeln und Tränengas, mit Fußtritten und Fausthieben verhinderte sie jeden Protest, der sich ihr vermeintlich in den Weg stellte: betroffen waren DemonstrantInnen wie unbeteiligte ZuschauerInnen, Kinder und, bevorzugte Opfer, JournalistInnen.[120]

Am 15. Juli 1968 hatte der Prozeß gegen Huey P. Newton begonnen, am 8. September wurde das Urteil verkündet: zwei bis fünfzehn Jahre wegen Totschlags. Obwohl nicht bewiesen werden konnte, daß er überhaupt eine Waffe gehabt hatte. Obwohl außer den Waffen der beiden Polizisten keine weitere gefunden worden war. Obwohl alle Kugeln aus diesen Polizeiwaffen abgefeuert worden waren. Und obwohl Laboruntersuchungen keine Beweise erbringen konnten, daß Newton überhaupt eine Waffe abgefeuert hatte.

Aber nicht nur diese Ungereimtheiten blieben in dem Prozeß unaufgeklärt. Das Urteil selbst war in sich widersprüchlich. Newton wurde ›nur‹ des Totschlags an dem Erschossenen für schuldig befunden, nicht jedoch wegen der Verletzung des zweiten Polizisten. Wie konnte er in einem Fall schuldig sein, im anderen nicht?

The Guardian kommentierte: »Der Urteilsspruch bedeutet, daß ein Geschworenengremium, das sich nicht auf die Schuld Hueys einigen konnte, doch den Druck von außen zu stark spürte, um sich zu einem klaren Freispruch durchzuringen. Außerdem wird deutlich, daß die Indizien die Geschworenen keineswegs von seiner Schuld überzeugt haben, daß sie sich jedoch zu einem politischen Kompromiß gedrängt und sich verpflichtet fühlten, ihn *irgendeiner* Sache schuldig zu befinden.«[121]

In der ersten Augustwoche 1968 wurde das Bündnis der *Black Panther Party* mit dem SNCC aufgelöst. Das Zentralkomitee des SNCC beendete alle formellen Beziehungen mit der Begründung, daß diese nur von einzelnen Mitgliedern und nicht von der ganzen Organisation vereinbart worden seien und die Form wie auch die Konzeptionen des Zusammenschlusses nie hinreichend diskutiert worden seien. Diesem Beschluß waren schon länger gegenseitiges Mißtrauen und Zwistigkeiten vorausgegangen. Eldridge Cleaver hatte kurz vor Bekanntgabe des Zusammenschlusses die Mitglieder des SNCC als schwarze Hippies bezeichnet, und das auch noch vor einem weißen Publikum. Weiter hatte er gesagt: »... was sie (das SNCC) getan haben, ist daß sie uns ihren Apparat zur Verfügung gestellt haben; es wird keine Verzögerungen geben, wir können schon dort einziehen.«[122] Das führte beim SNCC zu dem Verdacht, die *Black Panther Party* wolle sie nur unterwerfen und sich einverleiben. Andersrum betrachteten viele Panther das SNCC als eine sterbende Organisation, die sich über sie am Leben erhalten wolle. So hatte es zwar die verbale Bekundung des Zusammenschlusses gegeben, aber nie eine wirkliche Zusammenarbeit. Rap Brown und James Forman traten aus der *Black Panther Party* aus. Nicht so Stokely Carmichael, der kurz zuvor aus dem SNCC ausgeschlossen worden war.[123]

Bei diesen Steitigkeiten hatte auch das FBI seine Finger im Spiel. Im Rahmen von COINTELPRO hatte es das Gerücht verbreitet, Stokely Carmichael sei ein CIA-Agent. Über Informanten wurde dies ins Ghetto getragen. Außerdem erstellte das FBI einen fiktiven Bericht im Namen Carmichaels an die CIA und deponierte ihn im Auto eines seiner Freunde. An Rap Brown wurde ›von einem Soul Brother‹ ein Brief geschickt, Carmichael und Forman wollten ihn ausschalten. An Carmichael wurde über einen Telefonanruf an seine Mutter herangetragen, mehrere Panther wollten ihn ermorden. Noch nach der Auflösung des Bündnisses wurde versucht, die vorhandenen Vorbehalte zu verstärken. Im Oktober setzte das FBI über die Medien die Falschmeldung in Umlauf, beim SNCC würde das Statement kursieren, daß der Unterschied zwischen einem Panther und anderen Großkatzen der sei, daß die Panther den kleinsten Kopf hätten.[124]

Weiterhin wurde versucht zwischen der *Black Panther Party* und einer weiteren schwarzen Organisation, den US, vorhandenen Streit zu verschärfen. US stand für *United Slaves*, eine nationalistische Gruppe in Südkalifornien unter Führung von Ron Karenga. Von den Panthern wurden sie als Kulturnationalisten bezeichnet. In ihrer Ideologie wurde alles schwarze als gut, alles weiße als schlecht betrachtet. Eine Kapitalismusanalyse und -kritik lag ihnen fern. Bobby Seale nannte das schwarzen Rassismus und beschrieb ihn so: »Der Kulturnationalismus versucht, Dashikis, langes naturkrauses Haar, Sandalen und afrikanische Kleidung zu verbreiten. Es ist nichts gegen langes naturkrauses Haar zu sagen, ich trage es auch und mag es gern, aber die Macht für das Volk kommt nicht aus einem Dashiki-Ärmel. Und das wollen die Kulturnationalisten einfach nicht begreifen.«[125]

In einem Memorandum des FBI-Direktors vom 25. November 1968 an mehrere Außenstellen heißt es: »Um von den Differenzen zwischen BPP und US voll zu profitieren als auch um alle Möglichkeiten, durch die in den Reihen der BPP weitere Zwietracht gesät werden kann, auszubeuten, werden die erhaltenden Dienststellen angewiesen, einfallsreiche und durchschlagende geheimdienstliche Maßnahmen vorzuschlagen, die die BPP lähmen sollen.« Das mit dem Wissen, daß der Streit zwischen der *Black Panther Party* und den *United Slaves* »solche Ausmaße erreicht hat, daß es die Atmosphäre von Bandenkriegen mit begleitenden Morddrohungen und Vergeltungsmaßnahmen annimmt.«[126] Dafür wurden beispielsweise Karikaturen erstellt, die entweder im Namen der *Black Panther Party* oder der US vertrieben wurden und die die jeweils andere Organisation in extrem negativer Weise darstellten. Das führte am 17. Januar 1969 zu der Ermordung der Panther Alprentice ›Bunchy‹ Carter, dem Parteiführer von Los Angeles, und John Huggins, stellvertretender Informationsminister für Südkalifornien, durch US-Mitglieder. Die beiden waren auf einer Versammlung an der Universität von Los Angeles, auf der über die Verteilung von Geldern für schwarze Studienprogramme, die die US gerne besetzt hätte, diskutiert wurde, als sie ermordet wurden. Es besteht der ernsthafte Verdacht, daß es sich bei den Mördern um eingeschleuste Polizeiagenten handelte. Nach diesem Vorfall rühmte sich die FBI Außenstelle San Diego am 20. Februar in einem Memorandum an das Hauptquatier und schlug vor, eine neue Karikaturserie herauszubringen »um der BPP nahezulegen, daß die US Organisation sie für ineffektiv und inadäquat hält, durch Spitzel und Korruption verseucht«.[127] Ähnliches geschah am 14. August, als in San Diego wiederum US-Mitglieder zwei Panther aus dem Hinterhalt verwundeten und am nächsten Tag einen weiteren, Sylvester Bell, ermordeten. Wieder gratulierte sich die Außenstelle San Diego zu diesem Erfolg in einem Memorandum vom 20. August an das Hauptquatier und empfahl: »Angesichts der kürzlichen Ermordung des BPP Mitglieds Sylvester Bell wird eine neue Karikatur in der Hoffnung erwogen, daß sie bei der anhaltenden Spaltung zwischen BPP und US helfen wird«.[128]

Später trat zutage, daß es Angebote einer Polizeidienststelle an Ron Karenga über einen Mittelsmann gegeben hatte. Er sollte dafür sorgen, daß die *Black Panther Party* nicht weiter wuchs, egal was das kosten würde. Und es gab das Versprechen, daß es bei Schießereien keine Verurteilung wegen Mordes geben würde.[129]

Nach diesem Sprung zurück in das Jahr 1968. Nachdem sie sich bereits an der ganzen Westküste ausgedehnt hatten, waren die Panther in der Lage, die bereits geleistete organisatorische Arbeit des SNCC in den Ghettos von Cleveland, Chicago und anderen Orten auszunutzen. Insgesamt gelangte die *Black Panther Party* in diesem Jahr aus der Beschränktheit auf die Bay-Area zu nationaler Bedeutung. Die Zahl der Mitglieder stieg je nach Angabe auf drei-, fünf-, oder sogar siebentausend, die in etwa 40 Ortsgruppen, meist im Norden und Westen, aber auch in einigen südstaatlichen städtischen Zentren wie Atlanta organisiert waren. Alleine in New York, wo sich Ende Mai eine neue Ortsgruppe gebildet hatte, stieg die Anzahl der Mitglieder bis Juni auf 800. Dort wuchs die größte Basis außerhalb der Bay Area heran. In den meisten anderen Großstädten stiegen die Mitgliederzahlen ähnlich explosionsartig an.[130]

»Die Rekrutierungsstrategie wurde im nationalen Hauptquatier in Oakland, Ca., geplant. Die Organisierung neuer Mitglieder in Städten außerhalb des Westens wurde in der Regel durch eine von den nationalen Figuren selbst durchgeführte Propagandakampage eingeleitet. Nach diesem einmaligen Einsatz der Parteiführer lag Planung und Durchführung der Rekrutierung in den Händen der lokalen *chapters*.«[131]

60 Tage nachdem er verhaftet worden war, kam Eldridge Cleaver wieder auf freien Fuß. Die gegen ihn vorgebrachte Beschuldigung, Verstöße gegen seine Bewährungsauflagen begangen zu haben, wurden von dem zuständigen Richter entschieden zurückgewiesen. Er ging in seiner Begründung auf die politischen Hintergründe ein: »Es muß betont werden, daß die unwidersprochenen Beweise, die diesem Gericht präsentiert wurden, darauf hindeuten, daß sich der Antragsteller seit seiner bedingten Haftentlassung mustergültig verhalten hat. Nicht Rückfälligkeit brachte ihn in die Gefahr, seinen Status als bedingt Haftentlassener einzubüßen, sondern die allzu große Eloquenz, mit der er seine politischen Ziele verfolgte, Ziele, die vielen seiner Zeitgenossen nicht gefielen. Die Aufhebung des bedingten Straferlasses entbehrt nicht nur jeglicher Grundlage, sie war überdies das Produkt einer Pression, die - um mich vorsichtig auszudrücken - jenen, die mit der Vollstreckung des Gesetzes in diesem Staat betraut sind, schlecht zu Gesicht steht.«[132] Die *Adult Authority*, die Schutzaufsichtsbehörde, die Cleaver wieder einsperren wollte, wandte sich an das Appelationsgericht. Dieses bestätigte die Entscheidung der *Adult Authority*, nicht etwa indem es die Tatbestände noch einmal überprüfte, sondern mit einer Begründung durch juristische Formalien. Die *Adult Authority* habe das Recht zur absoluten Jurisdiktion bei von ihr behaupteten Verstößen gegen Bewährungsauflagen. Cleaver sollte sich demzufolge am 27. November erneut im Gefängnis einfinden, um die restlichen 5 Jahre von seiner zur Bewährung ausgesetzten Strafe abzusitzen.

Fieberhaft nutzte er die verbleibende Zeit. Er reiste in Kalifornien hin und her, um vor allem an den Universitäten Reden zu halten.[133]

Am Tag bevor er ins Gefängnis zurückkehren sollte, tauchte er durch ein geschicktes Manöver unter den Augen der Öffentlichkeit unter. »Die Flucht selbst war eine äußerst schwierige Angelegenheit. Am letzten Nachmittag in San Francisco, bevor ich wieder nach San Quentin gebracht werden sollte, fuhren Kathleen und ich an unserem Haus vor, schoben uns durch die singenden Demonstranten und die Bereitschaftspolizei und sprachen von der vorderen Türe aus einige Worte. Dann ging ich hinein - und da stand Ralph Smith - ein Panthermitglied, beinahe ein perfekter Doppelgänger von mir.

Im nächsten Augenblick kehrten er und Kathleen zum vorderen Eingang zurück und setzten die revolutionären Reden fort, daß eine Rückkehr in das Schweinegefängnis nicht in Frage komme. Einigen Panthern aus der Menge fiel die Rolle zu, Fragen an ›mich‹ zu richten, die Ralph großartig beantwortete. Die Weißen behaupten, alle Nigger sähen gleich aus, und Ralph und ich erfüllten alle Voraussetzungen für dieses Klischee. Während dieser Scharade verschwand ich durch die Hintertüre, über den Gartenzaun in einen wartenden Wagen, der mich zu einem Ort brachte, wo ich den zweiten Akt meines Abschieds von Amerika vorbereitet hatte.«[134] Als alter kranker Mann verkleidet flog er von San Francisco nach New York und von dort mit einer Anschlußmaschine nach Montreal. In einem Schrank versteckt, gelangte er von da auf einem Frachter nach Kuba.[135]

Im Dezember 1968 fand in Oakland eine Konferenz der *Black Panther Party* über die innerparteiliche Struktur statt. Die *Captains* (ihr höchster Offiziersrang außerhalb der Bay-Area) der inzwischen ca. 45 Ortsgruppen in den USA waren geladen worden, um über organisatorische Probleme zu reden. Es stellte sich heraus, daß das ideologische Bewußtsein der meisten *Captains* dafür zu mangelhaft war. Bobby Seale machte deswegen aus der Konferenz ein ideologisches Schulungsseminar. Der Erfolg war allerdings gering.[136]

Anfang 1969 war die *Black Panther Party* keine geschlossene, einheitliche Organisation mehr, sondern vielmehr ein loser Verbund einzelner Ortsgruppen, deren einzelne Aktionen und Propaganda oft stark von der ursprünglichen Ideologie und Strategie der Partei abwichen.[137]

Die *Black Panther Party* war also zu dieser Zeit mit erheblichen Problemen konfrontiert: Ihre nationale Führerschaft war erheblich angeschlagen (Huey P. Newton im Gefängnis, Eldridge Cleaver im Exil...). Es gab massenhaften Zustrom neuer, politisch nur ungenügend ausgebildeter Mitglieder. Gleichzeitig hatten PolizeiagentInnen die Partei zum Teil infiltriert und unterwandert. Sie fungierten als Spitzel und Provokateure. Im Jahr 1969 waren das mindestens 67. Und die Polizei attackierte immer wieder Mitglieder und zerstörte Teile der Infrastruktur der Partei.[138]

Im Januar 1969 begann die *Black Panther Party* eine interne Säuberungsaktion. Sie nahm keine neuen Mitglieder mehr auf. Außerdem schloß sie jene aus, die nicht hinter dem Parteiprogramm standen, die nicht genügend mitarbeiteten oder die die Disziplinarregeln verletzten. Name und Bild der Ausgeschlossenen wurde zusammen mit dem Grund im *The Black Panther* veröffentlicht. Insgesamt betraf das über 1.000 Leute.[139]

Der Juli 1969 war ein ereignisreicher Monat für die Panther: Stokely Carmichael, der seit 3 Monaten in Guinea lebte, trat aus der *Black Panther Party* aus. Er kritisierte ihre Verbindungen zu Weißen und warf ihnen vor, die Spaltung unter den Schwarzen zu provozieren. Weiterhin kritisierte er den angeblichen Dogmatismus und die autoritären Methoden der Organisation.[140]

Eldridge Cleaver bekam Schwierigkeiten in seinem Exil. Es hatte einige Differenzen zwischen ihm und der kubanischen Regierung gegeben. Cleaver stieß sich am Rassismus in Kuba, der sich trotz der unternommenen Anstrengungen seit der Revolution immer noch gehalten hatte. Schwarze wurden in der Berufsförderung benachteiligt und daran gehindert, ihre eigene schwarze Kultur zu leben. Eine größere Differenz bestand jedoch darin, daß Eldridge Cleaver Verbindungen zu mehreren Luftpiraten hatte, die zu jener Zeit mit Vorliebe auf Kuba Zuflucht suchten. Um Auseinandersetzungen mit den USA zu vermeiden, hatten die Kubaner darauf bestanden, daß seine eigene Anwesenheit geheimbleiben müsse und er deshalb politisch nicht in Erscheinung treten dürfe. Nachdem ein Korrespondent der Nachrichtenagentur *Reuter* ihn entdeckt hatte und sein Bericht in der US-amerikanischen Presse auf den Titelseiten erschien, legten die Kubaner Eldridge Cleaver nahe, nach Algerien umzuziehen.[141]

In Algier eröffnete und leitete er die Internationale Sektion der *Black Panther Party*. Durch die Fürsprache und Bürgschaft der Vietcong wurde ihr deren altes Botschaftsgebäude überlassen. Zeitweise arbeiteten dort 30 Panther.

Im Sommer, im Rahmen des *Panafrikanischen Kulturfestivals*, das vom 21.7. bis zum 1.8. in Algier stattfand und dessen Schirmherrschaft in den Händen der *Organisation für Afrikanische Einheit* lag, eröffnete die *Black Panther Party* das Afro-Amerikanische Informationszentrum. Hierzu erschienen sogar Stokely Carmichael und Miriam Makeba.[142]

Vom 18. bis zum 21. fand in Oakland die *National Revolutionary Conference* mit 4.000 TeilnehmerInnen statt, die die Bildung einer *United Front Against Fascism* vorbereiten sollte.[143] Aufgrund der zunehmenden Repression – von Mitte 1967 bis Mitte 1969 waren 28 Panther erschossen worden, fast 100 saßen hinter Gittern, mehrere Hundert warteten auf ihren Prozeß, Parteibüros waren überfallen und verwüstet worden; während nicht bewiesen werden konnte, daß auch nur ein einziger Polizist von einem Panther erschossen oder schwer verletzt worden war – sah die *Black Panther Party* die Bedrohung eines neuen Faschismus US-amerikanischer Prägung wachsen. Über Konzentrationslager wurde schon debattiert. Der Berater des Präsidenten, Brezinski, hatte die Einrichtung solcher Lager für Schwarze schon 1967, angesichts der urbanen Revolten, vorgeschlagen. Diese Lager existierten bereits. An der Westküste waren sie im 2. Weltkrieg zur Internierung von US-Amerikanern japanischer Abstammung errichtet worden. Zusammen mit der CPUSA, anderen sozialistischen Organisationen und fortschrittlichen demokratischen Gruppen sollte dem begegnet werden.[144] Die Grundlage für die *Black Panther Party* war das Studium des Referats Georgi Dimitroffs über den Faschismus, gehalten auf dem VII. Kongreß der Kommunistischen Internationale 1935[145]. Ihr Programm sah vor: »Politische Bewußtseinsbildung, soziale Hilfsprogramme in den Wohngemeinden, eine vereinte Front mit den revolutionären Weißen, bewaffnete Selbstverteidigung, eine Politik der Abkehr vom Nationalismus, Information und Propaganda als Stimulans für revolutionäre Pläne, Selbstverwaltung für die Ghettos und eine Auswahl verschiedener Methoden zur Entlarvung und Bekämpfung des Imperialismus.«[146] Bei zum Teil heftigen, manchmal problematischen und mangelhaften Diskussionen kamen die gemeinsamen Projekte für eine Politisierung der Friedensbewegung und für eine Petitionskampagne zur Dezentralisierung und Einführung einer Community-Kontrolle über die Polizei zustande.[147] Letzteres sorgte u.a. für das Ende der Zusammenarbeit zwischen der *Black Panther Party* und der zerfallenden SDS. Diese weigerte sich dafür in der weißen Community zu werben, mit dem Argument, daß die Polizei dadurch noch stärker zu einem direkten Machtmittel weißer Rassisten würde. Daraufhin kündigten die Panther die Freundschaft auf. Ein zweiter Streitpunkt, zumindest mit den *Weathermen*, war die Frage nach der Stadtguerilla. Die *Weathermen* wollten sie praktizieren, während die Panther die Zeit dafür noch nicht als gekommen ansahen.[148]

Die ganzen Schwierigkeiten sorgten dafür, daß die *Black Panther Party* immer weniger Energie in den Ausbau der Organisation investieren konnte, und immer mehr zur »defensiven Überlebensschlacht«[149] gezwungen war. 1969 nahm die Repression noch weiter zu. In diesem Jahr wurden fast 20 Panther erschossen. Andere wurden unter fadenscheinigsten Gründen verhaftet. Vor allem den ca. 50 Führungspersönlichkeiten passierte dies immer wieder. Insgesamt waren es vom 1. Januar 1968 bis zum 31. Dezember 1969 739 Verhaftungen, die 5 Millionen Dollar Kaution kosteten. Das war ein probates Mittel des Staates, die Parteikasse der Panther zu leeren. Neunzig Prozent der Anklagen wurden dann im Verfahren niedergeschlagen. Über 20 Parteibüros wurden seit Anfang 1968 von Polizeitruppen beschossen, besetzt und verwüstet: unter anderem in Detroit, Boston, New York, Chicago, Denver, New Haven, Indianapolis, Sacramento, San Diego, Kansas City, Seattle, Des Moines, Los Angeles, San Francisco, Albany... »Polizei, Presse und Politiker produzieren und schüren eine ›Volksstimmung‹, in der sich die Idee der totalen physischen Vernichtung der Panthers (und der gesamten Bewegung) bald nicht mehr fremd ausnimmt.«[150]

Trotz ihrer ganzen Probleme wurde die *Black Panther Party* von vielen anderen radikalen Gruppen in den USA als die Avantgarde im Befreiungskampf im ›Herzen der Bestie‹ angesehen. So spalteten sich die SDS auf ihrem Nationalkonvent im Juni 1969 nicht zuletzt an dieser Frage. Die Fraktion, die sich der maoistischen *Progressive Labor Party* zugehörig fühlte, betrachtete jeden Nationalismus als reaktionär und wollte eine Orientierung auf den gemeinsamen Klassenkampf schwarzer und weißer Arbeiter. Alle, die nicht rückhaltlos hinter China standen, wurden scharf kritisiert und diffamiert, so die

UdSSR, Vietnam und Kuba, die *Black Panther Party* und die anderen beiden Hauptfraktionen der SDS. Diese, das *Revolutionary Youth Movement I* und *II*, sahen in den nationalen Befreiungsbewegungen und somit auch in der *Black Panther Party* die Avantgarde der Revolution. In ihren Analysen waren die Jugendlichen die unter den Weißen unterdrückteste und unangepassteste Gesellschaftsschicht, und sollten jetzt organisiert werden.[151] Das *Revolutionary Youth Movement I* ging im Laufe des Winters 1969 in den Untergrund. Nach einem Stück von Bob Dylan, in dem es hieß: »Man braucht kein Weatherman (Wetterprophet) zu sein, um zu wissen, aus welcher Richtung der Wind bläst«[152], nannten sie sich nunmehr *Weathermen*, später, weil in diesem Wort nur die Männer (men) benannt waren, *Weatherpeople*, und noch später *Weather Underground Organization*. Als Stadtguerilla zündeten sie Bomben, hauptsächlich an militärischen und polizeilichen Institutionen. Sie auf das Bombenlegen zu reduzieren, wäre aber falsch. Darüberhinaus experimentierten sie in ihren kleinen Zellen mit neuen Formen des Zusammenlebens: Kollektivität, Zerstörung der Monogamie, Zurückweisung der untergeordneten Stellung der Frau unter den Mann, Versuche mit Drogen.[153]

Andere Gruppen unter den ethnischen Minderheiten organisierten sich nach dem Vorbild der Panther. Bei den PuertoricanerInnen enstand die *Young Lords Party*, die ihre Ursprünge in einer Straßenbande in Chicago hatte. Sie war später, nach der Trennung von der Chicagoer Ortsgruppe, in New York, Philadelphia und Bridgeport, Connecticut, sowie mit zwei Niederlassungen auf Puerto Rico vertreten. Vom inneren Aufbau her war sie wie die *Black Panther Party* strukturiert und ihr Programm und ihre Regeln wiesen sehr starke Ähnlichkeiten mit denen der Black Panther auf. Genauso verhielt es sich mit den Community-Programmen. Die *Young Lords Party* wandte sich an Lumpen, ArbeiterInnen und GIs, mit einer immer stärkeren Tendenz zu den Produktionsstätten hin, da dort die Revolution stattfinden werde. Und sie wollten die stufenweise Entwicklung des bewaffneten Kampfes, der letzten Endes das einzige Mittel zur Befreiung sei. 1967 bildeten sich bei chinesischen Jugendlichen in San Francisco die an den Panthern orientierten *Red Guards*, die jedoch bald wieder zerfielen. Später, Ende 1969, wurde zuerst in New York *I Wor Kuen*, was übersetzt soviel heißt wie: »Die im Namen von Frieden und Gerechtigkeit erhobene Faust«, gegründet. Sie weiteten sich auf San Francisco aus und wollten Büros in Boston, Chicago und Los Angeles gründen. Auch diese militante antiimperialistische Organisation glich vom Organisationsschema, Programmatik und Community-Programmen stark der *Black Panther Party*. Im Unterschied zu fast allen anderen Gruppen hatten sie große Erfolge bei der Organisierung alter Männer. Unter MexikanerInnen gab es eine Vielzahl nationalistischer und sozialrevolutionärer Organisationen unter der Losung *Chicano Power*. Um nur ein paar zu nennen: 1967 gründeten sich aus einer Staßengang nach Panthervorbild die paramilitärischen *Brown Berets* in East Los Angeles mit, nach eigenen Angaben, 60 Ortsgruppen. In San Francisco wuchs *Los Siete de la Raza* vom Verteidigungskomitee für sechs wegen Mord und versuchten Mordes an zivilen Polizeibeamten angeklagten Mexikanern zur Community-Organisation und führte Programme nach Panther-Art durch. In Texas gründete sich die *La Raza Unida Party*, die WählerInnenregistrierungskampagnen durchführte, um sich an den Wahlen zu beteiligen. Mit nationalistischer Ausrichtung versuchte sie die ArbeiterInnen lateinamerikanischer Herkunft zu erreichen. Sie weitete sich später auf Californien aus. Auch unter IndianerInnen gab es den Ruf nach *Indian Power*. 1968 gründete sich ein eingetragener Verein mit dem Namen *United Native Americans*, der sich vorrangig als Bürgerrechtsinitiative begriff. Er beteiligte sich aber auch an Aktionen wie der Besetzung der Insel Alcatraz vor San Francisco, die vom 20. November 1969 bis zum 11. Juni 1971 dauerte und an der bis zu 200 Indianer verschiedenster Stämme teilnahmen. Auch an der dreimonatigen Besetzung des Mount Rushmore ab dem 29. August 1970 beteiligte sich der Verein. Nach dem Beispiel des Selbstverteidigungsmodells der Panther wurde 1968 das *American Indian Movement* gegründet, das zwei Jahre später schon nationale Bedeutung erlangte. Sein Interessensgebiet verlagerte sich von den Städten in die Reservate.

Auch Weiße orientierten sich an der *Black Panther Party*. Aus einer Gruppe, die die SDS im weißen Slum von Chicago seit Herbst

1963 organisiert hatte, wurde durch die Vereinigung mit einer Straßengang und einer Motorradbande im Winter 1967/68 die *Young Patriots Organization*. Sie stellten eine Kandidatin für die *Peace and Freedom Party* auf und adaptierten das Programm der *Black Panther Party*. Eine zweite Gruppe enstand in New York. Beide wurden durch Polizeirepression zerschlagen. Ab 1969 enstand dann, wieder in Chicago, *Rising Up Angry*. Sie waren zuerst hauptsächlich an weißen Lumpen orientiert, wollten aber vermehrt ArbeiterInnen organisieren. Auch sie entwickelten seit dem Frühjahr 1971 Selbsthilfeprogramme, die an den Comunity-Programmen der *Black Panther Party* angelehnt waren.[154]

Eine andere Richtung schlug der *Black Workers Congress* ein. Hervorgegangen war er aus schwarzen Oppositionsgruppen innerhalb der Automobilgewerkschaft, vor allem aus deren Zentren Chicago, Detroit und New York, die wilde Streiks organisierten. 1968 schlossen sich diese zur *League of Revolutionary Black Workers* zusammen, aus der sich 1970 die Gründungs- und Führungsgruppe, als *Black Workers Congress*, abspaltete. Die Spaltung enstand dadurch, daß den marxistisch-leninistisch orientierten Mitgliedern die ›Lumpenelemente‹ in der *League* zu undiszipliniert und nationalistisch waren. Die letzteren arbeiteten unter dem alten Namen auf lokaler Ebene in Detroit weiter, während der *Congress* die führende Kraft im Kampf der farbigen ArbeiterInnen (also Schwarze, PuertoricanerInnen, Chicanos, AsiatInnen, IndianerInnen) gegen das Kapital werden wollte. Er war eine marxistisch-leninistische Organisation, mit dem Fernziel eine revolutionäre Arbeiterpartei mit internationalistischer Perspektive aufzubauen. Ende 1971 verfügte er über Niederlassungen in 25 Städten. Geschäftsführender Sekretär war zu jener Zeit Ex-SNCC-Mitglied und Ex-Panther James Forman.[155]

Um diese Gruppen herum entstand ein loseres Umfeld, das sich nicht mehr auf Demonstrationen und symbolische Aktionen beschränkte, sondern zu Waffen und Sprengstoff griff. Stimmen wurden laut, die schon von einem Guerillakrieg in den USA redeten. Obwohl es keine Koordination dieser Aktivitäten gab, sie vielmehr unabhängig von Einzelpersonen oder Kleingruppen durchgeführt wurden, kristallisierten sich bestimmte Angriffsziele heraus: Banken,

Infrastruktur, Gesellschaften an der Spitze der zivilen Hälfte des Kriegsindustriekomplexes, Bildungseinrichtungen, die als Zwangsinstrument zur Eingliederung in die Gesellschaft betrachtet wurden, Kriegsforschungseinrichtungen, Regierungs-, Militär- und Polizeieinrichtungen und -bedienstete. Die Mittel waren die üblichen: Gewehre, Brand- und Sprengbomben, die sich in den USA recht leicht beschaffen ließen. Die Aktionen nahmen von Jahr zu Jahr zu.[156]

Es handelt sich hier nur um eindeutig von Linken ausgeführte Aktionen. Und es sind zwei, drei oder mehr Vorfälle, wenn sie sich gegen das gleiche oder verwandte Ziele richteten, zu einem zusammengefaßt.[157] Wen wundert es, daß die Schäden Millionenhöhe erreichten? Für den Zeitraum vom 1. Januar bis 31. August 1969 meldete die *American Insurance Association* alleine für Schäden an Bildungseinrichtungen die Summe von fast 9 Millionen Dollar. Als am 11. Mai 1969 Feuer an Anlagen der Atomenergiekommission in Rokky Flats, Colorado, gelegt wurde, entstand ein Schaden von ca. 45 Millionen Dollar. Die Produktion von Atomsprengköpfen war auf Monate hinaus beeinträchtigt. Natürlich waren nicht alle Aktionen solche ›Bonbons‹, aber als Beispiele machen sie die Ausmaße des militanten Widerstandes in den USA deutlicher.[158]

Guerilla-Sabotage und -Terrorakte in den USA von 1965 bis 1970

	1965	1966	1967	1968	1969	1970	Insgesamt
Regierung	2	3	1	11	21	47	85
Korporationen	4	5	15	28	86	110	248
Privathäuser	3	3	4	9	22	21	62
High Schools	4	16	19	21	90	42	192
Colleges	0	2	6	26	85	161	280
Polizei	3	4	11	124	168	113	423
Militär	0	1	0	17	31	52	101
Insgesamt	16	34	56	236	503	546	1391

Demgegenüber gelang es den Sicherheits- und Fahndungsbehörden seinerzeit nicht auch nur eine Handvoll der TäterInnen zu fassen. Und das angesichts der ihnen zur Verfügung stehenden Mittel. Allein der Geheimdienst besaß eine Kartei mit den Namen von 100.000 Radikalen und ausführliche Akten von 50.000 RevolutionärInnen. Das FBI hatte ein Archiv mit 194 Millionen Fingerabdrücken und Zugang zu 264 Millionen Polizeiakten, 323 Millionen Krankenberichten, 279 Millionen psychiatrischen Gutachten.[159]

Noch an einem anderen, weit entfernten Bezugspunkt, zeigte sich die Renitenz in der Gesellschaft: Vietnam. Entgegen dem offiziellen Mythos sah es um die US-Streitkräfte schlecht aus. Desertationen waren an der Tagesordnung. 1967 desertierten allein in Europa ca. 12.000 GIs, um einem möglichen Einsatz in Vietnam zu entgehen. Gleichzeitig kam es zu den ersten Kampfverweigerungen auf den Schlachtfeldern. 10 Prozent der 3,5 Millionen-Armee entfernten sich 1969 unerlaubt von der Truppe, 56.000 Mann desertierten (d.h. länger als 3 Monate unerlaubtes Entfernen), schrieb das *Wall Street Journal*. Die Zahlen stiegen. 1970 sollen jeden Tag 500 GIs desertiert sein. Andere Schätzungen beliefen sich auf insgesamt ›nur‹ 89.000. Das Pentagon gab jedenfalls 65.643 Desertationen bei der Armee zu, dem Äquivalent von vier Divisionen.[160]

Neben Demonstrationen, Streiks und Befehlsverweigerungen macht das *fragging* das Ausmaß des Widerstandes innerhalb der US-Asrmee wohl am deutlichsten. *Fragging* benennt den Mord bzw. Mordversuch an unbeliebten Offizieren oder Unteroffizieren, der meist mit einer *fragmentation grenade*, einer Splitterbombe, durchgeführt wurde. Dem vorausgehend wurde meist eine Sammlung der einfachen Soldaten von Beträgen zwischen 50 und 1.000 Dollar auf den Kopf ihrer Vorgesetzten ausgesetzt. 209 solcher Fälle gab das Pentagon für das Jahr 1970 zu, mehr als doppelt soviele wie im Vorjahr, und wohl nur ein Bruchteil der tatsächlichen Zahl.[161]

1970 liefen täglich durchschnittlich 10 - zumeist farbige - GI's zum Vietcong über. Größtenteils hielten sie sich dann im Hintergrund, nahmen nicht an direkten Kampfhandlungen teil - obwohl z.B. auch im April 1970 zwei Ex-US-Elitesoldaten von ihren ehemals eigenen Leuten im Kampf getötet wurden - und lieferten wichtige

Informationen: Handhabung der erbeuteten US-amerikanischen Waffen, Operationstaktiken kleinerer Einheiten, Angriffspläne, so daß der Vietcong durchweg 24 Stunden vor Bomberflügen über deren Umfang und Zielrichtung informiert war. Im März 1970 wurde ein Munitionsschiff auf hoher See von einem Teil der Mannschaft zur Kursänderung nach Kambodscha gezwungen, wo die Entführer politisches Asyl erhielten.[162]

Weiterhin beeinträchtigte Sabotage innerhalb der US-Streitkräfte deren Kampfkraft. Neben ›kleineren‹ Aktionen, wie dem Abfackeln von Transportfahrzeugen oder Sprengungen von Gebäuden, wird das Ausmaß auch hier wieder durch die Extreme deutlich: Im Mai 1970 wurde die Antriebsanlage des Zerstörers *USS Robert Anderson*, der nach Vietnam auslaufen sollte, zerstört. Kosten: 200.000 Dollar und zwei Monate Trockendock. Im Juli 1972, wurden zwei Flugzeugträger am Auslaufen gehindert. Auf der *USS Forrestal* zerstörte ein Feuer das Radarzentrum: 7 Millionen Dollar Sachschaden. Auf der *USS Ranger* verursachten zwei Schrauben und ein Spachtel einen Maschinenschaden: 1 Million Dollar Schaden, dreieinhalb Monate Reparaturzeit.[163]

Über Aktionen, Repression, aktuelle Nachrichten, Analysen, dazu Rechtshilfetips und Ratschläge für Deserteure, wurden die GIs 1969 von 10 Untergrundzeitungen informiert, 1970 waren es bereits 73.[164]

Von vietnamesischen Beamten wurde geschätzt, daß aufgrund dieser Opposition die Dauer des Krieges um fünf Jahre verkürzt wurde.[165]

Beim US-Militär kursierte der Witz: »Nixon und sein Verteidigungsminister sitzen im Weißen Haus. Eine riesige Menge von Demonstranten rückt immer näher. ›Wir müssen etwas tun‹, sagt Nixon, ›rufen sie die Armee.‹ Der Verteidigungsminister: ›Tut mir leid, Mr. President, das *ist* die Armee.‹«[166]

Am Abend des 19. August 1969, als er nach der Trauung von Shirley Needley und Ray ›Masai‹ Hewitt, dem Erziehungsminister der *Black Panther Party*, zum Nationalen Hauptbüro zurückfahren wollte, wurde Bobby Seale in Berkeley verhaftet. In Ketten, Fußeisen und doppelten Handschellen wurde er nach Chicago gefahren. Man kann dabei von einer Entführung reden, da die Untersuchung über den Auslieferungsantrag an einen anderen Bundesstaat noch nicht abgeschlossen war. Dort wurde ihm und sieben anderen Verschwörung und Anstiftung zur Unruhe anläßlich des schon erwähnten Parteitages der Demokraten Ende August 1968 vorgeworfen. Verschwörung ist eine ungenaue Übersetzung des US-amerikanischen Rechtsbegriffs *conspiracy*. Unter *conspiracy* wird jede Form des ›Zusammenschlusses zu unrechtmäßigem Tun‹ gefaßt. Der Begriff meint dabei sowohl die Straftat als auch den Verband der Konspirateure. Er bezeichnet somit ein undifferenziertes Gruppendelikt von unbestimmter Tragweite. Dieser Straftatbestand war einer der von der Staatsanwaltschaft am meisten benutzten Anklagen in politischen Prozessen.

Die anderen Angeklagten waren alle bekannte Persönlichkeiten der weißen Protestbewegung: die Yippies Jerry Rubin und Abbie Hoffman, Rennie Davis von der *National Mobilization to End the War in Vietnam* und Mitbegründer der SDS, Tom Hayden, ebenfalls Mitbegründer und Ex-Vorsitzender der SDS, David Dellinger, von der *Mobilization*, John Froines und Lee Weiner. Sie sahen sich als Stellvertreter der Protestbewegung, die eigentlich mit diesem Prozeß angeklagt sei.[167]

Der Prozeß begann am 24. September. Für Bobby Seale barg er besondere Schwierigkeiten, da er in ihn ohne seinen Vertrauensanwalt gehen mußte, weil dieser im Krankenhaus lag. Andere Anwälte lehnte er ab und wollte sich, was er als sein verfassungsmäßiges Recht betrachtete, selbst verteidigen, was ihm der Richter aber nicht zugestand. Als er immer wieder gegen diese Entscheidung protestierte und mehrfach auf sein Recht pochte, wurde er von den Vollzugsbeamten geschlagen, geknebelt und an einen Stuhl gefesselt. So mußte er dann an der weiteren Verhandlung teilnehmen.

Das FBI mischte sich in das Geschehen ein. Um eine Verurteilung zu erreichen, lud es zwei offensichtlich falsche Zeugen vor. Außerdem heckte es einen Drohbrief aus, der an zwei der Geschworenen ging. In ihm stand: »Wir beobachten Sie – Die Black Panthers«.[168]

Das ganze endete damit, daß Bobby Seale wegen seiner ›Mißachtung des Gerichts‹ mit 4 Jahren Freiheitsentzug bestraft wurde; die

Anklage gegen ihn wurde ansonsten, nachdem sein Prozeß von dem der anderen abgetrennt worden war, ›mangels an Beweisen‹ fallengelassen.

Bei den übrigen endete es mit unterschiedlich langen Strafen wegen ›Mißachtung des Gerichts‹. Sogar zwei ihrer Anwälte wurden damit sanktioniert.

»Alle sieben Beschuldigten wurden von der Anklage der Verschwörung freigesprochen, fünf von ihnen aber für schuldig befunden, Unruhe angestiftet zu haben – und zwar unter einem besonders strafwürdigen Umstand: Sie hatten die Grenzen von US-Bundesstaaten überschritten.« Das ging auf ein Anti-Aufruhr-Gesetz zurück, »das jedes Überschreiten der einzelstaatlichen Grenzen zum Zwecke der Verschwörung und Unruhestiftung unter Strafe stellt«.[169] Dieses Urteil wurde jedoch nachträglich von einer höheren Instanz aufgehoben.[170]

Bobby Seale blieb aufgrund einer neuen Anklage in Haft. Diesmal wegen Mord und Verschwörung zur Begehung von Morden. Mehrere Parteimitglieder sollen 1969 in New Haven, Connecticut, den New Yorker Pantherkandidaten Alex Rackley als Verräter verdächtigt und dann gefoltert und getötet haben. Bobby Seale soll dazu den Befehl gegeben haben. In New Haven wurde gegen ihn und sieben andere Panther, darunter Ericka Huggins, der Frau des in Los Angeles ermordeten Panthers John Huggins, der Prozeß eröffnet. In der Gerichtsverhandlung stellte sich heraus, daß derjenige, der die Verleumdung in die Welt gesetzt hatte, Alex Rackley sei ein Polizeiinformant, der ihn dann vernommen, gefoltert – das Opfer war an ein Bett gefesselt und mehrere Tage lang mit heißem Wasser verbrüht worden – und schließlich erschossen hatte, der Panther Captain Georg Sams, ein bezahlter FBI-Informant war. Er ging auf einen Handel mit dem Gericht ein und sagte aus. Trotzdem wurde er zu lebenslanger Haft verurteilt. Mitangeklagte, wie der New Havener Panther Captain Lonnie McLucas, wurden als Mitschuldige verurteilt und bekamen hohe Strafen. Es scheint so, als sei Bobby Seale erst nachträglich mit in den Fall hineingezogen worden.[171]

Am 25. Mai 1971 ging der Prozeß gegen ihn und Ericka Huggins nach 6 Monaten wegen Uneinigkeit der Geschworenen auseinander.

Der Richter ließ alle Anklagen gegen sie fallen. Er hob noch hervor, daß bei einer solchen Pressehetze, wie sie in ihrem Fall gelaufen war, sie unmöglich einen fairen Prozeß erhalten würden.[172] »Infolge des Freispruchs von den Connecticut'schen Anklagen wurde er (Bobby Seale, d. Verf.) schließlich gegen Kaution aus der Untersuchungshaft entlassen, entgegen den Einwänden der Regierung zu dem Ergebnis seiner Berufung gegen die Ordnungsstrafen wegen ›Ungebühr‹ in Chicago und den Bemühungen von kalifornischen Behörden, seine Entlassung auf Bewährung aus einer früheren Haft in diesem Staat zu widerrufen.«[173]

Ein Fakt, der vielleicht das Ausmaß der Repression am deutlichsten zu Tage treten läßt, war die Ermordung von Fred Hampton und Mark Clark am 4. Dezember 1969. Um diese Ereignisse aufzuhellen, muß allerdings die Chronologie ein wenig zurückgedreht werden.

Fred Hampton trat früh der vom SNCC Mitarbeiter Bob Brown Ende 1967 gegründeten Ortsgruppe der *Black Panther Party* in Chicago bei. Vorher war er bei der NAACP und an der High School aktiv gewesen. Als infolge der Panther/SNCC-Streitigkeiten Bob Brown die Partei verließ, erlangte Hampton deren Vorsitz im Bundesstaat Illinois. Er arbeitete an den normalen Community-Programmen der Partei, wie der Errichtung einer kostenlosen Gesundheitsstation in der West Side von Chicago, gab politischen Unterricht an der Liberation School, half beim kostenlosen Frühstück für Kinder und rief eine Kontrolle über die Polizei in der Community ins Leben. Aber sein größtes Talent besaß er als Diplomat. So leitete er Gespräche mit einer Street Gang in der South Side ein, den *Blackstone Rangers*, die ihren Namen zu dem Zeitpunkt gerade in *Black P. Stone Nation* änderten. Sie hatten mehrere tausend Mitglieder und traten äußerst gewalttätig auf. Ein Zusammenschluß hätte für die Panther eine Verdopplung ihrer nationalen Mitgliedschaft bedeutet. Hampton bemühte sich darüberhinaus um Zusammenschlüsse mit den *Vice Lords* und den *Mau Maus*. Und er versuchte eine *Rainbow Coalition* in der Stadt aus der Black Panther Party, den SDS, den *Young Lords* und den *Young Patriots* zu bilden. Damit hielt er sich an die Ideologie der Panther, zuerst die ›Lumpen‹ zu organisieren. Alle diese Koalitionsgespräche fanden Ende 1968/ Anfang 1969 statt. Anfang November 1969, anläßlich einer Rede vor JurastudentInnen in Los Angeles, traf Hampton mit den noch übriggebliebenen Resten der nationalen Führerschaft der Partei zusammen. Aufgrund seiner Qualitäten sollte er in naher Zukunft in das Zentralkomitee berufen werden, David Hilliards Posten als *Chief of Staff* einnehmen und somit der bedeutendste Sprecher der Panther werden.[174]

Kein Wunder, daß er Zielperson der COINTELPROs wurde. Schon Ende 1967 war das FBI auf ihn aufmerksam geworden und hatte begonnen, eine Akte über ihn anzulegen, im Februar 1968 hatte es ersucht, das Telefon seiner Mutter abzuhören, im Mai ihn als militante Schlüsselfigur – *key militant leader* – bezeichnet und auf den *Key Agitator Index* gesetzt, eine FBI-Liste von Personen, die deren Meinung nach politisch unerwünscht waren und ›neutralisiert‹ werden müßten. Am 26. Mai 1969 wurde er verhaftet und verurteilt, weil er Eiscreme gestohlen haben soll, um sie an Kinder zu verteilen.[175]

Ende 1968 wurde William O'Neal, zweimal verhaftet, wegen Autodiebstahls und wegen betrügerischem Auftreten als Bundespolizeibeamter und daraufhin gegen eine monatliche Bezahlung und Aufhebung seiner Strafen vom FBI als Agent in die Chicagoer *Black Panther Party* eingeschleust. Einschleusen klingt ›unterweltlerischer‹ und spannender als es war. O'Neal ging einfach zum Parteibüro an der Madison Street 2350 und trat bei. Er wurde schnell akzeptiert und kletterte in der Parteihierachie nach oben. Er wurde *Director of Chapter Security* und Hamptons persönlicher Leibwächter. Damit war er nach Hampton und Bobby Rush, dem *Chicago Minister of Defense*, die Nummer drei dieser Ortsgruppe.[176]

O'Neals Arbeit bestand darin, Informationen zu beschaffen, die simpelste Aufgabe eines Agenten. Um die Koalitionen der Panther mit anderen Organisationen zu verhindern, fälschte das FBI Briefe, in denen anonyme Schwarze die Führer der Organisationen warnten, die anderen Koalitionspartner planten ›Schläge‹ gegen sie. Sie veröffentlichten rassistische Karikaturen im Namen der Panther, um Zusammenschlüsse mit Weißen zu verhindern. O'Neal wirkte dabei auch persönlich mit, indem er den Gang-Führer der *Mau Maus* als Polizeiagenten diffamierte. Diese Aktivitäten gipfelten in dem, von O'Neal persönlich angestifteten, ersten bewaffneten Zusammenstoß zwischen Panthern und Rangers am 2. April 1969. Das FBI war hocherfreut über diesen Erfolg und erhöhte seine Gage.[177]

O'Neil war noch vielfältiger. Er entwarf einen Sicherheitsplan für das Parteibüro, der Nervengas und elektrische Schläge gegen Eindringlinge vorsah, was von Hampton und Rush heftig abgelehnt wurde, konstruierte, was in seiner Position schon paradox war, einen elektrischen Stuhl für Spitzel, was ebenso zurückgewiesen wurde, schlug ein Parteimitglied, welches er als Informanten gebrandmarkt hatte, verleumdete ein anderes, beabsichtigte ein Flugzeug oder einen Granatwerfer zu erwerben, um das Rathaus zu bombardieren, was gleichfalls abgeschlagen wurde, ermutigte andere Panther, sich mit illegaler Geldbeschaffung, wie Einbruch oder bewaffnetem Überfall, zu beschäftigen und bot ihnen an, sie darin zu unterrichten, kümmerte sich immer mehr um die Aufrüstung der Partei und um Waffentraining. Das alles selbstverständlich mit dem Wissen und der Genehmigung des FBI. So war O'Neal verantwortlich für eine Menge der Waffen, die vom FBI bei einer Razzia ›entdeckt‹ wurden. Nebenbei bemerkt waren diese Waffen ganz legal und dienten nur als Vorwand, um anderes Parteieigentum, wie Poster, Literatur, Finanzbelege, Mitgliedslisten etc., zu beschlagnahmen. Ein Trick, der in mehreren Städten durchgeführt wurde.[178]

Das Ziel war, die Community-Programme zu zerschlagen und das zu zerstören, wofür die *Black Panther Party* stand. So wies der Direktor des FBI, J. Edgar Hoover, seine Leute an. Gegen das kostenlose Frühstück für Kinder wurde in der Presse eine Verleumdungskampagne gestartet, gegen die Zeitung *The Black Panther* wurde versucht, einen Boykott zu initiieren. Die lokale Polizei schlug in die gleiche Kerbe. Am 16. Juli 1969 kam es zu einer von ihr erzwungenen Schießerei mit Panthern, von denen einer erschossen und sechs verhaftet wurden. Am 31. Juli durchsuchte sie ein Parteibüro, zerstörte Schreibmaschinen, vernichtete Nahrungsmittel und Medikamente, entfachte mehrere kleine Feuer und verhaftete einige Panther. Eine ähnliche Aktion wurde am 31. Oktober wiederholt.[179]

Trotz dieser Anstrengungen von Polizei und FBI entwickelte sich die Chicagoer Ortsgruppe zu einer der stärksten überhaupt, mit einem der erfolgreichsten Community-Programme. Das war nicht zuletzt Fred Hampton zu verdanken. Die Aussicht, daß er seine Fähigkeiten bald auf nationaler Ebene in der Führungsspitze der Partei einsetzen und damit sehr zur Linderung der gewaltigen Probleme der Panther beitragen könnte, mußte das FBI erschrecken.[180]

Schon Anfang des Jahres 1969 hatte es Beziehungen zwischen dem FBI-Beamten Roy Mitchell, dem Staatsanwalt Edward V. Hanrahan und der *Gang Intelligence Unit* des *Chicago Police Department* gegeben. Im April war eine Eliteeinheit gebildet worden, die zur *Special Prosecution Unit* des Staatsanwalts gehörte. Der Öffentlichkeit gegenüber wurde ihre Aufgabe als *a war on gangs* umschrieben.[181]

Ab Mitte November liefen Planungen für eine Razzia in Hamptons Wohnung in der West Monroe Street 2337. Eine Gruppe von 14 Männern aus Spezialeinheiten der Polizei und der *Special Prosecutions Unit* des Staatsanwalts wurde gebildet. Sie verfügte unter anderem über eine Maschinenpistole, eine abgesägte Schrotflinte, Dumdum- und Hohlmantelgeschoße. Diese Geschosse verformen sich nach Eintritt in den Körper und reißen dadurch größere Wunden. (Dumdumgeschoße splittern nach dem Einschlag auf und reißen riesige Löcher in die Körper der Getroffenen. Sie sind seit 1868 völkerrechtlich verboten und wurden von der Haager Landkriegsordnung 1907 geächtet, weil sie »darauf abzielen, unnötiges Leiden zu verursachen«.[182]) O'Neal hatte ihnen einen genauen Grundriß der Wohnung geliefert, die Plazierung der Möbel, die Lage von Hamptons Bett und die Lage der Schlafzimmerfenster. Weiterhin verfügten sie durch O'Neal über eine Liste der in der Wohnung befindlichen Waffen. Er bekam für seine Dienste später einen Bonus von 300 Dollar. Staatsanwalt Hanrahan beschaffte am Abend des 3. Dezember einen Durchsuchungsbefehl für die Suche nach illegalen Waffen.[183]

4. Dezember 1969, 4 Uhr 30 morgens: Die Vordertür von Hamptons Wohnung wurde aufgebrochen. Der eindringende Polizist schoß prompt Mark Clark in die Brust. Clark war anscheinend im Vor-

raum mit einer Schrotflinte im Schoß eingeschlafen. Er hatte kaum Zeit aufzustehen, als er erschossen wurde. Seine Reflexe ließen ihn im Sterben seine Waffe abfeuern. Das war der einzige Schuß, der von den Panthern während des Überfalls abgegeben wurde. Der Polizist fuhr fort zu schießen und traf eine Frau, die unbewaffnet in einem Bett lag. Ein zweiter eindringender Polizist gab einen weiteren Schuß auf sie ab. Zwei andere Polizisten drangen vor und feuerten mit der Maschinenpistole und einem Karabiner durch eine Wand auf die Stelle, wo nach O'Neals Plan Hamptons Bett stand. Er wurde mehrfach getroffen, während er schlief. Bei der Autopsie wurde später ein Beruhigungsmittel in seinem Körper gefunden. Der Verdacht liegt nahe, daß ihm dieses von O'Neal verabreicht wurde, der, bevor er die Wohnung verlassen hatte, ein spätes Abendbrot und Getränke bereitet hatte. Während der Schüsse auf Fred Hampton waren weitere Polizisten durch die Hintertür schießend hereingestürmt. Bei einer Feuerpause, als zwei der Gesetzeshüter Hamptons Schlafzimmer betreten haben, sollen sie nach der Aussage von Panthern gesagt haben:
»That's Fred Hampton ...
Is he dead?...Bring him out.
He's barely alive; he'll make it.«[184]
Daraufhin waren zwei Schüsse zu hören, die beide seinen Schädel durchdrangen, gefolgt von der Stimme des wahrscheinlichen Schützen: »He's good and dead now.«[185] Sein Körper wurde vom Bett gezerrt und in der Schlafzimmertür in seiner Blutlache liegengelassen. Er war zum Zeitpunkt seines Todes 21 Jahre alt.
Auf die übriggebliebenen 6 Panther, darunter Hamptons schwangere Verlobte, die sich im anderen Schlafzimmer zu schützen suchten, wurde erneut das Feuer eröffnet. Drei von ihnen wurden mehrfach schwer getroffen. Sie alle wurden geschlagen, auf die Straße gezerrt und verhaftet unter der Anklage des versuchten Mordes an den Polizisten.[186]
Am Morgen des gleichen Tages gab Staatsanwalt Hanrahan eine Pressekonferenz, auf der er sagte, daß die Beamten von den gewalttätigen und extrem bösartigen Panthern attackiert worden seien und sich demgemäß verteidigt hätten. Auf einer zweiten Pressekonferenz

vier Tage später lobte er die Polizisten für ihre Tapferkeit und Disziplin. Diese Version der Ereignisse wurde in die Medien lanciert. Am 11. Dezember erschien sie als Titelstory in der *Chicago Tribune* und am Abend im Fernsehen.[187]
Als die Polizeiversion von einigen Reportern am nächsten Tag in Zweifel gezogen wurde – sie hatten herausgefunden, daß die fotographischen Beweise gefälscht waren; die Flecken auf den Fotos, die angeblich Einschußlöcher der Panther sein sollten, waren alte Nagelköpfe; später stand fest, daß die Polizei 82-100 Schüsse abgefeuert hatte, die Panther nur den einen von Mark Clark –, begannen drei verschiedene offizielle Untersuchungen. Alle drei sprachen die Polizisten und ihre Vorgesetzten von jeder Schuld frei. Trotzdem mußten am 8. Mai 1970 die Anklagen gegen die überlebenden Panther fallengelassen werden, weil sie aufgrund der Ergebnisse der Untersuchungen nicht mehr zu halten waren. Es war nun an ihnen und den Angehörigen der Toten, die wahren Sachverhalte ans Licht zu bringen. Nach einer Reihe mühseliger gerichtlicher Verfahren wurde der Fall 1983 endgültig entschieden, zivilrechtlich und nicht strafrechtlich. Demnach hatte es eine aktive Verschwörung von Staatsstellen gegeben, um die Bürgerrechte von Fred Hampton, Mark Clark und der übrigen zu verletzen. Die Angeklagten wurden für schuldig befunden, dem FBI wurden für seine aufgedeckten Aktivitäten Sanktionen auferlegt, und eine Summe von 1,85 Millionen Dollar wurde den KlägerInnen zugesprochen. Nichtsdestotrotz wanderte keiner der Täter auch nur einen Tag ins Gefängnis. Das Ziel von COINTELPRO war jedoch erreicht: seit dem 4. Dezember 1969 war die Chicagoer Ortsgruppe der *Black Panther Party* praktisch zerstört.[188]

8. Dezember 1969, 5 Uhr 30 morgens: 40 Männer des *Special Weapons and Tactics* Teams (SWAT), einer paramilitärischen Eliteeinheit der Polizei, mit mehr als hundert regulären Polizisten im Hintergrund, griffen das Hauptquartier der *Black Panther Party* von Los Angeles an. Die Panther beschlossen sich zu verteidigen und lehnten es ab, sich zu ergeben, bevor die Öffentlichkeit und die Presse zugegen war. 4 Stunden tobte die Schlacht. 6 Panther wurden verletzt, erstaunlicherweise keiner getötet, 13 verhaftet.[189]

Bis spät in die Nacht hinein verfolgte die Polizei die spontanen Solidaritätsveranstaltungen auf der Straße und prügelte sie zusammen. Am nächsten Tag fand eine Protestkundgebung vor dem Rathaus statt. 8.000-10.000 Menschen kamen. Eine Rednerin beschrieb die Stimmung: »Es war eine prachtvolle Menge mit unzähligen Schildern und Transparenten, die ein Ende der Unterdrückung durch die Polizei, Beendigung des Kesseltreibens gegen die Panther und unverzügliche Freilassung der eingesperrten Panther forderte. Die Reden waren kraftvoll. Wie vorher abgesprochen, war das Thema der Kundgebung – und aller Reden – der Rassenmord. Der Überfall auf die Panther verkörperte die rassistische Politik der Regierung der Vereinigten Staaten gegenüber der Schwarzen Bevölkerung. Zum logischen Schluß geführt sei dies eine Politik des Rassenmordes.«[190] Die anschließende Demonstration führte am Gefängnis und Bezirksgericht vorbei, wo sich die Wut der Massen spontan Luft verschaffte, indem sie die Halle des Gerichtsgebäudes stürmte und verwüstete. Die Polizei schritt nicht ein.[191]

Hauptzielperson des Polizeiangriffs sowie Rückgrat der Verteidigung des Parteibüros war Elmer Gerard Pratt, meist ›Geronimo‹ Pratt genannt. Geboren und aufgewachsen in Louisana trat er 1965, mit 17 Jahren, in die U.S. Army ein. Ausgebildet zum Fallschirmjäger und Partisanenkämpfer, setzte man ihn Ende 1966 im Vietnamkrieg ein, wo er in den folgenden 18 Monaten an mehreren Spezialeinsätzen teilnahm und dafür insgesamt 18 Orden erhielt. Nach seiner Ernennung zum Sergeant wurde er immer desillusionierter über den Krieg, das Militär und die Gesellschaftsordnung, die solches hervorbringt. Sobald er entlassen wurde, zog er im August 1968 nach Los Angeles, wo er sich an der Universität immatrikulierte. Er engagierte sich in der *Black Student Union* und lernte Jon Huggins und Bunchy Carter kennen. Letztere gewann ihn im Herbst für die *Black Panther Party*. Pratt arbeitete hauptsächlich an der Kampagne für Eldridge Cleavers Präsidentschaftskandidatur, bevor dieser ins Exil ging. Dabei lernte er neben Eldridge und Kathleen Cleaver auch andere hohe Parteikader kennen. Er hatte so effektiv mitgearbeitet, daß Bunchy Carter ihn auf einem Tonband, das nach seiner Ermordung gefunden wurde, als seinen Nachfolger für das Amt des Führers der Los Angeles Ortsgruppe und für das Zentralkomitee der Partei vorschlug. Genau zu diesem Zeitpunkt wurde er das Ziel von COINTELPRO: intensive Überwachung, Subjekt einer Karikaturserie, die ihn zu einem weiteren Ziel von Karengas *United Slaves* machen sollte, dauernde Verhaftungen unter unbegründeten Anklagen.[192]

Dadurch ließ sich Pratt aber nicht davon abbringen die Community-Programme weiterzuführen. Und er unternahm den ungewöhnlichen Schritt, Panther dazu zu bewegen bei den Polizeiuntersuchungen im Huggins/Carter-Mordfall zu kooperieren und vor Gericht gegen Schwarze auszusagen, was natürlich ideologische Probleme mit sich brachte. Nach 6 Monaten als Führer der Los Angeles Ortsgruppe wurde er vom FBI ausdrücklich zur ›Neutralisation‹ vorgesehen.[193]

In diesem Zusammenhang muß das Feuergefecht vom 8. Dezember gesehen werden. Es sind deutliche Parallelen zum Überfall in Chicago, 4 Tage zuvor, vorhanden. Beide Male wurde vorgegeben nach illegalen Waffen zu suchen – außerdem gab es diesmal noch Haftbefehle gegen Pratt und zwei weitere Panther –, beidesmal stammten die Tips vom FBI, beidesmal gab es einen FBI-Agenten in der Partei – diesmal war das Melvin ›Cotton‹ Smith, als *Security Chief* Nr. 3 der lokalen Hierachie, der auch einen detaillierten Plan mit Schlafplätzen zeichnete, so daß direkt auf Pratts Bett geschossen werden konnte; der schlief jedoch aufgrund einer Kriegsverletzung auf dem Boden –, beidesmal arbeiteten FBI und Spezialeinheiten der Polizei eng zusammen, beidesmal wurden starke Feuerwaffen benutzt, anstatt auch andere Mittel in Betracht zu ziehen, beidesmal wurden die anwesenden Panther anschließend wegen Überfalls auf die Polizei verhaftet.[194]

In dem daraus resultierenden Gerichtsverfahren, das von Mai bis Juli 1971 dauerte, wurden letztlich alle 13 angeklagten Panther von den schweren Vorwürfen, der Verschwörung zum Zwecke des Überfalls und Mordes an Polizeibeamten, freigesprochen. Pratt und acht andere bekamen nur Strafen wegen des relativ geringen Delikts der Verschwörung zum Besitz illegaler Waffen. Das bedeutete im Resultat auch die juristische Absage an die Polizeiversion, die Panther hätten zuerst geschossen.[195]

Pratt war nach dem Feuergefecht mehr als zwei Monate in Haft gewesen, bevor eine Kaution von 125.000 Dollar zusammengetragen werden konnte, um seine Entlassung zu erreichen. Während dieser Zeit versuchte das FBI ihn umzudrehen, ihn zu einem Informanten zu machen, was mißlang. Stattdessen entwickelte er seine Gedanken vom Sommer 1969 weiter, daß das System nur geändert werden könnte durch »meeting fire with fire«.[196] Ab da hatte er zusammen mit dem New Yorker Panther Michael Tabor, der sich Sekou Odinga nannte, zum Aufbau der *Afro-American Liberation Army*, später besser bekannt als *Black Liberation Army* (BLA), beigetragen. Während seiner Haftzeit schrieb er *The New Urban Guerilla* und einen Beitrag zum *BLA-Manual* mit dem Titel *Humanity, Freedom, Peace*. Dabei handelte es sich um persönliche Notizen, die anscheinend nicht für eine Veröffentlichung vorgesehen waren, die aber dennoch 1971 und 1972, als sich seine Gedanken schon verändert hatten, als Untergrundbücher erschienen.[197]

Jedenfalls startete er nach seiner Entlassung eine bundesweite Vortragsreise und verschwand danach aus der Öffentlichkeit. In dieser Periode begann er sich der emporkommenden *People's Army* von George Jackson zuzugesellen.[198]

Gleichzeitig, weil sie ihn nicht umdrehen konnten, startete das FBI eine Verleumdungskampagne gegen ihn. Deswegen mußte er im Juni 1970 mehrere Loyalitätstest vor Repräsentanten der *Black Panther Party* durchlaufen, die er jedoch alle bestand.[199]

Pratt ging nach Texas, um aus dem Abstand heraus einiges zu überdenken. Das ließ ihn allerdings einen Gerichtstermin verpassen, der von einer früheren Verhaftung herrührte. Sein Mitangeklagter bekam eine 3jährige Haftstrafe. Am 14. September wurde ein Haftbefehl wegen zwischenstaatlicher Flucht zur Vermeidung von Strafverfolgung auf Pratt ausgestellt. Am 8. Dezember wurde er in Dallas vom FBI aufgespürt, verhaftet und nach Kalifornien zurückgebracht. Wie bei Bobby Seale kann auch hier von Entführung geredet werden, da kein Auslieferungsantrag vorlag und ihm nicht gesagt wurde, daß in Los Angeles seit dem 4. Dezember eine Anklage wegen Mordes gegen ihn vorlag. Erst als er am 16. Dezember in Los Angeles dazu vernommen wurde, erfuhr er dies.[200]

Die größten Wellen, sogar internationale, schlugen die Ereignisse um George Jacksons Fall. Er war ein ›typischer Schwarzer‹. Am 23. September 1941 geboren, wuchs er zuerst in Chicago im Ghetto auf. Typisch, weil arm: beengende Wohnverhältnisse und Hunger. Typisch, weil kriminell: kleinere Diebstähle, um sich das zu besorgen, was er gerne hätte: Lebensmittel, Handschuhe, Murmeln... Typisch, weil der Repression und dem alltäglichen Rassismus ausgesetzt: eine Schule, in der ihm die Normen und Werte der weißen Welt anerzogen werden sollten, Schläge von Polizisten, die ihn bei seinen Diebstählen erwischt hatten. 1956 siedelte die Familie nach Los Angeles um. George Jackson übte sich im Umgang mit Waffen. Raubüberfälle, Schießereien mit der Polizei, Verhaftungen, Flucht und zwei Jugendstrafen bestimmten seine frühen Lebensjahre. 1960, 18jährig, wurde ihm vorgeworfen, er hätte eine Tankstelle um 70 Dollar beraubt. Er erklärte sich zu einem Kuhhandel bereit: Um dem Gericht Kosten und Zeit zu sparen, legte er ein Geständnis ab. Dafür sollte er eine leichte Strafe in einem Provinzgefängnis bekommen. Der Urteilsspruch lautete dann aber ein Jahr bis lebenslänglich in einem der berüchtigten Zuchthäuser. Sein Lebensweg als politisch erwachender Schwarzer setzte sich typisch fort: »Im Gefängnis begegnete ich Marx, Lenin, Trotzky, Engels und Mao, die mir halfen, mich zu befreien.«[201]

Durch zwei Dinge rückte er ins Rampenlicht. Einmal, ähnlich Eldridge Cleaver, als Autor des Buches *Soledad Brother: The Prison Letters of George Jackson*, für das Jean Genet die Einleitung schrieb. Später kam noch ein zweites Buch, *Blood in My Eye*, heraus. Der zweite Punkt war eine Anklage gegen ihn und zwei weitere Schwarze, Fleeta Drumgo und John Clutchette, wegen Mordes an einem Gefängniswärter. Am 13. Januar 1970 waren im kalifornischen Gefängnis Soledad (span.: Einsamkeit) drei schwarze Häftlinge von einem Wärter erschossen worden. Unter den Gefangenen, selbst bei weißen Rassisten, war die einhellige Meinung, daß die drei keinen Anlaß dazu gegeben hätten und es sich deswegen um eine Exekution gehandelt habe. Der Schütze wurde jedoch freigesprochen. Am 16. Januar wurde ein anderer Gefängniswärter, offenbar zur Vergeltung, ermordet. Dessen angeklagt wurden die drei, die von da ab unter dem Namen *Soledad Brothers* bekannt wurden. George Jackson drohte im Falle einer Verurteilung die Todesstrafe. Die drei wurden zum Brennpunkt der Bewegung im Kampf gegen die Repression.[202]

Währendessen heckte das FBI zusammen mit anderen Polizeiämtern – die gleichen, die gegen Geronimo Pratt gearbeitet hatten – einen Plan aus, um nicht nur die Köpfe der *Black Panther Party* abzuschlagen, sondern auch das angeschlossene Umfeld – George Jackson war 1970 im Gefängnis der Partei beigetreten und zum Feldmarschall ernannt worden – zu treffen. Der schon vom Pratt-Fall bekannte FBI-Agent in der *Black Panther Party*, Cotton Smith, sollte die Einleitung dazu initiieren, die so aussah: Mehrere Panther, die auch der *People's Army* angehörten, sollten in einen Gerichtssaal eindringen und Geiseln nehmen, die gegen die *Soledad Brothers* ausgetauscht werden könnten, damit diese in ein sozialistisches Land wie Algerien flüchten könnten. Gleichzeitig sollte die Polizei bereitstehen, um die Geiselnehmer zu töten. Das sollte UnterstützerInnen in die Strafverfolgung hineinziehen und die *Black Panther Party* diskreditieren. Der Plan wurde konkretisiert: Der Gerichtssaal im Marin County Civic Center in San Rafael wurde als Ort der Falle bestimmt. Cotton Smith brachte Waffen in die Gegend. Ein Datum wurde festgesetzt.

Doch diese Pläne wurden durchkreuzt. Als Geronimo Pratt, zu der Zeit noch Panther-Führer von Los Angeles, von dem Befreiungsplan hörte, durchschaute er die Situation und begann die Aktion zu stoppen. Das Drama bestand allerdings darin, daß alle vergaßen Jonathan Jackson, den 17jährigen Bruder von George, der an der Befreiung teilnehmen sollte, über den Abbruch zu informieren. Und Cotton Smith schaffte es in der Hast der Ereignisse nicht mehr seine Kontakte beim FBI oder der Polizei über die veränderte Lage zu informieren. So schritt Jonathan Jackson in den Gerichtssaal, sah sich nach seinen Genossen um, da war keiner, führte aber die Aktion fort, gab den drei schwarzen Häftlingen aus San Quentin, die an diesem Tag dort vor Gericht standen, einer als Angeklagter, zwei als Zeugen, Waffen und nahm den Richter, den stellvertretenden Staatsanwalt und drei Geschworene als Geiseln. Als diese Gruppe auf dem

Gerichtsparkplatz erschien und in ihr Fluchtfahrzeug stiegen, waren schon, wie urspünglich geplant, die Polizeieinheiten zugegen. Da sie nicht wußten, daß der Plan eigentlich abgeblasen war, waren sie zuerst erstaunt, daß die feindliche Gruppe kleiner als erwartet war. Dann fiel der erste Schuß. Nach 19 Sekunden war das Fluchtauto durchlöchert und Jonathan Jackson, zwei der schwarzen Häftlinge und der Richter tot, der stellvertretende Staatsanwalt gelähmt, der dritte schwarze Häftling und eine Geschworene schwer verletzt. Das geschah am 7. August 1970 gegen 11 Uhr.[203]

Das Kalkül des FBI, die *Black Panther Party* bzw. die Bewegung zu diskreditieren, ging allerdings nicht auf. Die Aktion von Jonathan Jackson wurde, trotz ihres Mißlingens, als positiver Versuch gewertet. Sie habe die Angreifbarkeit des Establishments demonstriert und gezeigt, daß der Polizei und dem FBI Menschenleben egal seien, da sie das Leben der Geiseln rücksichtslos aufs Spiel setzten, nur um eine Gefangenenbefreiung zu verhindern.[204]

Am Tag danach wurde Angela Davis Mord, Entführung und Verschwörung zur Last gelegt. Sie war eine Symbolfigur der schwarzen Bewegung und Hauptaktivistin im *Soledad Brothers Verteidigungskomitee*, wodurch sie eine enge Vertraute George Jacksons wurde.

Ihr bisheriger Lebensweg hatte anders ausgesehen, als der der meisten Schwarzen. Geboren am 26. Januar 1944 in Birmingham, Alabama, wuchs sie in behüteter Atmosphäre auf: ihre Mutter war Grundschullehrerin, ihr Vater Tankstellenbesitzer, was der Familie zwar keinen Wohlstand bescherte, sie aber von der Bedrückung absoluter Armut fernhielt: »Wir waren die Nicht-so-Armen. Bis mir die Schule die Augen öffnete, glaubte ich, daß alle so lebten wie wir. Wir hatten immer drei gute Mahlzeiten am Tag. Ich hatte Sommerkleider und Winterkleider, tägliche Kleider und ein paar ›Sonntags‹-Kleider. Wenn ich die Sohlen meiner Schuhe durchgelaufen hatte, dann behalfen wir uns vielleicht noch eine kurze Zeit mit Pappe, gingen aber schließlich doch in die Stadt, um ein neues Paar auszusuchen.«[205] Selbstverständlich bedeutete das nicht, daß sie unberührt vom Rassenkonflikt blieb. Für dessen Erfahrung sorgten neben tagtäglicher Diskriminierung mehrere Bombenanschläge auf die Häuser von Schwarzen in ihrem Stadtteil.

Angela Davis ging in New York zur Oberschule, studierte an der Brandeis Universität in Waltham, Massachusetts, an der Sorbonne in Paris, dort hauptsächlich französische Literatur, Philosophie in Frankfurt am Main, u.a. bei Adorno, und zuletzt bei Herbert Marcuse in San Diego, wo sie 1968 den Master of Arts Grad in Philosophie erhielt. Sie begann eine Dissertation bei Herbert Marcuse als ihrem Doktorvater, gleichzeitig war sie Dozentin an der Universität von Kalifornien in Los Angeles (UCLA).

Im Juli 1968 war sie Mitglied der CPUSA geworden; kurze Zeit war sie Mitglied der *Black Panther Party* gewesen, aus der sie aber wegen ideologischer Differenzen schnell wieder austrat, was allerdings ihr solidarisches Verhältnis nicht zerstörte. Im Sommer 1969 unternahm sie eine Reise nach Cuba, von der sie voller Enthusiasmus über die Errungensachaften der Revolution zurückkehrte.

Aufgrund einer Bestimmung aus dem Jahr 1949, die die Anstellung von KommunistInnen an der UCLA verbot, sollte sie ihre Dozentinnenstelle verlieren. Breiter Protest und ein Gerichtsentscheid, der diese Bestimmung für verfassungswidrig erklärte, verhinderten dies. Es gelang auch nicht, Beweise vorzubringen, daß sie in der Ausübung ihrer akademischen Pflichten versagt hätte. Am 19. Juni 1970 wurde dann die Entscheidung gefällt, ihre Anstellung im nächsten Jahr nicht zu verlängern, da ihre politischen Ansprachen in der Öffentlichkeit einer Universitätsprofessorin unwürdig seien.[206]

Nach dem 7. August war das egal. Als im Zusammenhang mit der Aktion in San Rafael ein Haftbefehl gegen sie ausgestellt wurde (obwohl sie zur Tatzeit nachweislich in San Jose war), zog sie es vor unterzutauchen. Daraufhin setzte das FBI sie auf die Liste der zehn gefährlichsten und meistgesuchtesten VerbrecherInnen der USA.

Am 13. Oktober 1970 wurde sie in einem New Yorker Hotel von FBI-Beamten aufgespürt und verhaftet. In der Nacht vom 21. auf den 22. Dezember verfrachtete man sie zurück nach Kalifornien. Zusammen mit ihr wurde der überlebende dritte schwarze Häftling der Aktion, Ruchell Magee, angeklagt.[207]

Am 5. August 1970 wurde Huey P. Newton auf Kaution aus dem Gefängnis entlassen. Das Revisionsgericht hatte am 29. Mai das Urteil gegen ihn aufgrund von Verfahrensfehlern aufgehoben. Der Fall sollte erneut verhandelt werden.[208]

Kurze Zeit später hielt er mehrere Vorträge an der Ostküste. Unter anderem am 18. November in Boston und auf der *Revolutionary People's Constitutional Convention*. Am 4. und 5. September erschienen zu deren ersten Treffen 10.000 Menschen, unter ihnen beträchtlich viele StudentInnen und junge Weiße, in Philadelphia. Die zweite Tagung am 4. und 5. Dezember in Washington, D.C., war schon schlechter besucht. Die *Black Panther Party* hatte zu beiden aufgerufen, um die Ziele der *United Front Against Fascism* weiterzuverfolgen. Dazu sollte eine neuer Verfassungsentwurf ausgearbeitet werden, der die unverletzlichen Menschenrechte nicht nur verspreche, sondern auch faktisch garantiere und sichere. Allerdings rückten die Panther bei dem Washingtoner Treffen bereits wieder von dieser Idee ab.[209]

1970 war die *Black Panther Party* in ca. 100 Großstädten mit einem harten Kern von 800 bis 1.000 Mitgliedern vertreten. Andere Schätzungen gingen bis 5.000. Laut Umfragen hatten 25 Prozent der schwarzen Bevölkerung großen Respekt vor ihr, bei den unter 21-jährigen gar 43 Prozent. 64 Prozent erhielten durch sie ›ein Gefühl von Stolz‹. Die Regierung sah in ihr die aktivste und gefährlichste Gruppe schwarzer Extremisten. Die Aktivitäten der *Black Panther Party* gingen jedoch trotz der angewachsenen Mitgliederzahlen zurück. 1970 wurden fakisch fast alle Community-Programme eingestellt. Hoch gingen die Verluste: bis Ende 1970 (von Mitte 1967 an) waren 40 Panther getötet, 85 verwundet worden.[210]

Die Spaltung

Anfang 1971 führten starke interne Differenzen innerhalb der *Black Panther Party* zu ihrer Spaltung. Hier eine Chronologie der Ereignisse:

Ende Dezember 1970 – Neun seit dem 2. April 1969 Inhaftierte von 21 New Yorker Parteimitglieder, die u.a. angeklagt waren,

Sprengstoffanschläge auf den Botanischen Garten und einige Kaufhäuser geplant zu haben, veröffentlichten eine Kritik an *New Morning - Changing Weather*, einem Statement der *Weathermen*. In dieser Kritik traten sie für die Bildung kleiner bewaffneter Gruppen ein, die militärische Aktionen durchführen sollten. Legale, öffentliche Bewegungen mit ihren Zeitungen und Demonstrationen könnten nur in Verbindung mit diesen bewaffneten Gruppen zu einem Nutzen für die Revolution werden. Die TrägerInnen des bewaffneten Kampfes sollten die ethnischen Minderheiten im Bündnis mit weißen RevolutionärInnen sein. »Wir, aus der Dritten Welt, *müssen* mit Notwendigkeit diese hoch-automatisierte und kybernetisierte Gesellschaft zerstören oder werden von ihr zerstört werden - jetzt«[211] Das wurde gleichzeitig als eine Kritik an der Führung der *Black Panther Party* als einer selbsternannten Avantgarde, mit konterrevolutionärer Unfähigkeit zum bewaffneten Kampf, verstanden.

23.1.1971 - Im *The Black Panther* wurde der Ausschluß von Elmar ›Geronimo‹ Pratt, seiner Frau Sandra und drei weiteren Los Angeles Panthern bekanntgegeben, unter der Begründung von Disziplinarregelverletzungen und Morddrohungen gegen Huey P. Newton, June und David Hilliard. Allen Parteimitgliedern wurde verboten, sie zu unterstützen oder mit ihnen zu kommunizieren.

5.2.1971 - Michael ›Cetewayo‹ Tabor und Richard ›Dharuba‹ Moore, zwei von vier auf Kaution Freigelassenen der *New York-21*, tauchten ab. Sie setzten sich mit Michael Tabors Ehefrau Connie Tabor, Sekretärin Newtons und Vertreterin der Partei in Europa, nach Algier ab.

8.2.1971 - Als Tabor und Moore nicht vor Gericht erschienen, ließ der zuständige Richter die beiden anderen auf Kaution Entlassenen, Afeni Shakur und Joan Bird, wieder in Haft nehmen.

13.2.1971 - *The Black Panther* veröffentlichte die Namen der aus der Partei ausgeschlossenen:

- Tabor und Moore, weil sie durch ihr Verschwinden den Justizterror gegen ihre Mitangeklagten verschärft hätten und schuldig seien, daß Shakur und Bird wieder im Gefängnis saßen.

- Connie Tabor, weil sie wichtige Parteidokumente mitgenommen habe und weil sie nicht mehr als Zeugin der Verteidigung im Prozeß gegen Bobby Seale aussagen könne.

- Die neun New Yorker Inhaftierten, wegen ihrer vermeintlichen Kritik an der *Black Panther Party*.
20.2.1971 – Huey P. Newtons Ehrentitel *Supreme Commander* wurde in *Supreme Servant of the People* umgewandelt.
26.2.1971 – Huey P. Newton tratt in einer Live TV Show auf, bei der eine Telefondirektleitung nach Algier gelegt wurde. In dem Gespräch nannte Eldridge Cleaver den Ausschluß der oben genannten der *New York-21* bedauerlich und forderte den Rücktritt des dafür verantwortlichen Chief of Staff David Hilliard. Daraufhin erklärte sich Newton selbst verantwortlich für die Entscheidungen der Partei und kündigte eine Disziplinarstrafe gegen Cleaver an.

Später fand ein zweites Telefongespräch zwischen Huey P. Newton (HN) und Eldridge Cleaver (EC) statt:

»EC: Hallo?
HN: Hallo.
EC: Na du.
HN: Eldridge.
EC: Was ist los?
HN: Du hast eine ganz schöne Bombe losgelassen heute morgen.
EC: Yeah.
HN: Meinst du nicht?
EC: Ich hoffe.
HN: Du hast mich ganz schön in Verlegenheit gebracht.
EC: Ja, da muß man sich jetzt mit befassen.
HN: Ja, da muß ich mich jetzt mit befassen, weil ich denke, daß es unfair war, die Sache so zu machen. Solche Dinge sollte man vor das Zentralkomitee bringen und dort offen diskutieren und nicht außerhalb, verstehst du?
EC: Eine ganze Menge Dinge sind nicht so gelaufen wie sie sollten. So war es auch diesmal.
HN: Hallo, hörst du zu? Die Internationale Sektion ist ausgeschlossen.
EC: Nur zu, wenns das ist, was du willst, brother. Aber schau her, ich glaub, du solltest solche Aktionen lieber unterlassen.
HN: Ich tus aber, brother. Du hast die Bombe zur Zündung gebracht, das ganze Land weiß jetzt, da gibts eine Fraktion – gut, ich

möchte daß die Fraktion arbeitet, weil ich mir wünsche, sie zerschlagen zu können, wenn sie existiert, aber ich glaube sie existiert gar nicht. Was dich betrifft, so kannst du zur Hölle gehen, brother. Du bist ausgeschlossen, die ganze Kommunikation hört auf, und das wird das Ende vom Lied sein.
EC: Nur weiter, Huey.
HN: Was...Ich schreib gerade den Koreanern, den Chinesen und den Algeriern und sag ihnen, daß sie dich aus deiner Botschaft schmeißen.
EC: Nur weiter, Huey.
HN: Und dich ins Gefängnis stecken. Du bist ein pathologischer Fall.
EC: Nur weiter, Huey.
HN: So wie Timothy Leary, wahrscheinlich warst du voll mit LSD heute morgen.
EC: Nur weiter, Huey.
HN: Was?
EC: Nun mal langsam, brother, du weißt selber, daß es so nicht geht.
HN: Ich meine, daß es geht. Wir werden sehen.
EC: O.K., wir werden sehen.
HN: Und du weißt, ich hätte gern einen Kampf gehabt, brother. Wir werden es auskämpfen.
EC: Nur weiter so, Huey, aber es ist nicht der beste Weg, an die Sache ranzugehen.
HN: Ich geh aber so an die Sache ran.
EC: Ja, wenns so ist, glaub ich, daß du auch komplett verrückt bist, brother.
HN: Wir werden wie Stiere aufeinander losgehen und die Hörner aufeinander prallen lassen.
EC: Na, das werden wir ja sehen.
HN: Schätze, daß ich die Gewehre habe.
EC: Ich hab auch ein paar.
HN: Na gut, dann bring deine in Stellung und ich bring meine in Stellung, aber ich bin nicht so ein Feigling wie du, brother. Du läufst weg und läßt Bobby Hutton abknallen, und ich steh hier mit einem Fuß in der Gaskammer, weißt du. Aber du bist ein Feigling, weil du dich nicht getraut hast, heute morgen mich anzurufen, du hast nur den Chief angegriffen (d.i. David Hilliard). Du hast *ihn*

angegriffen, aber du hast *mich* gemeint. Deswegen bist du ein Feigling, du bist ein Quatschkopp, verstehst du.
EC: Nur weiter, Huey.
HN: Du bist ein Quatschkopp!
EC: Ich glaub, du hast den Verstand verloren.
HN: Hey, brother, du hast gehört, was ich dir sagen wollte, und das meine ich auch und das ist genau, was ich denke. Du bist ein Quatschkopf!
EC: Ich würd dich nicht so nennen, siehst du...
Huey hängt auf. Ende des Gesprächs.«[212]

1.3.1971 – Auf einer Pressekonferenz forderte die New Yorker Ortsgruppe die Wiederaufnahme der beiden Tabors, von Moore, Pratt und den neun *New York-21*. Die Partei habe sich zu einem rigiden Zentralismus entwickelt, der keine interne Kritik mehr zulasse. Sie schlossen David Hilliard aus, den sie der Korruption und eines totalitären Führungsstils anklagten. Huey P. Newton, Kultusminister Emory Douglas und Erziehungsminister Ray ›Masai‹ Hewitt sollten vor ein revolutionäres Volksgericht gestellt werden, um ihre revolutionären Verpflichtungen beurteilen zu lassen. Das Zentralkomitee der Partei bestehe nun aus Bobby Seale, Eldridge und Kathleen Cleaver und Don Cox.

4.3.1971 – Vor der Presse wurde ein Band der *Internationalen Sektion* abgespielt. Neben den schon von der New Yorker Ortsgruppe bekannten Kritiken an der Oakland-Führung – Bürokratismus und Zentralismus, Geld- und Machtgier – wurde auch auf ideologische Differenzen eingegangen. Der revolutionäre Kampf sei nur noch bewaffnet und im Untergrund möglich und alle öffentliche Arbeit habe dem Untergrund zu dienen. Die Newton-Fraktion sei zu sehr auf Massenorganisation eingestellt und habe damit die ursprünglichen revolutionären Prinzipien verraten. Deswegen werde dieser ›rechte Flügel‹ als ausgeschlossen betrachtet. Damit habe eine Säuberung von unten nach oben stattgefunden.

5.3.1971 – Auf dem *Intercommunal Day of Solidarity* in Oakland legte Newton seine politische Konzeption dar. Anwesend waren 2.000 bis 4.000 Menschen (je nach Schätzung), weit weniger als erwartet, darunter nur ca. 10 bis 20% Schwarze. Die meisten Weißen, so ein Verdacht, seien nur wegen der Musik gekommen.

6.3.1971 – Im *The Black Panther* erschien ein Artikel von Elaine Brown, in dem behauptet wurde, Kathleen Cleaver werde von ihrem Mann gefangengehalten, der, obwohl er sich selber viele Mätressen genommen und ausgehalten habe, ihren Liebhaber getötet habe. Kathleen und Eldridge Cleaver wiesen diese Vorwürfe gemeinsam zurück.[213]

8.3.1971 – Robert Webb, ein Panther der Cleaver-Fraktion, wurde in der 125. Straße in Harlem erschossen aufgefunden. Vorher hatte er sich auf eine Auseinandersetzung mit einer Gruppe Schwarzer eingelassen, die auf der Straße *The Black Panther* verkauften. Die New Yorker Ortsgruppe, deren Büro inzwischen unter Führung von Zayd Shakur zum Nationalen Hauptquatier der Cleaver-Fraktion geworden war, beschuldigte Newton, er habe die Mörder geschickt. Dessen Anhänger wiederum behaupteten, die New Yorker hätten den Mord begangen, um sich von Newton und David Hilliard trennen zu können.

11.3.1971 – Eine andere Version des Bandes der *Internationalen Sektion* vom 4.3. wurde auf einer Pressekonferenz vorgespielt. Es enthielt die gleichen Kritiken.

13.3.1971 – *The Black Panther* erschien zum ersten Mal mit Copyright, und zwar von Huey P. Newton. Darin war ein Bild, das Bobby Hutton mit Gewehr zeigt, daneben einen nackten Eldridge Cleaver, ohne Penis, mit erhobenen Händen und dem Friedenssymbol um den Hals. Ansonsten wurde nicht auf den Konflikt eingegangen.

20.3.1971 – Im *The Black Panther* wurde bekanntgegeben, Eldridge Cleaver, Kathleen Cleaver, Don Cox und alle Mitglieder der *Internationalen Sektion* hätten sich von der *Black Panther Party* losgesagt. In derselben Ausgabe bekannten sich mehrere prominente Panther zu Newton.

27.3.1971 – Alle militärischen Symbole verschwanden aus *The Black Panther*.

3.4.1971 – Endlich bekannte sich auch Bobby Seale zu einer Seite, zu der von Newton.

13.4.1971 – Die dreizehn vor Gericht übriggebliebenen der *Panther 21* – die restlichen Angeklagten waren aus verschiedenen Gründen aus dem Verfahren abgetrennt worden oder waren ins Exil geflohen – wurden nach dem bis dahin längsten und kostspieligsten Prozeß in der Geschichte New Yorks mangels ausreichender Beweise freigesprochen.

17.4.1971 – Samuel Napier, ein Newton-Anhänger, wurde in einem New Yorker Parteibüro verbrüht, erschossen und dann verbrannt.[214]

Bei diesen Streitigkeiten hatte das FBI mit Eifer mitgewirkt. Es produzierte, spätestens seit Anfang Dezember 1970, systematisch Briefe und andere Dokumente, davon nachgewiesen sind fast 100, um die Differenzen zwischen Cleaver und Newton zu eskalieren. Im Namen verärgerter angeblicher Parteimitglieder wurden Briefe geschrieben, die z.B. »...Cleaver dazu provozieren sollten, Newtons Führung offen in Frage zu stellen... Wir sind der Meinung, daß Distanz und Mangel an persönlichem Kontakt zwischen Newton und Cleaver eine geheimdienstliche Möglichkeit bietet, die untersucht werden sollte... (Zusätzlich) sollte jede Abteilung (des FBI) Cleaver (unter ähnlichen Bedingungen) zahlreiche Briefe schreiben, in denen Newtons Führung kritisiert wird. Außerdem glauben wir, daß, falls Cleaver eine ausreichende Anzahl Newton betreffender Beschwerden erhält, es Uneinigkeit erzeugen könnte, die später voll ausgenutzt werden könnte.« (Memorandum der FBI-Außenstelle Los Angeles ans Hauptquatier vom 3. Dezember 1970)[215]

Das sollte allerdings nicht darüber hinwegtäuschen, daß hinter der Spaltung der *Black Panther Party* in zwei Fraktionen zwei unterschiedliche politische Strategien standen. Diese sollen hier an ihren Hauptrepräsentanten Huey P. Newton und Eldridge Cleaver dargestellt werden:

– Die Theorie, die die schwarzen Ghettos als Kolonie im Mutterland USA begriff, wurde von Cleaver nach der Spaltung beibehalten. Newton dagegen sah sie ab dem November 1970 als falsch an, legte aber keine andere Theorie vor. Er brachte zwar den Begriff *Intercommunalism* als Ablösung von der Kolonisationstheorie in die Diskussion, der aber nur die internationalistische Position der *Black*

Panther Party ausdrückte, die auch schon vorher vorhanden war, und somit nichts wesentlich Neues bedeutete.[216]

– Beide waren sich darin einig, daß das Lumpenproletariat die am meisten unterdrückte Klasse sei und ihr deshalb eine Avantgarderolle in der Revolution zufalle. Für beide war das Lumpenproletariat die Basis der *Black Panther Party*. Für Cleaver gab es gravierende Interessensunterschiede zwischen Arbeiterklasse und Lumpenproletariat, die zwar nicht antagonistisch seien, damit also irgendwann überwindbar sein könnten. Aber zu diesem Zeitpunkt sei ein gemeinsamer Kampf unmöglich. Er sympathisierte schon sehr lange mit der sogenannten weißen Jugendkultur[217] und sah in ihr mögliche BündnispartnerInnen. Newton dagegen ging von einer Interessensidentität von Lumpen und ArbeiterInnen aus, was damit eine Entwicklung der *Black Panther Party* in der Theorie zu einer ›konsequent proletarischen‹ Partei mit der Orientierung auf den Klassenkampf offenhielt.[218]

– Der Hauptstreitpunkt aber war die Frage des bewaffneten Kampfes in den USA. Vor der Spaltung war von der gesamten *Black Panther Party*, also auch von Newton, die Möglichkeit eines Guerillakrieges immer in Betracht gezogen worden.[219] Noch im Januar 1971 hatte Don Cox, Feldmarschall der Partei, in einer dreiteiligen Artikelserie im *The Black Panther* mit dem Titel *Organizing Self-Defense Groups* eine Stadtguerillakonzeption vorgestellt, die sich zum Teil auf Carlos Marighelas *Handbuch des Stadtguerillero* stützte.[220] Soweit das überhaupt festgestellt werden kann, führte die *Black Panther Party* solche Aktionen bis zu diesem Zeitpunkt allerdings nicht aus.[221] Cleaver sah dagegen den Zeitpunkt gekommen, in den Untergrund zu gehen, weil die Repression gegen die Panther zu stark geworden sei, sie aber auf der anderen Seite eine Massenbasis unter den Schwarzen hätten, die diesen Schritt zuließe. Er hatte schon im Juni 1969 gesagt: »Ich bin der Ansicht, es besteht bei der Masse ein Bedüfnis, organisiert zu werden. Das aber erzeugt bestimmte Probleme. Die Partei der Black Panther ist von Anfang an eine Vorhutorganisation gewesen. Und eine Vorhutorganisation muß sich unvermeidlich an dem Punkt einer Veränderung unterziehen, wo sie ihr Vorhaben erreicht hat, das Volk zu organisieren; beziehungsweise an dem Punkt, wo es ihr, um ein Beispiel zu geben, gelingt, das Volk dahin zu bringen, ihre politische Führung anzuerkennen. Ist dieser Punkt erreicht, hat die Vorhut die Verantwortung, einen gewissen Apparat zu schaffen, der es ihr erlaubt, einmal als Avantgarde wirken zu können und zum anderen die Masse in ihrem organisatorischen Gefüge aufzunehmen. Eigentlich habe ich das Gefühl, daß die Partei der Black Panther bereits den Punkt erreicht hat, wo solche strukturellen Änderungen angezeigt sind. Die Zahl der mittlerweile Beteiligten ist derart angewachsen, und in der gleichen Zeit ist die Repression von Seiten der Herrschenden so stark geworden, daß es nicht mehr lange dauern wird, und wir müssen unsere Methode abändern, um weiterhin wirksam zu bleiben und um gegenüber der anwachsenden Unterdrückung durch das Machtsystem ein Gegengewicht zu bilden.

Der Grund dafür, daß die Partei sich in der bisherigen Weise entwickelt hat und arbeiten konnte, liegt in einer Entscheidung, die Huey Newton getroffen hat. In einem Aufsatz mit dem Titel *The Correct Handling of the Revolution* legte er für die Avantgarde-Organisation die Notwendigkeit dar, anfangs in aller Öffentlichkeit, oder wie wir das nennen, *above ground* zu arbeiten. Er und Bobby Seale hatten bei Gründung der Partei ein Gespräch mit einigen anderen darüber, ob man im Untergrund oder öffentlich arbeiten sollte, dies vor allem, weil die Partei sich ja auf den Gebrauch von Schußwaffen als Instrument der Befreiung verließ. Diese Leute wollten zuerst aus dem Untergrund heraus arbeiten, weil sie Angst hatten, den Polizeibullen offen mit Gewehren entgegenzutreten. Huey und Bobby hielten dies für eine falsche Taktik, sie sahen im voraus, daß man durch Untergrundarbeit so etwas wie eine Niederlage zugibt und die eigentlich legitime Existenz aufgibt. Echte Revolutionäre haben nichts zu verbergen; und wenn etwas verborgen wird, geschieht es aus taktischer Notwendigkeit, um den Verfolgern zu entgehen. Huey war der Ansicht, daß von Anfang an im breiten Licht der Öffentlichkeit gearbeitet werden muß, damit das Volk sieht, daß die Partei existiert und damit die Partei auf das Volk einwirken kann. Man kann keine Organisation im Untergrund aufbauen und dann bei Nacht Flugblätter verteilen, die den Leuten einreden sollen, daß man existiert und dies und das tut oder daß sie gar auf einen hören sollen. Huey vertrat die Ansicht, daß man für alle sichtbar zu sein hat und seine Handlungen für sich sprechen lassen müsse; und kommt dann die Zeit, wo man in den Untergrund getrieben wird, weiß das Volk, man ist da, man existiert weiter und die Glaubwürdigkeit, die sich die Organisation vorher öffentlich erworben hat, wirkt psychologisch weiter. Ich spüre, daß wir jetzt den Punkt erreicht haben, wo wir die zweite Phase in der klassischen Struktur einer revolutionären Bewegung entwickeln müssen: die deutliche Unterscheidung eines politischen und eines militärischen Zweiges, die für einen Volkskrieg notwendig sind. Und wir müssen dieses stategische Stellwerk gerade zum jetzigen Zeitpunkt unseres Kampfes schaffen, weil wir es mit einer städtischen Umgebung zu tun haben.«[222] Mit aller Energie wollte er sich für die Bildung einer nordamerikanischen Befreiungsfront einsetzen, der Revolutionäre aus allen ethnischen Gruppen angehören sollten.[223]

Newton dagegen verfolgte mehr die Strategie der legalen Massenorganisation.[224]

– Obwohl er sich nie dagegen aussprach, konnte bei Cleavers Vorstellung von bewaffnetem Kampf im Untergrund keine Möglichkeit mehr für die Durchführung der Community-Programme bestehen. Dagegen sah die Newton-Fraktion genau darin eine große Chance. Da sie die Metropolen als die letzten Bastionen ansahen, die im weltweiten Befreiungskampf erobert werden würden, war für sie in den USA keine unmittelbare revolutionäre Situation gegeben. Da jedoch die Ghettobevölkerung Not leide, müßten ihre Bedürfnisse befriedigt werden. Wenn die Partei daran arbeite, könne sie so beweisen, daß sie im Interesse des Volkes arbeite und sich so immer fester im Ghetto verankern. Das sei die Gelegenheit, materielle Hilfe mit politischer Arbeit zu verbinden.[225]

Diese Programme erfuhren eine Namensänderung. Auf seiner Rede am 18. November 1970 in Boston nannte Newton sie ›Überlebensprogramme‹. In dieser Version waren sie also »ein Werkzeug, das die Weiterexistenz des vermeintlich vom Genozid bedrohten schwarzen Volkes bis zu dem Zeitpunkt der vollständigen Umgestaltung des Systems ermögliche.«[226]

– Ein wichtiger Kritikpunkt der Cleaver Fraktion war die mangelnde innerparteiliche Demokratie. Bis zur Spaltung bestand das Zentralkomitee der Partei nur aus Mitgliedern der ursprünglichen Gründergruppe in Oakland. Der Vorschlag von Eldridge Cleaver im Herbst 1969, Mitglieder aus New York und Fred Hampton aus Chicago ins Zentralkomitee aufzunehmen, war abgelehnt worden. So schien die Führung der Partei von oben herab zu bestimmen. Im Büro des Stabschefs David Hilliard hing die Parole »The lower level is subordinate to the higher level«. Einhergehend damit war eine personalisierende Propaganda, wie sie gerade an Huey P. Newtons Titel *Supreme Servant of the People* und der Umbenennung der Liberation Schools in *Huey P. Newton Youth Institutes* deutlich wurde. Weiterhin wurde der Führung vorgeworfen, sie beurteile die Arbeit einer Ortsgruppe hauptsächlich danach, wieviele *The Black Panther* verkauft würden.[227]

1971 sieht es schlecht aus für die *Black Panther Party*. Sie ist in zwei Fraktionen gespalten. Die Auseinandersetzungen der Führungspersönlichkeiten sind unproduktiv und werden mit denselben Methoden geführt, die das FBI gegen die Panther einsetzt. Wenn sie nicht mit Streitereien beschäftigt sind, müssen die Panther sich mit den Gerichten herumärgern. Für ihre eigentliche Politik bleibt dabei wenig Kraft.

Kapitel III

Fragmente

Bewegungen

Bewaffneter Kampf
Zum einen gab es in den USA bewaffnet kämpfende Gruppen, von denen hier einige exemplarisch genannt und beschrieben werden:
Symbionese Liberation Army (SLA);
Weather Underground Organization (WUO), aktiv in den ganzen USA;
George Jackson Brigade (GJB), aktiv in Oregon, Washington;
Sam Melville/Jonathan Jackson Unit, aktiv in Massachusetts;
Fuerzas Armada de Liberacion Nacional Puertorriquena (FALN), aktiv in Chicago, New York City, Washington, D.C.;
Black Liberation Army (BLA).
Ihre Taten, die sich hauptsächlich auf die Ost- und Westküste sowie die städtischen Zentren konzentrierten, umfaßten Bomben- und Brandanschläge, Banküberfälle, Erschießungen, Geiselnahme und Gefangenenbefreiung. Allerdings sank die Anzahl der Aktionen gegen Ende der 70er von Jahr zu Jahr.[1]

Die Ursprünge der *Symbionese Liberation Army* (SLA) lagen in der Gefangenenarbeit. Anfang der 70er Jahre hatte sie Gefängnisinsassen davon überzeugen wollen, daß sie keine Kriminellen, sondern politische Gefangene der Gesellschaft seien. Weltweites Aufsehen erregte sie am 4. Februar 1974 mit der Entführung der Millionärstochter Patricia Campbell Hearst, die sich während ihrer ›Kriegsgefangenschaft‹ der Gruppe anschloß. Ursprünglich sollte ihr Lösegeld aus Lebensmitteln im Wert von 70 Dollar für jede/n Arme/n in Kalifornien bestehen. Ihr Vater bezahlte nur einen Teil des Lösegelds, da es so viele Arme gab, daß er 400 Millionen Dollar hätte aufbringen müssen. Große Sympathien erntete die SLA für diese Robin Hood-Aktion jedoch nicht. Danach fanden nur noch Geldbeschaffungsaktionen zum eigenen Überleben statt. Schon am 17. Mai 1974 wurde der Kern der Gruppe, bestehend aus sechs Mitgliedern, in Los Angeles gestellt. »In einem beispiellosen Inferno von Kugeln und Feuer wurden sie bis zur Unkenntlichkeit verstümmelt und verkohlt.«[2] Am 18. September 1975 wurden die übriggebliebenen drei, unter ihnen Patricia

Hearst, gefaßt. Letztere wurde von Jimmy Carter begnadigt, nachdem sie zwei von ihrer siebenjährigen Haftstrafe abgesessen hatte.[3]

Die *Weather Underground Organization* hatte sich in ihren Aktionen immer wieder auf die *Black Panther Party* bezogen:
Dezember 1969 Anschläge auf Polizeifahrzeuge in Chicago nach der Ermordung von Fred Hampton und Mark Clark;
August 1970 Angriff auf das Gerichtsgebäude von Marin County nach dem Tod von Jonathan Jackson, William Christmas und James McClain;
August 1971 Anschläge auf die Strafvollugsanstalt von San Francisco und die kalifornische Gefängnisverwaltung in Sacramento wegen des Todes von George Jackson.
Sie bezogen sich auch in anderen Aktionen und in ihren theoretischen Schriften auf die schwarze Bewegung in ihrer Gesamtheit und auf andere ethnische, sowie sozial unterdrückte Gruppen. Allerdings wurde es um sie Mitte bis Ende der 70er Jahre immer stiller. Schließlich erklärten sie das Kozept des bewaffneten Kampfes ›im Herzen der Bestie‹ für gescheitert und ihre AktivistInnen bereiteten den Weg zurück in die Legalität vor. Teilweise sind sie heutzutage als AnwältInnen und LokalpolitikerInnen tätig.[4]

Die *George Jackson Brigade* stand, außer durch ihren Namen, nicht in direkter Verbindung zur *Black Panther Party*. Sie war 1975 entstanden, ihre Mitglieder kamen zum Großteil aus den Massenbewegungen von Seattle und Umgebung, und zwar aus der Frauen-, Knast-, Dritte Welt- und Schwulenbewegung. Sie hatte einen marxistisch-leninistischen und einen antiautoritären Flügel, die Hälfte ihrer Mitglieder waren Frauen, wovon wiederum die Hälfte Lesben waren. Sie führte Unterstützungsaktionen für einige Arbeitskämpfe, das *American Indian Movement* und die Knastbewegung durch. Einer ihrer Inhaftierten wurde zweimal erfolgreich aus dem Gefängnis befreit. Seit 1979 ist von ihr nichts mehr zu hören gewesen.[5]

Die *Sam Melville/ Jonathan Jackson Unit* war eine Stadtguerillagruppe, die gegen soziale, ökonomische und politische Unterdrükkung und gegen den US-Imperialismus kämpfte, indem sie ökonomische, politische und militärische Ziele angriff.[6]

Eine Gruppierung, die immer wieder ihre Solidarität mit der schwarzen Bewegung bekundete, war die puertoricanische *Fuerzas Armada de Liberacion Nacional Puertorriquena* (FALN). Die Begründung dafür sah sie in der gemeinsamen Lage als Kolonie der USA und in dem Kampf gegen diese Kolonialmacht. Auf das Konto der FALN gingen von ihrer Gründung 1974 bis 1980 100 bis 150 bewaffnete Aktionen in den USA. 1980 glaubte das FBI ihr das Rückgrat gebrochen zu haben mit der Verhaftung von 11 ihrer Freiheitskämpfer in Chicago. Aber am 1. März 1982 explodierten erneut ihre Bomben und verursachten Schäden an der Fassade der New York Stock Exchange, der American Stock Exchange, der Chase Manhattan Bank und dem Maklerhaus Merrill-Lynch. Es gab keine Verletzten. Diese Aktion sollte an den Angriff puertoricanischer NationalistInnen auf den US-Kongreß 1954 erinnern. Am 31. Dezember 1982 explodierten wieder ihre Bomben, diesmal waren Institutionen der Repression ihr Ziel: FBI und Polizei, ein Bundesgericht und ein Bundesgefängnis:
Ihre Forderungen waren:
»Unabhängigkeit und Sozialismus für Puerto Rico.
Sofortige und bedingungslose Freiheit für unsere Kriegsgefangenen und politischen Gefangenen.
US-Hände weg von El Salvador, Nicaragua und Guatemala.
Nicht ein Gramm unserer natürlichen Ressourcen wird Puerto Rico verlassen.
Es lebe der bewaffnete klandestine Kampf.«[7]

Trotzdem bis 1983 nochmal vier Mitglieder verhaftet wurden, war die FALN immer noch nicht zerschlagen. Zuletzt meldete sie sich während des zweiten Golfkrieges mit Anschlägen auf Militäreinrichtungen und -gütern zu Wort.[8] Als legale Bewegung der PuertoricanerInnen in den USA, neben den verschiedenen auf der Insel selbst, entstand 1977 das *Movimiento de Liberacion Nacional* (MLN). Zuerst war es ein Zusammenschluß mit MexikanerInnen, die in den USA lebten. 1983 löste es sich aus taktischen Gründen in das MLN-PR (=Puertoriqueno) und das

MLN-M (=Mexicano) nach Ethnizitäten auf, blieb aber solidarisch verbunden. Obwohl eine legale Bewegung, war das MLN-PR immer wieder der staatlichen Repression ausgesetzt, weil es sich nicht von der FALN und ihren Aktionsformen distanzierte.[9]

Zurück zur zersplitterten *Black Panther Party*.

Während Eldridge Cleaver mit seiner Fraktion schnell in der Bedeutungslosigkeit versank, 1973 die Internationale Sektion in Algier aufhörte zu existieren und ihre Mitglieder sich in Afrika und Europa zerstreuten, versuchte Huey P. Newton die Partei von Spitzeln und Polizeiagenten zu säubern. In der Praxis nahm das allerdings die Form an, daß alle, die sich nicht in Übereinstimmung mit ihm befanden oder ideologische Differenzen mit ihm hatten, auch wenn es sich um andere als die zwischen Cleaver und ihm handelte, aus der Partei ausgeschlossen wurden. Das traf 1974 auch Bobby Seale, sowie David und June Hilliard.[10]

1973 war die Partei dann auf die Newton-Linie eingeschworen (worden). Allerdings war sie von der nationalen Bühne verschwunden und agierte nur noch mit ca. 150 Mitgliedern an ihrem Geburtsort, der Bay Area. Daran änderte auch nichts, daß Newton für mehr Energie bei den Communityprogrammen, der Wahrnehmung der Schwulenbewegung als politischem Partner und der Frauenbefreiung als unbedingtes Erfordernis eintrat. Er ernannte Elaine Brown 1974, als er untertauchte, zu seinem Stellvertreter an der Spitze der Partei. Ansonsten war die Partei auf Gewaltfreiheit, Parlamentarismus und Sozialarbeit orientiert. Bobby Seale sagte schon 1972: »Die Revolution findet an der Wahlurne statt.«[11] Der Kapitalismus wurde nicht mehr grundsätzlich kritisiert und abgelehnt. Schwarzer Kapitalismus sollte in einer Übergangsperiode helfen, den Antagonismus zwischen der unterdrückten Community und der Monopolherrschaft des Empire zu entfalten. Huey P. Newton sagte: »Was wir also tun müssen: die positiven Qualitäten des schwarzen Kapitalismus verstärken bis sie die negativen überwinden und so die Situation umwandeln.«[12] Konkret sollten schwarze Kapitalisten die Programme der Partei mitfinanzieren.

Die Partei war als lebensfähige politische Kraft zusammengebrochen und das kränkelnde Etwas hörte 1982 mit der finanziellen Pleite des letzten Projekts ihrer Community-Programme, dem *Youth Institute*, ganz und gar auf zu existieren.[13]

Übriggeblieben war die *Black Liberation Army* (BLA). Sie war 1970 ursprünglich unter dem Namen *Afro-American Liberation Army* aus der Erfahrung der massiven Repression gegen die *Black Panther Party* entstanden und stellte eine klandestine Struktur dar, die Untergetauchten Schutz vor Verhaftung und Ermordung bieten sollte. Es gab keine zentralisierte Struktur, sondern kleine autonome Zellen – in manchen größeren Städten oft sogar mehrere – die unabhängig voneinander operierten. Das gemeinsame politische Minimalprogramm war das gleiche, wie es schon die am 31. März 1968 in Chicago als Zusammenschluß verschiedener nationalistischer und antiimperialistischer Strömungen der schwarzen Bewegung gegründete Organisation *Republic of New Africa* gefordert hatte (und auch weiterhin fordert): eine autonome schwarze Nation, gebildet aus den fünf Bundesstaaten Louisiana, Mississippi, Alabama, Georgia und South Carolina. Somit war die BLA eine politisch-militärische Organisation, die sich als nationale Befreiungsbewegung im internationalen Zusammenhang, in einer internationalen Einheitsfront mit anderen Befreiungsbewegungen begriff.[14] Ansonsten hatten die einzelnen Zellen verschiedene Ideologien und unterschiedliche Vorstellungen, wie der Kampf zu führen sei. Ein Mitglied, Assata Shakur, sagte über den Zustand der BLA zu Anfang der 70er Jahre: »Im großen und ganzen waren wir schwach, unerfahren, schlecht organisiert und schlecht ausgebildet.«[15] Aber: »Ich gehörte nicht zu denen, die glaubten, unser politischer Kampf müßte erst eine bestimmte Ebene erreicht haben, ehe wir anfangen könnten, die Illegalität zu organisieren. Ich glaubte, daß es wichtig sei, mit dem Aufbau illegaler Strukturen so bald wie möglich zu beginnen. Und obwohl ich fand, daß die Hauptaufgabe des Untergrunds im Organisieren und im Aufbauen bestehen müßte, sollten bewaffnete Widerstandsaktionen durchaus nicht ausgeschlossen sein. Solange es unsere langfristigen Pläne nicht behinderte, sollten Guerillaeinheiten einige sorgfältig geplante und gut getimte bewaffnete Aktionen durchführen können, die zeitlich auf die politischen Zielsetzungen der legalen politischen Zusammenhänge abgestimmt waren. Nicht irgendwelche Aktionen,

sondern solche, die die Schwarzen spontan verstehen und unterstützen konnten, Aktionen, die sich in der schwarzen Community schnell herumsprechen würden.«[16] Das waren zumeist Erschießungen von Polizisten als Vergeltungsschläge für Polizeiübergriffe.[17]
Dieser erste Versuch einer schwarzen Untergrundarmee währte nicht lange, der Staat schlug wieder zu. 1973 waren die meisten Zellen angeschlagen, ein Großteil der KämpferInnen tot oder verhaftet und der Rückhalt in der schwarzen Community schwand.[18]
Mitte der 70er Jahre wurde der Versuch gestartet, die Reste der BLA in einer einheitlichen Organisation zu konsolidieren. Die Mehrheit stimmte zu und bildete das *BLA-Coordinating Committee*. Die Minderheit schuf 1978 eine eigene Organisation. Es war ein Zusammenschluß schwarzer und weißer AktivistInnen, die zum Teil schon in der *Weather Underground Organization* gewesen waren, unter Führung der BLA-Minderheit zur *Revolutionary Armed Task Force*, teilweise auch *The Family* genannt. Sie wurde als Zeichen gesehen, daß endlich auch Weiße sich kämpferisch auf die Seite der unterdrückten Farbigen stellten und dies »für eine neue revolutionäre Veränderung und einen wachsenden Prozess der Vereinheitlichung«[19] stehe. Ihre Analyse, begründet auf eine eigene zweijährige Untersuchung, bei der sich im Untergrund Lebende in rechtsextreme Organisationen, wie dem *Ku Klux Klan*, eingeschleust hatten, besagte, daß
1. die Schwarzen Zielscheibe Nr.1 dieser rassistischen und faschistischen Organisationen seien;
2. es finanzielle und personelle Unterstützung und Zusammenarbeit sowie Informationsaustausch zwischen staatlichen Stellen und diesen Organisationen gäbe;
3. es finanzielle Unterstützung von der herrschenden Klasse gäbe;
4. ein Massenpropaganda-Programm diese Entwicklung nach rechts ideologisch begleite; und
5. Kontrolle über das System als Ganzes ausgeübt werden solle, indem das Apartheidsystem in den städtischen Communities zur Norm gemacht würde und weiße Arbeiter und Angestellte in eine Situation gebracht werden sollten, in der sie ständig von Stafverfahren bedroht seien.

Daraus wurden folgende Schlüsse gezogen:
»1. Die Massen in den Stadtgebieten müssen Selbstverteidigungseinheiten des Volkes aufbauen, um sich zu verteidigen - *jetzt* !
2. Es werden Programme gebraucht, um für unsere Jugendlichen positive revolutionäre Beispiele zu setzen und die müssen in Praxis und Theorie entwickelt werden - *jetzt* !
3. Die notwendige Sammlung von Millionen von Dollar unter der politischen Kontrolle der fortschrittlichsten revolutionären Elemente zur Verwendung für verschiedene Programme in den Communities - von kulturellen, über Kinderfürsorge bis zur Gesundheitsfürsorge - muß gesichert werden - *jetzt* !«[20]
Unter Punkt 4 mit der Überschrift: Es wird keinen schwarzen Holocaust geben, folgte eine Darlegung ihres Prinzips, niemals auf Personen zu schießen, die sich ergeben haben und niemals Unschuldige, wie zum Beispiel Angehörige von Polizisten, anzugreifen. Weiterhin folgte eine Aufforderung an unterschiedliche Schichten der Schwarzen, ihren Möglichkeiten entsprechend den Kampf zu unterstützen. Am Ende standen die Forderungen:
»Wir müssen eine Nation haben!
Wir müssen eine Armee haben!!
Es wird keinen schwarzen Holocaust geben!!!«[21]
Der *Revolutionary Armed Task Force* wurden u.a. die folgenden Aktionen zugeschrieben:
am 10. Oktober 1977 ein Banküberfall in Manhatten, am 19. Oktober 1977 Überfall auf eine Bank in Mount Vernon, New York, am 27. Mai 1978 Überfall auf eine Bank der Chase Manhatten, am 12. Oktober 1978 Überfall auf eine Zweigstelle der Chase Manhatten Bank in Lower Manhattan, am 19. Dezember 1978 und am 11. September 1979 Raubüberfall auf jeweils zwei Purolator Trucks, am 2. November 1979 die wahrscheinlich populärste Aktion, die Befreiung von Assata Shakur, die zur *Black Liberation Army* gehörte, aus dem Gefängnis - auf vielen Hauswänden in den schwarzen Communities war zu lesen »Assata is welcome here!« -, im Dezember 1979 der Versuch einen gepanzerten Wagen in Greenberg, New York, zu überfallen, und 1980/81 die weitere Ausführung einer Reihe bewaffneter, nicht immer erfolgreicher, Überfälle auf gepanzerte Geld-

transporter. Diese Einnahmen wurden von ihnen u.a. dafür verwendet, eine Klinik in Harlem zu unterstützen und für die Gesundheitsfürsorge der Slumbevölkerung der South Bronx zu sorgen. Die Polizei bekam die *Revolutionary Armed Task Force* nicht zu fassen, bis zum 20. Oktober 1981, als bei einem verpfuschten Versuch einen Geldtransporter in West Nyack, New York, zu überfallen mehrere AktivistInnen verhaftet wurden. Dabei wurden auch ein Wächter und zwei Polizeibeamte erschossen. Die Polizei war nun in der Lage die Gruppe langsam aufzurollen.

Teilweise hatte sich die Gruppe in der Öffentlichkeit selbst diskreditiert, weil einige ihrer Mitglieder in Drogengeschäfte verwickelt waren, obwohl sie propagierte, daß Drogen imperialistische Mittel seien, um das Schwarze Volk zu vergiften.

Nach ihrer Zerschlagung Mitte der 80er Jahre soll sich die BLA einem Gerücht zufolge »aktuell in einer Phase der Reorganisation im politischen Zusammenhang der neuafrikanischen Unabhängigkeitsbewegung«[22] befinden.

The Son of Brinks, eine Gruppe, die sich selber als Unterstützungsorganisation für *The Family* sah, wurde Ende 1984/ Anfang 1985 durch die JTTF zerstört. Sie war im wesentlichen ein Theoriezirkel und so konte ihnen außer dem Besitz von Waffen, die in den Stadtgrenzen von New York City illegal sind, und falschen Ausweispapieren, vor Gericht am 5. August 1985 keine Straftat nachgewiesen werden. Ihre Verfolgung konnte als Mitteilung der Staatsschutzbehörden interpretiert werden, daß schon radikales politisches Denken, egal auf welchem Abstraktionsniveau, Repressionen nach sich ziehe.[23]

Zwischen 1982 und 1985 fanden, vor allem an der Ostküste, ca. 40 Anschläge statt. Sie standen in Zusammenhang mit der Mittelamerikasolidarität, der Friedensbewegung und der Anti-Apartheid-Bewegung und hatten u.a. Militäreinrichtungen, Rüstungsfirmen, südafrikanische Konsulate und das Capitol als Angriffsziele. Gruppen mit den Namen *Armed Resistance Unit, Red Guerilla Resistance, Revolutionary Fighting Group* und *United Freedom Front* – letztere war aus der *Sam Melville/Jonathan Jackson Unit* hervorgegangen – bekannten sich dazu. Als Konsequenz auf die zunehmende Kriminalisierung legaler politischer Zusammenhänge und

die offensichtliche Erfolgslosigkeit der Massendemonstrationen und
-aktionen zogen sie den Schluß, daß es notwendig sei illegale kämpfende Organisationen aufzubauen. Sie verstanden sich als bewaffneter Arm der Bewegung und hofften diese durch ihre Aktionen zu radikalisieren. Diese Hoffnungen wurde zerstört als 1984/85 22 weiße AntiimperialistInnen verhaftet und inzwischen zu teilweise lebenslangen Haftstrafen verurteilt wurden. Damit war der weiße anti-imperialistische Widerstand zerschlagen.[24]

Eine ›neue‹ Black Panther Party ?

Es wurde noch mehrmals der Versuch unternommen, die *Black Panther Party* zu revitalisieren. Einmal sogar in Großbritanien. 1990 gründete sich eine Gruppe, die sich schlicht *Panther* nannte und eine gleichnamige Zeitung mit dem Untertitel *The socialist voice of the black & asian community* herausgab.Um ihre Mitgliedszahlen zu erhöhen, wurde Prominenz eingeflogen: Bobby Seale sprach Anfang Oktober 1992 vor 2.000 Menschen in London. Stabilisieren konnte sich die Gruppe anscheinend jedoch nicht. Ihre Zeitung erschien unregelmäßig in großen zeitlichen Abständen und ist im Frühjahr 1994 in linken Londoner Buchläden nicht mehr zu finden gewesen.[25]

In Milwaukee gründete auch 1990 der ehemalige Panther Michael McGee die *Black Panther Militia*, komplett mit schwarzer Uniform, Barett, Gewehren und der Zeitung *Panther Spirit*. 400 bis 500 Mitglieder sei die *Militia* stark, wurde in der Presse behauptet. Gleich zu Beginn brachte Michael McGee die Gruppe ins Rampenlicht, als er ankündigte, in den Untergrund zu gehen und Milwaukee in ein Blutbad zu verwandeln, sollten nicht 100 Millionen Dollar an die *black community* gezahlt und die Probleme, die Schwarze quälen, endlich angepackt werden. Sein Ultimatum lief bis 1995. Bis dahin wollte er die Ghettos von Drogen säubern, Verbrechen bekämpfen, Lebensmittel und Medikamente verteilen und dadurch die Herzen und Köpfe der Massen gewinnen. Im September 1992 kandidierte er für den Kongress.[26]

Der am nähesten am Orginal liegende Versuch einer Revitalisierung hatte weiter zurückliegende Wurzeln. Ende Oktober 1986 fand im

Hyatt Regency, einem Luxushotel im Zentrum Oaklands, ein ›VeteranInnentreffen‹ aus Anlaß des 20. Jahrestages der Parteigründung statt. Huey P. Newton wurde bewußt nicht eingeladen. »Es würden genügend Leute da sein, lautete die Botschaft, die ernsthafte gegenseitige Widersprüche hätten. Kein Grund also, daß derjenige, gegen den fast alle etwas hätten, auch käme.«[27] Inhaltlich bestimmt wurde das Treffen einerseits durch Lobreden auf die politischen Gefangenen und Ehrungen der gefallenen GenossInnen – 27 kennt die offizielle Parteimythologie, es war aber wohl die doppelte Anzahl, die nicht nur durch Kugeln umkamen, sondern z.B. auch durch Überarbeitung, wie eine junge Frau, die nach Tagen harter Parteiarbeit und ohne Schlaf erschöpft zusammenbrach. Andererseits wurde auf dem Treffen begonnen, die eigene Geschichte aufzuarbeiten. Ray ›Masai‹ Hewitt, der frühere Erziehungsminister der Panther, berichtete später: »Die Leute kamen zum Fest nach Oakland mit einer Menge unverdauter Scheiße im Kopf. Als man die Partei verließ, waren alle jene, mit denen man kommuniziert hatte, plötzlich nicht mehr erreichbar. Menschen hatten ihr Leben geopfert. Und dann plötzlich: nichts. Viele verstanden damals nicht die Breite und Tiefe der Opfer. Die meisten kamen selten aus ihrer eigenen Stadt heraus. Man war Internationalist, wenn man von Oakland über die Brücke nach San Francisco fuhr. Aber ich reiste überall hin und überall gab es Aufopferung und Engagement. Das hatte nichts mit Intelligenz zu tun – oder mit klarer Zielsetzung. Das war Aufopferung und Engagement. Niemand konnte das zerstören. Niemand außer der Führung. Die pigs konnten das Engagement nur verstärken. Darum bin ich so wütend. – Niemals sind in den USA gleichzeitig so viele politische Gegensätze entstanden. Als 1965 Soldaten bei Da Nang (Vietnam) an Land gingen, gab es niemand, der zu ihnen sagen konnte: warum kämpfst du für den weißen Mann?

Aber als wir hier zuhause zum Gewehr griffen, war es nicht notwendig, daß die Leute wußten, wer General Giap war. Aber alle wußten, daß sie (die Vietnamesen) unsere Alliierten waren. Ich glaube, daß Amerika niemals zuvor mit einer so wunderlichen Sammlung von Soldaten in den Krieg gezogen ist. Es waren Leute, die in der ersten Phase des Studentenprotests oder der Bürgerrechtsbewegung teilgenommen hatten. Der größte Teil der schwarzen Soldaten wußte, daß sie zuhause einfach nicht zur Wahl gehen konnten. Sie kamen nach Hause in ein Land, in dem es hunderte von Aufständen in den Städten gegeben hatte. Man konnte die nicht für Freiheit und Demokratie in den Kampf schicken – und ihnen dann Freiheit und Demokratie hier zuhause verweigern.

Die Bürgerrechtsbewegung hatte ein psychologisches Klima geschaffen, nämlich daß wir uns nicht länger unterwerfen wollten. Das war entscheidend. Das war so entscheidend, daß selbst wenn man in eine Konfrontation mit der Polizei geriet und verlor, man doch gesiegt hatte. Wir siegten, weil wir Widerstand leisteten. Ein pig fragte mich einmal: Warum macht ihr weiter? Jedesmal, wenn ihr mit uns in eine Schweinerei geratet, verliert ihr, warum gebt ihr nicht auf? Wegen solcher Drecksäue wie euch, gehe ich 4, 5 mal in der Woche auf die Schießbahn und verbrauche Massen an Munition. – Da verstand ich, daß das Arschloch wirklich besorgt war. Wir hatten kaum Zeit zum Training. Wir reagierten nur. Wir sagten: Fuck you! We ain't taking this shit no more! Da wurden wir frei. Der weiße Mann sagte: Hört auf oder wir töten euch! Und wir sagten: Tötet uns, uns macht's nichts aus. Wir gewannen nie einen Kampf, wir zogen uns nie zurück, wir ergaben uns nie. Darum tat es so weh, daß wir von der Leitung so überrannt wurden. Sie nahm die Opfer als gegeben hin oder führte sich auf, als seien wir dumm.«[28]

Auf die Frage, warum so viele Mitglieder moralisch und politisch Falsches so lange akzeptierten, antwortete er: »Alles ist möglich, wenn man eine Belagerungsmentalität hat. Wenn Viele um jeden Preis die Organisation verteidigen wollen, so wird sie zu einem Kult. Man sieht nicht den Dreck, der vor den eigenen Augen liegt. Und dann kommen Opportunisten, die im Verlaufe von 2, 3 Wochen in die Leitung avancieren.

Ich glaube nicht, daß es irgendeine politische Bewegung gibt, in den USA oder im Rest der westlichen Welt, die meint, daß es wichtig ist, daß man Prinzipien gegenüber treu sein muß. Erst wenn das Einzige, was Menschen verlieren können, die eigenen Ketten sind, entwickeln sie eine andere Haltung. Es gibt keinen Freiheitskämpfer, der ›rein‹ ist. Wie kann man verlieren, wie kann man als Unterlegener ständig stark sein? Man hat nur sich gegenseitig. Da ist nichts anderes. Das, was in der schwarzen Pantherpartei passierte, spiegelte das amerikanische moralische Niveau wieder. Es spiegelte auch die mangelnde politische Erfahrung in Amerika wieder. Das, was uns frühere Parteien und Bewegungen vererbt hatten, war nicht die Bohne wert. Das moralische Niveau der Bürgerrechtsbewegung war höher als je zuvor, aber sie gab uns nichts anderes, als eine Summe der geistigen Überzeugungen der Aktiven.

Die Partei hatte das Potential, Höheres zu erreichen. Aber aufgrund der Belagerungsmentalität und weil die Bewegung per definitionem gewalttätig war, wurde sie torpediert. Nimmst du hinzu, daß die Führung den größten Teil ihrer tiefgehenden analytischen Gedanken unter dem Einfluß von Drogen und der Zwangssozialisation von Ex-Strafgefangenen vornahm, so waren wir zum Untergang verurteilt.

Aber das Interessanteste war, daß der größte Teil von jenen, die zum Fest nach Oakland kamen, immer noch an Prinzipien festhält. Was sie heute auch tun, tun sie für das Volk.«[29] Und für die Zukunft hoffte er auf die Vermeidung der Fehler der Vergangenheit durch einen Lernprozeß: »Wir müssen einiges an unsere Kinder weitergeben. Darum arbeiten wir jetzt an einer kritischen Analyse jener Jahre. Wenn Einige in diesem Prozeß mitmachen wollen, so müssen sie ihr eigenes Sündenregister miteinbeziehen. Wir haben keine Zeit für eine Menge von Entschuldigungen. Alle haben Fehler gemacht. Ich sage zu meiner Tochter immer, daß Supernigger nicht existieren. Wenn sich in ihrer Schule ein Typ so aufführt, dann ist viel Dreck an ihm.

Ich habe mit dem Leben von Menschen gespielt. Ich lehrte Menschen, wie sie schießen sollten, aber ich lehrte nie, *wann und warum*. Die Hälfte von uns starb, wie *Ericka* sagte, aus falschen Ursachen. Die marxistischen Prinzipien sind gut genug. Das Problem ist nur, daß sie ausschließlich in den Reihen der Basis praktiziert werden. Einige von uns waren damals jung; wir brauchten Helden. Nächstes Mal kann auf unseren Erfahrungen aufgebaut werden.«[30] Ein ähnliches ›VeteranInnentreffen‹ kam in der gleichen Zeit in New York zustande.[31]

Gemächlich schienen sich wieder einige Ortsgruppen herausgebildet zu haben mit den Schwerpunkten Stadtteilarbeit und Gegenöffentlichkeit. »We announce to you that we are back!«[32] ließen sie im Februar 1991 national durch die Herausgabe ihres ersten Exemplars von *The Black Panther, Black Community News Service* verlauten. Vierteljährlich sollte er von nun an auf 28 ca. Din A 3 großen Seiten erscheinen. Herausgegeben wurde er vom *The Black Panther Newspaper Committee*, das sich eigenen Aussagen als ein Kollektiv mit der Entscheidungsstruktur des demokratischen Zentralismus versteht. Inhaltlich trat die Zeitung schwerpunktmäßig in die Fußstapfen des 86er Treffens. Gefallene GenossInnen wurden dargestellt. Auf mehreren Seiten kammen politische Gefangene zu Wort. Aktuelle Probleme der schwarzen Community wurden angerissen: Polizeibrutalität, Drogen, Loslösung der schwarzen Elite von den Massen, Wohnungsnot, Geschlechterkampf, AIDS. Auf den Golfkrieg wurde eingegangen. Die Geschichte der Partei wurde chronologisch für die Jahre 1966 bis 1971 skizziert, sowie durch die Darstellung der Überlebensprogramme. Abgedruckt waren sowohl das Zehn-Punkte-Programm als auch die Disziplinarregeln. Langsam begann eine kritische Analyse der eigenen Vergangenheit: die zu starke Konzentrierung auf die Verteidigung der der Repression Anheimgefallenen; der rigide Zentralismus der Parteileitung; Vernachlässigung der Theorie, so daß die Situation nicht mehr korrekt analysiert werden konnte, verbunden mit mangelnder Selbstkritik; und vor allem die gangartigen Auseinandersetzungen bei politischen und persönlichen Streitereien. Obwohl die Zeitung ganz und gar nicht einer der damaligen zwei Fraktionen zugeordnet werden kann, fand sich nicht ein Wort der Auseinandersetzung mit Eldridge Cleaver – nicht einmal die Gründung der *Internationalen Sektion* in Algier taucht in der Chronologie auf –, dafür aber mehrere, die sich mit Huey P. Newton beschäftigten: mit den Umständen seines Todes sowie mit dem Problem seiner Persönlichkeit und die Auswirkungen des Personenkults um ihn auf die Mitglieder und auf die Politik der Partei. Anders ausgedrückt: das Problem einer derartig personalisierten Führerschaft. Vergangenheitsbewältigung wurde aber auch noch auf andere Art betrieben. Mit den psychologischen Folgen der Mitgliedschaft in der *Black Panther Party* setzte sich ein Artikel auseinander, der Krankheitssymptome einiger ehemaliger Panther mit denen von Vietnamveteranen verglich und Ähnlichkeiten feststellte. Daraus wurde gefolgert, daß auch die Panther VeteranInnen seien, TeilnehmerInnen eines (verlorenen) Kampfes.[33]

Nach sechs Monaten hatte die Zeitung eine Auflage von 15.000 Exemplaren, die in 20 Bundesstaaten und auch außerhalb der USA verteilt wurden.[34] Ihre zweite Nummer hatte Malcolm X als Schwerpunktthema, die dritte Nummer widmete sich dem Geist des Widerstands und der Befreiung; die Geschichte der Jacksons, George und Jonathan, erhielt breiten Raum. Neben den ständigen Rubriken wie LeserInnenbriefe, Buchbesprechungen, einer Bestelladresse für T-Shirts und Poster, dem Programm und den Regeln der *Black Panther Party*, Neuigkeiten aus den schwarzen Communities, hauptsächlich über Polizeibrutalitäten und Repression, sowie internationale Nachrichten, hauptsächlich aus Afrika, der Thematisierung von Kunst durch Abdruck eines Gemäldes oder einer Zeichnung auf der Rückseite, waren politische Gefangene/Kriegsgefangene ein ständiges Thema, sowie Geschichtsschreibung und Geschichtsaufarbeitung.[35]

Die vierte Nummer erschien erst ein Jahr später, im Herbst 1992: Zu der dazwischenliegenden Pause fand sich kein Wort.[36] Ein weiteres Jahr benötigte die Herausgabe der nächsten Ausgabe: Im Herbst/ Winter 1993 erschien die fünfte Nummer als *Prison Issue*. Unregelmäßig erschien sie weiter. Von den Ortsgruppen schienen sich nur die in Berkeley, Jersey City und New York für einige Zeit halten zu können. Aber seit längerem ist von ihnen auch nichts mehr zu hören.

Andere

Eine weitere Gruppe, die aus dem Zusammenhang der schwarzen Bewegung entstand, war MOVE. 1972 gegründet, unterschied sich diese Organisation wesentlich von den anderen hier dargestellten. MOVE ist eine klassenübergreifende Organisation, in der alle, ob arm oder reich, Mitglieder werden können. Es ist keine schwarze, sondern eine gemischte Gruppe. In ihrer Ideologie orientiert sie das gewünschte Gesellschaftssystem an dem von Tieren. So tritt sie gegen Abtreibung und Empfängnisverhütung ein. Genauso ist Homosexualität für sie unnatürlich. Ihr Gründer, John Africa, der 1985 starb, gilt als die personifizierte Wahrheit. Sie hatte nur wenige Mitglieder, hauptsächlich in und um Philadelphia, Pennsylvania. Ihr Kampfmittel war nicht die Waffe, sondern die Agitation (was allerdings die bewaffnete Selbstverteidigung nicht ausschloß), in der als neuer Inhalt die Ökologie eine wichtige Rolle einnahm. Durch den Versuch des kollektiven Zusammenlebens wollten sie »mit gutem Beispiel vorangehen«. Ein Mitglied erklärte: »Es ist MOVEs Aufgabe, zu verhindern, daß die Industrie weiterhin die Luft vergiftet, das Wasser, den Boden, und der Versklavung des Lebens – Menschen, Tiere, jede Form von Leben – ein Ende zu machen... Es ist MOVEs Aufgabe, den Leuten zu zeigen, wie korrupt, verkommen, kriminell dieses System ist, wie es die Menschen versklavt... und daß dieses System die Ursache all ihrer Probleme ist (Alkoholismus, Drogenabhängigkeit, Arbeitslosigkeit, Mißhandlung von Frauen, Mißhandlung von Kindern, Kinderpornographie, jedes Problem auf dieser Welt) und das revolutionäre Beispiel zu setzen, dem die Leute folgen können, wenn sie begreifen, wie sehr sie unterdrückt, schikaniert, betrogen und ausgetrickst worden sind, und die Notwendigkeit sehen, sich von diesem krebsartigen System zu befreien, wie MOVE es tut.«[37]

Von Anfang an war die Organisation Objekt politischer Verfolgung. In den Medien wurde vehement gegen sie gehetzt. Am 20. Mai 1977 wurde im Stadtteil Powelton Village eines ihrer Häuser von der Polizei angegriffen. Ein Jahr später, am 8. August 1978, wiederholte sich dies, nachdem es 55 Tage lang belagert worden war, d.h. niemand rein oder raus durfte, die Wasserzufuhr gesperrt worden war und keine Lebensmittel reinkamen. Als NachbarInnen die Blockade mit Nahrungsmittel- und Wasserspenden durchbrochen hatten und die politische Unterstützung immer breiter wurde, schlug die Polizei mit Wasserwerfern und automatischen Waffen zu. Ein Polizist starb, 12 BewohnerInnen wurden verhaftet, 9 wurden angeklagt wegen Konspiration und Polizistenmord und erhielten je 30 bis 100 Jahre Gefängnis. »Richter Edwin S. Talmed gab einen Tag nach Ende des Prozesses in einer regionalen Rundfunksendung zu, er habe ›keine Vorstellung davon, wer den Polizisten erschossen‹ hat.«[38] Mittlerweile weiß man es: er starb im Kreuzfeuer seiner Kollegen. Für die Verurteilten änderte das nichts, sie sitzen weiterhin.

Am 12. und 13. Mai 1985 wurde ein MOVE-Haus in West Philadelphia angegriffen. Der Bericht, wie er in etwa im Fernsehen zu sehen war: »Ein Polizeihubschrauber überfliegt eine amerikanische Vorstadtsiedlung. Ein dunkler Gegenstand wird aus dem Hubschrauber geworfen, fällt auf eines der zweistöckigen Häuser, eine Explosion ist zu hören, Flammen schießen aus dem Dach. Schreie von Menschen, Polizeisirenen, vereinzelt fallen Schüsse. Der Sprecher erläutert, es habe sich um eine Räumungsaktion gegen eine schwarze Sekte gehandelt. Zwei Tage lang habe die Polizei das Haus belagert, 250 Scharfschützen hätten es mit rund zehntausend Schuß eingedeckt. Die Hausbewohner seien auch dann noch nicht zur Aufgabe bereit gewesen, als die Feuerwehr das Gebäude mit 2,4 Millionen Liter Wasser aus Hochdruckrohren überschwemmte. Danach habe sich die Polizeiführung in Absprache mit Bürgermeister W. Wilson Goode (Philadelphias erster schwarzer Bürgermeister; d.Verf.) zum Abwurf des Sprengsatzes entschieden. Daraufhin sei zunächst das Haus niedergebrannt. Dann habe das Feuer auf die Nachbarschaft übergegriffen, sechzig weitere Häuser völlig und dreißig zum Teil zerstört.«[39]

In der Asche wurden die verkohlten Leichen von fünf Kindern und sechs Erwachsenen MOVE-Mitgliedern gefunden, nur eine Frau, die danach zu 7 Jahren wegen Konspiration verurteilt wurde, und ihre 13-jährige Tochter überlebten. Von diesem Schlag, der die Organisation fast zerstört hätte, scheint sich MOVE inzwischen langsam zu erholen. Heute hat die Organisation wieder ein Haus in Philadelphia.[40]

Neben kleinen Gruppen zur Unterstützung von politischen Gefangenen/ Kriegsgefangenen[41] gibt es natürlich weiterhin, vor allem in Kalifornien, einige Kleingruppen ohne nennenswerte Bedeutung: *New Afrikan People's Organization* (tritt für einen schwarzen sozialistischen Separatstaat ein), *African People's Socialist Party* (versteht sich als sozialistische internationalistische Partei), *Pan-African Revolutionary Socialist Party*, *All-African People's Revolutionary Party* (seinerzeit von Stokely Carmichael/ Kwame Touré mitgegründet).[42]

Schwarze Frauen hatten, zum Teil schon in den 70er Jahren, eigene Organisationen gegründet: *Third World Women's Alliance* (innerhalb des SNCC als Frauenbefreiungsgruppe gegründet; einzige überlebende Organisation des SNCC), *Combahee River Collective, National Black Feminist Organizations, New African Women's Organization, New African Task Force, Sapphire Sapphos*. Ihre Bedeutung scheint ebenfalls marginal zu sein.⁴³

Auch die *Nation of Islam* existiert noch heute, allerdings unter einem neuen Namen. Seit dem Tod Elijah Muhammads, 1975, wurde sie zuerst von seinem Sohn Wallace Muhammad weitergeführt, der sie ›malcolmisierte‹ und sie in *World Community of al-Islam in the West* umbenannte. Heute heißt sie *American Muslim Mission* und nähert sich dem traditionellen Islam an – auch Weiße dürfen nun beitreten. Sie hat ca. eine Million Mitglieder. 1981 rief parallel dazu Louis Farrakhan, Geburtsname Louis Eugene Walcott und vormals Calypso-Sänger, der charismatischste Führer der Black Muslims seit Malcolm X und zuerst Leiter der Bostoner Moschee, später Elijah Muhammads Vertreter in Harlem, nachdem er 1978 ausgetreten war, die ›alte‹ *Nation of Islam* wieder ins Leben. Seine Reden, in der Tradition des frühen Malcolm X, rufen immer noch die Empörung der weißen Presse hervor und lassen die Schar der schwarzen AnhängerInnen wachsen. Im Gegensatz zu den anderen Organisationen, bei denen es sich immer nur um eine kleine Handvoll Leute handelt, ist diese eine der zahlenmäßig größten unter Schwarzen und breitet sich in den Ghettos und Gefängnissen weiter aus. Schwerpunkt ihrer Aktivitäten ist der Kampf gegen den Drogenhandel und die damit einhergehende Kriminalität. Sozialistische Vorstellungen sind nicht vorhanden, wie die Wahlkampfberatertätigkeit Louis Farrakhans für Jesse Jackson 1984 zeigte, bevor er ihn als Verräter an der schwarzen Sache und als Bestandteil des weißen Systems brandmarkte. Zielvorstellung ist immer noch die eines eigenen schwarzen Kapitalismus, basierend auf den bereits bestehenden schwarzen Firmen für Kosmetikprodukte, den Zeitschriftenverlagen, Finanzinstituten, Serviceeinrichtungen, Einzelhandelsgeschäften, etc., sowie auf vom US-Staat geforderten Reparationszahlungen für die das durch die Sklaverei erlittene Leid. Ein weiteres Ziel ist immer noch die Bildung einer schwarzen Nation, ein eigener autonomer

(Teil)-Staat auf jetzigem US-Territorium. Die aktuelle Zahl ihrer Mitglieder wird auf 30.000 geschätzt.

Wie populär die Vorstellungen der *Black Muslims* sind, zeigt, daß sie derzeit über den Ozean schwappen. Sie haben London erreicht. In den Stadtteilen Brixton und Notting Hill wurden in den letzten Jahren neue Moscheen gebaut. Wann immer sie Veranstaltungen ankündigen, große BesucherInnenzahlen sind ihnen gewiß. Als Louis Farrakhan die Insel besuchen wollte, verweigerten ihm die britischen Behörden die Einreise. Afrika Bamtaataa, ein schwarzer HipHop-Musiker gab den Kommentar: »Why won't they let him in? I'll tell you why: what comes out of his mouth is like fire.«[44]

Wie stark die Popularität der *Nation of Islam* ist, zeigte sich, als Louis Farrakhan zu einem One Million Men March nach Washington aufrief. Am 16. Oktober 1995 folgten ihr – laut Polizeiangaben – immerhin mindestens 400.000. Laut der Organisation kamen 1,5 Millionen schwarze Männer, denn die Frauen waren nicht aufgerufen zu kommen und sollten zu Hause bleiben, fasten und beten. Martin Luther King hatte damals nur 230.000 Menschen zu einer Demonstration in die Hauptstadt mobilisieren können

Eine kleinere Gruppe ist die *Lost Found Nation of Islam*. Ihr Führer ist Silis Muhammad. Auch sie verkündet die Lehre vom ›Weißen Teufel‹ und tritt für einen Exodus aller Afro-AmerikanerInnen in einen eigenen Staat in Afrika ein.[45]

Personen

Elaine Brown
bezeichnet sich als Aktivistin, Schriftstellerin und Rednerin. Gegenwärtig arbeitet sie daran, eine Modellschule für schwarze und arme Kinder aufzubauen.[46]

Stokely Carmichael
nahm den afrikanischen Namen Kwame Turé an und beteiligte sich am Aufbau der von Kwame Nkrumah gegründeten *All-African People's Revolutionary Party*, die das Ziel eines panafrikanischen

Sozialismus verfolgte. Um die Partei bekanntzumachen, bereiste er in den letzten Jahren Afrika, Nord- und Südamerika, die Karibik und den Nahen Osten.

Er lebte zuletzt in Guinea, wo er am 15. November 1998 57jährig verstarb.[47]

Eldridge Cleaver
bereiste von Algier aus viele Länder des real existierenden Sozialismus, wie Nordkorea, Nordvietnam, China, die UdSSR. Anfang 1972 wurde bekannt, daß er als Leiter der *Internationalen Sektion* abgelöst wurde. Im August desselben Jahres ließ er sich mit seiner Familie in Paris nieder. Es hatte Differenzen mit der algerischen Regierung über zwei Flugzeugentführungen gegeben. Sie waren von militanten Schwarzen aus den USA durchgeführt worden, die dann in Algerien eingetrudelt waren. Durch Bekannte kam Eldridge Cleaver an Valery Giscard d'Estaing, damaliger Finanz- und Wirtschaftsminister, der den Cleavers eine unbefristete Aufenthaltsgenehmigung verschaffte.

Im November 1975 bekam er Heimweh und stellte sich den US-amerikanischen Behörden. Am 13. August 1976 wurde er auf Kaution aus der Haft entlassen. Letztendlich begnügte sich die Justiz mit einer Bewährungsbuße von 2.000 Arbeitsstunden in einer Bibliothek.

Bereits in Algier hatte er sich langsam zum Antikommunisten entwickelt. In Frankreich wandte er sich dem Christentum zu und wurde zum Vortragsreisenden der evangelikalen Rechten und zum Anhänger der Republikanischen Partei.

Das hielt ihn nicht davon ab, mit Kokain und Crack in Berührung zu kommen und straffällig zu werden.

In späteren Jahren leitete er ein Recyclingzentrum in Oakland.
Am 1. Mai 1998 verstarb er 62jährig.[48]

Kathleen Neal Cleaver
hatte sich nach ihrer Rückkehr in die USA von ihrem Mann getrennt. Sie arbeitete als Sekretärin für einen Richter am United States Court of Appeals, studierte Jura, wurde Anwältin und Professorin. Sie war weiterhin in Bürgerrechtsfragen aktiv.[49]

Angela Davis
wurde am 23. Februar 1972 gegen eine Kaution von 102.500 Dollar aus der Haft entlassen. Am 4. Juni 1972 wurde sie von allen Anklagen freigesprochen. Die einzige Verbindung zu der Aktion im Marion County Civic Center, die ihr nachgewiesen werden konnte, war, daß Jonathan Jackson, der zeitweise ihr Leibwächter gewesen war, eine Schrotflinte und zwei Handfeuerwaffen benutzt hatte, die sie legal erworben hatte.[50]

In der folgenden Zeit bereiste sie die UdSSR, DDR, CSSR und Cuba. 1979 bekam sie den Leninpreis. Im November 1975 nahm sie ihre Lehrtätigkeit wieder auf und war seit 1977 an der Universität von San Francisco Professorin für Black Studies und Frauenfragen. In der CPUSA war sie bis 1991 aktiv, dann mußte sie ihren Vorstandsposten niederlegen. Sie gehörte zum Reformflügel der Partei und war für Erneuerung eingetreten. Dieser durfte an dem Parteitag in Cleveland im Dezember 1991 nicht einmal teilnehmen und war somit faktisch ausgeschlossen worden.

Sie lehrt jetzt an der Universität von Santa Cruz, wo sie sich weiter mit Fragen von Sexismus und Rassismus auseinandersetzt. Ihr Forschungsprojekt ist derzeit eine vergleichende Studie zu Frauen in Gefängnissen in den USA, den Niederlanden und Cuba.[51]

David Hilliard
ist Geschäftsführer der *Dr. Huey P. Newton Foundation*, die er kurz nach dessen Tod zusammen mit Fredrika Newton gründete. Sie bewahrt eine Art Erbe der *Black Panther Party*, indem sie eine Unmenge der alten Materialien, sprich Zeitungen, interne Nachrichten, Korrespondenz, Gerichtsprotokolle etc. archiviert.[52]

George Jackson
wurde am 21. August 1971 in San Quentin getötet. Angeblich habe er einen Fluchtversuch unternommen. Mit einer ihm zugespielten Pistole soll er einen Wächter bedroht und so 25 Gefangene aus ihren Zellen befreit haben. Die schwarzen Gefangenen hätten dann drei Wächtern die Kehlen durchgeschnitten, wovon zwei daran gestorben wären, und hätten auf die gleiche Weise zwei weiße Mitge-

fangene ermordet. Als sie dann einen weiteren Wärter durch einen Kopfschuß töteten, sei wegen des Lärms der Alarm ausgelöst worden. Als daraufhin eine Gruppe bewaffneter Vollzugsbeamter die Räumlichkeiten stürmte, habe George Jackson versucht zu fliehen und sei auf dem Hof nahe der Gefängnismauer aus einem Wachturm heraus erschossen worden.[53]

George Jackson hatte schon lange vermutet, daß gegen ihn ein Mordkomplott geschmiedet würde. So ist es möglich, daß er an eine Flucht dachte. Sein Anwalt Stephen Bingham soll am Morgen desselben Tages eine Waffe, eine spanische 9mm Astra Automatik, durch Metalldetektoren und andere Sicherheitsmaßnahmen ins Gefängnis von San Quentin hineingeschmuggelt haben, diese im Besuchsraum an Jackson weitergegeben haben, der sie dann auf seinem Kopf unter einer Afrofrisurperücke wiederum durch Metalldetektoren und Leibesvisitationen weiterschmuggelte. Der *San Francisco Chronicle* spielte diese Version real nach und kam zu dem Schluß, daß sie undurchführbar sei. Die Waffe war zu schwer und zu groß, um sie überhaupt unter einer Perücke verbergen zu können.

Die Waffe gehörte Landon Williams, einem anderen Feldmarschall der *Black Panther Party*. Sie war jedoch vom FBI im Zusammenhang mit dem Seale/Huggins Fall konfisziert worden. Es wurde behauptet, sie sei Williams nach dem Prozeß zurückgegeben worden. So sei sie in die Hände von Bingham gelangt.

Ein Widerspruch ist, daß mehrere Gefangene wie auch mehrere Wärter bezeugten, daß Jackson eine ganz andere Waffe benutzte, nämlich einen kleinen .38 Revolver.

Zum Schluß blieben jedenfalls drei Wärter tot liegen, drei weitere überlebten nur knapp. Jackson wurde niedergeschossen, als er über den Gefängnishof rannte. Der erste Schuß zerschmetterte seinen Knöchel, der zweite traf seinen Rücken, durchdrang seinen Körper und trat durch die Schädeldecke wieder aus. Anscheinend war dieser zweite Schuß aus kurzer Entfernung von hinten ausgeführt worden, als Jackson auf allen vieren kniete, was einer Exekution gleichkäme.

Der stellvertretende Anstaltsleiter soll noch am selben Tag gesagt haben: »Das einzig gute heute war, daß wir George Jackson gepackt haben, ihn getötet haben, ihm in den Kopf geschossen haben.«[54]

Die Bewegung draußen reagierte auf den Tod: Eine Gruppe mit dem Namen *George L. Jackson Assault Squad* erschoß in einer Polizeistation in der Nacht des 29. Augusts einen Sergeanten und verletzte eine Revierangestellte. Die *Weather Underground Organization* zündete Bomben im Büro des Strafvollzugsministeriums in San Francisco und in der Hauptverwaltung des Strafvollzugs in Sacramento. Eine andere Gruppe tat es ihnen gleich und zündete eine Bombe in einem staatlichen Büro in San Mateo. Bei diesen Anschlägen gab es keine Verletzten, aber es entstand hoher Sachschaden. Weiterhin gab es eine Reihe kleinerer Aktionen, wie z.B. einen Brandanschlag auf die *Bank of America* in San Francisco. In Attica, einem Hochsicherheitsgefängnis im Norden des Bundesstaates New York, fand am 23. August aus Trauer und zum Gedenken ein stummer Fastentag statt, an dem sich nahezu alle Gefangenen beteiligten.[55]

Die beiden überlebenden *Soledad Brothers*, John Clutchette und Fleeta Drumgo, wurden am 27. März 1972 von allen Anklagepunkten im Zusammenhang mit dem Gefängniswärtermord freigesprochen, und John Clutchette hinterher auf Bewährung entlassen. Posthum wurde George Jackson dadurch quasi vom Gericht in diesem Fall für unschuldig erklärt.[56]

Über die *San Quentin Six*, diejenigen also, die im Zusammenhang mit George Jacksons ‹Fluchtversuch› vom 21. August 1971 angeklagt worden waren, wurde fünf Jahre später, am 12. August 1976, das Urteil gesprochen: drei wurden restlos freigesprochen (einer von ihnen war Fleeta Drumgo, der nun auch auf Bewährung freikam, und im November 1979 in Oakland unter mysteriösen Umständen ermordet wurde), einer des zweifachen Mordes und der Mordverschwörung für schuldig befunden, ein anderer der zweifachen schweren Körperverletzung und der letzte wegen einfacher Körperverletzung. Und das, obwohl ein ehemaliger Angehöriger der Polizeiabteilung *Kriminelle Vereinigungen* von Los Angeles, der die *Black Panther Party* infiltrieren sollte, vor Gericht zugab, daß sein zuletzt durchgeführter Auftrag die Ermordung von George Jackson gewesen sei. Seine Aufgabe sei gewesen, Jackson glauben zu machen, daß es einen Plan der Panther für eine Befreiungsaktion gäbe. Die betreffende Waffe sei von ihm mit zwei anderen Polizisten ins Gefängnis gebracht worden. Das änderte aber nichts am Resultat der Verhandlung: »Zwar war nur einer der ‹SQ-Six› wegen der Verschwörung verurteilt worden, damit wurde sie aber als gegeben vorausgesetzt, was bedeutete, daß George Jackson nun auch ‹gerichtsoffiziell› als Opfer seiner eigenen Verschwörung galt und nach dem flüchtigen Steve Bingham weiterhin wegen Mordverschwörung gefahndet werden konnte.«[57]

Der entzog sich weiterhin der Anklage und lebte fast 13 Jahre versteckt in Europa, bevor er im Frühjahr 1984 wieder auftauchte und sich den Behörden stellte. Vor Gericht wurde er im Sommer 1986 in allen Punkten freigesprochen, was das Urteil gegen die *San-Quentin Six* und die politische Legitimation der Tötung George Jacksons nochmal in einem anderen Licht erscheinen lassen sollte. Gleiches galt, aufgrund neu aufgedeckter Erkenntnisse, 1988 für die Entlassung desjenigen der *San Quentin Six*, der damals des zweifachen Mordes wegen verurteilt worden war.[58]

Ruchell Magee,
der damals zusammen mit Angela Davis angeklagt gewesen war, wurde verurteilt und sitzt noch immer, davon viele Jahre in Einzelhaft. Er ist damit einer der am längsten im Gefängnis Eingekerkerten der Welt.[59]

Huey P. Newton
mußte 1970 und 1971 wegen seines alten Falles noch zweimal vor Gericht erscheinen, eine Verurteilung wurde aber nicht mehr erreicht, da die Jury zu keiner Einigung kam. Anfang 1972 wurde ihm seine Strafe erlassen.[60]

Er zog sich Ende 1972 aus der aktiven Politik zurück, um zu schreiben. Es entstanden vier Bücher: *To Die For The People* (1972), *Revolutionary Suicide* (1973), zusammen mit dem Psychologen Erik H. Erikson *In Search of Common Ground* (1973), und mit Ericka Huggins *Insights and Poems* (1975). Er begann Sozialphilosophie zu studieren.[61]

Doch die Strafverfolgungsbehörden ließen ihn nicht in Ruhe. Er wurde angeklagt, ein Zuhälter und Erpresser zu sein, ein Veruntreuer und Drogenhändler, eine schwarze Prostituierte ermordet zu haben... Mehr als 20 solcher Anklagen wurden gegen ihn in den ersten vier Jahren der 70er vorgebracht, konnten aber vor Gericht zu keiner Verurteilung gebracht werden. Von politischen Gegnern und den alten COINTELPRO-Spezialisten des FBI wurden Verleumdungen gegen ihn in die Welt gesetzt, wie z.B. das Altbekannte, er wiegele die Leute nur auf, um selber ein gutes Leben führen zu können. Sein politischer Einfluß sank aufgrund dieser Methoden und so entschloß er sich 1974, als er wieder einmal angeklagt wurde, in's Exil nach Cuba zu gehen. Dort wollte er seine Gedanken weiterentwickeln. Auch unternahm er Reisen in die sozialistischen Länder der sogenannten Dritten Welt.[62]

Wenn er gedacht hatte, seine Abwesenheit würde das Interesse der Behörden an ihm einschläfern, so hatte er sich getäuscht. Als er 1977 nach Oakland zurückkehrte, ging es genauso weiter. Seine Wohnung wurde bei mehreren Gelegenheiten durchsucht, er wurde mit zwei Morden in Verbindung gebracht, wiederholt verhaftet und schließlich wegen kleinerer Vergehen, angeblichen Waffenbesitzes und ähnlichem verurteilt.

Währenddessen engagierte sich Newton in der Community in alternativen Erziehungsprojekten und machte 1980 seinen Doktor in Philosophie mit der Arbeit: *War Against the Panthers: A Study in Repression in America*.[63]

Immer wieder wurden alte Anklagen gegen ihn vorgebracht. Im März 1987 wurde er zum Beispiel für kurze Zeit inhaftiert, aufgrund einer alten Strafe als ‹felon in possession of a firearm›, d.h. als ‹Verbrecher in Waffenbesitz›. Der Hintergrund: Ein paar Jahre zuvor, während der Verbüßung einer Bewährungsstrafe, hatte er eine Waffe besessen, was verboten war. Seine Strafe auf Bewährung war damals aber, aufgrund seiner abgesessenen Haft, aufgehoben worden. Sein Anwalt soll jedoch versäumt haben ein diesbezügliches Dokument auszufüllen, so sei Newton damals zwar nicht aktuell ein bedingt Entlassener gewesen, aber technisch, und so sei er schuldig.[64]

Alle diese Umstände brachten Newton dazu Drogen zu nehmen. Er versuchte dann seiner wachsenden Abhängigkeit Herr zu werden, indem er sich wieder mehr politisch engagierte, z.B. in der Freilassungskampagne für ‹Geronimo› Pratt, der damals nicht zuletzt wegen Newtons fehlender Unterstützung verurteilt werden konnte. Newtons Kampf, sein inneres Gleichgewicht wiederzufinden, war schwer, sein Ausgang ungewiß, als er am Dienstag den 22. August 1989 um 5 Uhr 30 morgens auf der Straße in West Oakland erschossen wurde. Die Tatumstände sind unklar. Die Polizei präsentierte einen Tatverdächtigen und mehrere Versionen der Ereignisse. Zum Schluß diese: Der Verdächtige habe sich auf der Straße Newton genähert, um eine Drogenschuld einzutreiben. Als Newton eine Hand in die Tasche steckte, habe er, aufgrund Newtons ‹gewalttätiger Vergangenheit›, Angst bekommen und gedacht, der wolle eine Waffe ziehen. Deshalb habe er Newton erschossen, in dem Glauben, es handele sich um Notwehr. Neben anderen Umständen bleibt dabei vor allem unklar, warum er, nachdem er Newton in den Kopf geschossen hatte, noch zwei Schüsse in die Schläfe auf dem am Boden Liegenden abgab. Schwarze Radikale sahen das ganz anders: Für sie handelte es sich um eine geplante Exekution. Der Tatverdächtige sei nur verhaftet worden, weil in den Plan uneingeweihte Straßenpolizisten ihn aufgegriffen und die Medien dies mitbekommen hätten. So habe man ihn nicht laufenlassen können und versuche nun eine Notwehrsituation zu konstruieren. Durch diese Exekution habe Huey P. Newton, egal ob er wieder dabei war ein politischer Faktor zu werden oder nicht, als Symbol der schwarzen Befreiung ausgelöscht werden sollen. Am 28. August 1989 wurde Huey P. Newton begraben.[65]

Elmar ‹Geronimo› Pratt
wurde, nachdem er Anfang Dezember 1970 in Dallas, Texas, verhaftet worden war, zur Last gelegt, am 18. Dezember 1968, kurz nach 20 Uhr, zusammen mit einem anderen Schwarzen das weiße Ehepaar Caroline und Kenneth Olson auf einem Tennisplatz in Santa Monica, Kalifornien, ausgeraubt und beschossen zu haben. Caroline Olson starb eine Woche später. Die Verdächtigung ging zurück auf den Brief eines ‹Unterweltinformanten›, der Pratt dessen bezichtigt hatte.

Durch seinen Ausschluß und die Spaltung der *Black Panther Party* war Pratt isoliert und ohne Unterstützung.

Er wurde unter strengstem Gewahrsam gehalten. Als er am 11. November 1971 erfuhr, daß seine im achten Monat schwangere Frau Sandra ermordet worden war, durfte er sie weder noch einmal sehen, noch wurde ihm erlaubt, an der Beerdigung teilzunehmen.

Im Juni 1972 begann sein Prozeß. Am 28. Juli wurde er des Mordes für schuldig befunden und bekam sieben Jahre bis lebenslänglich als Strafe. In der Beweisführung gab es einige Ungereimtheiten. Kenneth Olson identifizierte im Prozeß Pratt als den Mann, der seine Frau erschoß. Desgleichen eine andere Zeugin, die den Mörder direkt vor der Tat gesehen hatte. Komischerweise hatten beide die Täter früher wiederholt als glattrasiert beschrieben, während Pratt seit Jahren einen Schnurr- und Spitzbart trug. Interessanterweise hatte Olson kurz nach der Tat einen anderen als Mörder im Polizeialbum identifiziert. Auch die Aussage eines dritten Zeugen, der das Fluchtauto gesehen hatte, das ähnlich dem von Pratt war, relativierte sich dadurch. Selbst angenommen es war sein Wagen, so war bekannt, daß zu der fraglichen Zeit praktisch alle Panther aus Los Angeles über ihn verfügten. Pratts Alibi, er sei zum Zeitpunkt der Tat 400 Meilen nördlich in Oakland auf einem Treffen der nationalen Führung der Partei gewesen, wurde von der Newton-Fraktion aufgrund der Spaltung nicht bestätigt. Kathleen Cleaver, die damals ebenfalls an dem Treffen teilgenommen hatte, bestätigte das Alibi, was aber wertlos war, weil sie nicht zum Prozeß erschien, da ihr Mann im Rahmen von COINTELPRO einen Brief erhielt, daß es für sie zu gefährlich sei, in den USA aufzutauchen. Allerdings hätte das FBI für Aufklärung über Pratts Aufenthalt am Mordtag sorgen können. Es lag nahe, daß es das Büro der Partei in Oakland abgehört hatte. Im Prozeß leugnete das FBI dieses. Später kam die Lüge ans Licht. Als es dann endlich, 1981, die Abhöraufzeichnungen vorlegen mußte, waren genau die Stellen, die Pratts Verbleib hätten klären können, nicht dabei. Verloren oder zerstört, behauptete das FBI.

Der ‹Unterweltinformant›, der im Prozeß behauptete, Pratt habe ihm gegenüber mit der Mordtat geprahlt, war ein bezahlter FBI-Informant namens Julius Carl Butler. Diese Tatsache wurde in der Verhandlung unter den Teppich gekehrt. Ebenso wurde geleugnet, daß Pratt das Ziel von COINTELPRO war, was erst Jahre später als Lüge enttarnt werden konnte. Ein Punkt darin war, daß vor seiner konkreten Anklage eine Liste erstellt worden war, welche Morde man ihm anhängen könnte. Zu alledem kam erst Jahre später ans Licht, daß in seinem Verteidigungslager zwei FBI-Informanten saßen, die seine Verteidigungsstrategie auskundschafteten.

Nachdem Pratt verurteilt worden war, stellte er mehrere Revisions- und Anhörungsanträge, zum Teil unter Vorlage enthüllter COINTELPRO-Akten, die alle abgewiesen wurden. Auch seine Anträge auf bedingte Haftentlassung, die auf Grund seines Strafmaßes nach sieben Jahren möglich gewesen wäre, wurden abgelehnt. Der Grund dafür lag in seiner Weigerung, seine politische Gesinnung aufzugeben, was von einem Staatsanwalt bei einer der Anhörungen zur bedingten Haftentlassung am 29. November 1987 auch benannt wurde. Der Preis dafür ist seine Inhaftierung seit Ende 1970, fünf Jahre davon in Einzelhaft. Im März 1974 wurde ihm vom FBI vorgeworfen, Verbindungen zur Cleaver-Fraktion der *Black Panther Party* zu haben, sowie seine angebliche Führungsposition in der *Black Guerrilla Family*, die sich aus Georg Jacksons Organisation heraus entwickelt hatte. Im Mai 1976 wurde ihm unterstellt, er sei der ‹top man› der *Black Liberation Army* innerhalb der kalifornischen Gefängnisse und ein ‹top organizer› innerhalb dieses Gefängnissystems mit vielen Kontakten nach draußen.

Nachdem Anträge auf eine bedingte Entlassung 16 mal abgewiesen worden waren, wurde sein Fall wieder verhandelt, nachdem neue Beweise für die Involviertheit des FBI, des Los Angeles Police Department und der Staatsanwaltschaft zu Tage befördert worden waren. Nach 27 Jahren wurde er dann am 10. Juni 1997 gegen eine Kaution von 25.000 Dollar entlassen.

Seine Anwältin war, nebenbei bemerkt, Kathleen Neal Cleaver.[66]

Bobby Seale
wurde 1973 beinahe Bürgermeister von Oakland. Er bekam bei der Wahl 43.719 Stimmen, sein Rivale, der damals amtierende Bürgermeister, erhielt 77.634 Stimmen. Bobby Seale, als auch Elaine Brown,

die für den Stadtrat kandidierte, traten zum Schluß nicht als Unabhängige, sondern als *Democrats* an. 1974 verließ er Oakland.

Er war an der Temple University in Philadelphia in den African American Studies tätig und ist der Autor des Kochbuchs *Barbecue with Bobby*. Darin hat er die Rezepte veröffentlicht, die er bei den Barbecues der *Black Panther Party*, die der Spendensammlung dienten, bereitete.

Er beschäftigt sich weiter mit der Geschichte und Politik der Partei und hat zu dem Thema eine eigene Homepage unter http:/ www.bobbyseale.com/.[67]

Augenblicke hinter Gittern

Ein Sprung zurück ins Jahr 1971. Nach Attica, einer Kleinstadt im Norden des Staates New York mit 2.800 EinwohnerInnen. Aber nicht Attica als Kleinstadt interessiert in diesem Zusammenhang, sondern Attica als Standort eines der 16 Landesgefängnisse New Yorks, und zwar des gefürchtetsten und berüchtigsten an der gesamten Ostküste, einem *maximum security*, also Hochsicherheits-Gefängnis. 2.254 Insassen, 85 Prozent Schwarze und Puertoricaner, 533 Gefängnisbedienstete, darunter 378 Wärter und fast ausnahmslos weiß. Hier fand vom 9. bis 13. September 1971 die bisher größte Gefangenenrevolte der USA statt.

Um sie zu verstehen, muß man an das aufgeheizte politische Klima dieser Jahre erinnern, an die Bewegung draußen, an die vielen eingesperrten politischen Führer, an die Solidaritätskomitees für einige von ihnen, an die beginnende politische Organisierung innerhalb der Gefängnismauern über die zum Überleben im Knast wichtigen Gang-Strukturen hinaus.

»Im Herbst 1970 schließlich war die Situation in den amerikanischen Gefängnissen so explosiv wie noch nie zuvor. Wenige Tage nach dem gescheiterten Befreiungsversuch im Marin County Courthouse in San Rafael, Kalifornien, durch Jonathan Jackson kommt es im Manhattan House of Detention – *The Tombs* – in New York zu einer Rebellion, während der 800 Gefangene vier der fünfzehn

Stockwerke mehrere Tage besetzt halten. Unmittelbarer Anlaß war die permanente Überfüllung des Gefängnisses, das für 922 Gefangene gebaut war, jedoch meist mehr als 1.400 Insassen beherbergte. Ende August rebellieren auch in San Quentin 800 Gefangene und fordern u.a. ihre Ausreise in ein kommunistisches Land.

Anfang Oktober 1970 revoltieren in vier städtischen Gefängnissen von New York 2.800 Gefangene, die 28 Geiseln gefangenhielten. Anfang November nahmen Insassen des Auburn State Prison, New York, 50 Wärter und Bauarbeiter als Geiseln. Zur gleichen Zeit streikten 2.100 der 2.400 Gefangenen im Folsom Prison in Kalifornien und veröffentlichen ein Manifest mit 29 Forderungen, das als Modell für einen humaneren und gerechteren Strafvollzug dienen könnte.«[68]

Im Juli 1971 übergaben die Attica-Gefangenen dem Leiter des *New York State Department of Corrections* eine Liste mit 27 Forderungen, nachdem sie schon ein Jahr lang für Reformen gekämpft hatten, wodurch nur geringfügige Veränderungen erreicht werden konnten. Obwohl selbst staatliche Stellen die Zustände in Attica kritisierten, hatte sich an den Zuständen nichts verändert. Dann wurde George Jackson ermordet. Die Gefangenen in Attica reagierten. Ein Gefangener beschrieb ihre Stimmung: »Wir haben größere Chancen, wenn wir jetzt kämpfen und nicht warten, bis sie uns in die Isolation werfen, wo sie uns ganz sicher töten werden.«[69]

Am Morgen des 9. Septembers weigerte sich ein Trupp Gefangener in Reih und Glied anzutreten. Rasch sprang der Funke der Rebellion über. Innerhalb von Minuten übernahmen mehr als 1.000 Gefangene die Kontrolle über einen der vier Zellenblöcke, nahmen 38 Wärter als Geiseln, zerschlugen die Einrichtungen und steckten 6 Gebäude in Brand. In ihrem Kommunique hieß es u.a.: »Wir sind Menschen. Wir sind keine Bestien, und wir nehmen es nicht hin, wie solche geschlagen und mißhandelt zu werden. Alle Gefängnisinsassen sind dafür eingetreten, der unhaltbaren Brutalisierung und der Mißachtung der Leben der Gefangenen hier und überall in den Vereinigten Staaten ein Ende zu setzen. Was hier geschah, war erst der Warnschrei der Unterdrückten, ehe sie losschlagen. Wir werden auf keine anderen Bedingungen eingehen als auf die, die für uns annehmbar sind. Wir appellieren an alle gewissenhaften Bürger Amerikas, uns darin zu unterstützen, den Zuständen ein Ende zu bereiten, die nicht nur unser Leben bedrohen, sondern ebensowohl das eines jeden Bürgers in den Vereinigten Staaten.«[70]

Zu einer politischen Lösung kam es nicht. Nachdem es zwar eine Zusage zur Erfüllung der meisten Forderungen gab, jedoch nicht für die zwei wichtigsten, keine Bestrafungen für den Aufstand und Rücktritt des Anstaltsleiters, gingen die Aufständischen nicht darauf ein. Der Tod eines Wärters, der im Krankenhaus seinen Verletzungen vom ersten Tag der Revolte erlag, war für die staatlichen Behörden der unmittelbare Anlaß den Konflikt militärisch zu lösen. Am 13. September beendeten mehr als 1.500 Nationalgardisten, Soldaten und Polizisten, ausgerüstet mit Kampfhubschraubern und automatischen Waffen, den Aufstand. Dabei wurden 32 Häftlinge getötet. Auch 9 Wärter (andere Quellen sprechen von bis zu 11), die als Geiseln genommen worden waren, verloren ihr Leben, aber nicht, wie zuerst behauptet wurde, weil ihnen die Kehlen durchschnitten worden wären, sondern weil die hereinstürmenden Truppen im Chaos des Gefechts und in den Tränengasnebeln sie regelrecht durchlöchert hatten. 85 Verwundete wurden in Krankenhäuser eingeliefert. Während des Aufstands legten im Alderson Gefängnis Frauen ihre Arbeit nieder. Zwei Tage später kam es im Great Meadows Gefängnis von Comstock zu einem vierstündigen Aufstand. 74 Gefangene aus Attica waren hierhin verlegt worden. Kurz darauf wurde in Baltimore, Maryland, eine Symphatie-Revolte für Attica mit Tränengas schon im Keim erstickt. Um ein Übergreifen der Revolte zu verhindern, wurden im Bundesstaat New York in allen Gefängnissen die Sicherheitsmaßnahmen verschärft.

Gegen 62 der Gefangenen, zumeist schwarze, wurde Anklage erhoben. Die beantragten Strafen beliefen sich auf insgesamt 60.000 Jahre. Vor Gericht wurden, nicht zuletzt aufgrund des öffentlichen Drucks, fast alle niedergeschlagen. ›Nur‹ acht, darunter zwei Indianer, wurden für den Rest ihres Lebens hinter Gitter geschickt.

Innerhalb der Gefängnismauern gab es einige Reformen. Zum Beispiel wurde die Farbe der Bekleidung im Staate New York geändert ...[71]

In den folgenden Jahren kamen spontane Erhebungen und Aufruhr, innerhalb und außerhalb der Gefängnismauern, zwar vor, waren aber selten und isoliert. (In der Hoffnung der Vollständigkeit der folgenden Auflistung, was nicht unbedingt gewährleistet ist, da solche Ereignisse, zumal sie teilweise hinter Mauern stattfinden, nicht immer das Licht der Öffentlichkeit erblicken.)

Zuerst kam es 1974 im Atmore Gefängnis zu Protesten gegen die unmenschlichen Haftbedingungen. Zur Revolte kam es, als Gefangene zwei Wärter als Geiseln nahmen. Bei der darauffolgenden bewaffneten Niederschlagung starben ein Gefangener und eine Geisel. Immerhin wurden die Haftbedingungen einige Zeit später auch offiziell als »grausame und ungewöhnliche Strafmethoden« bezeichnet.[72]

Für bessere Haftbedingungen, ein Ende der rassistischen Brutalität und die Entlassung der Wärter, die dem *Ku-Klux-Klan* angehörten, besetzten 200 Gefangene am 8. August 1977 einen Teil des Napanoch-Gefängnisses im Bundesstaat New York, nachdem ein Puertoricaner von Wärtern brutal zusammengeschlagen worden war. Sie nahmen 14 Geiseln. Nach einem Tag Verhandlung endete dieser Zwischenfall unblutig, allerdings sind die Forderungen der Gefangenen kaum eingelöst worden. 43 Gefangene wurden im Anschluß daran beschuldigt, gegen Gefängnisvorschriften verstoßen zu haben. Zehn von ihnen, alle schwarz oder puertoricanisch, erhielten Anklagen wegen schwerer Vergehen.[73]

Am 22. Juli 1978 fand eine Rebellion im Pontiac-Gefängnis in Illinois statt. Sie richtete sich ebenfalls gegen die Aktivitäten des *Ku-Klux-Klan*, gegen die Brutalität, die vor allem Schwarze und Latinos traf, gegen mangelnde medizinische Versorgung, verunreinigtes und mangelhaftes Essen, gegen Überbelegung und die Mißachtung der Menschen- und Bürgerrechte. Nach der Revolte waren 3 Wärter tot und 17 Gefangene wegen Mordes angeklagt.[74]

36 Stunden lang übernahmen im Februar 1980 in der Strafanstalt von Santa Fe, New Mexico, die Häftlinge des Zellenblocks III die Kontrolle. 12 Wärter hatten sie als Geiseln genommen. Diesmal veranstalteten die Aufrührer ein Blutbad: »Sie lynchten, enthaupteten Denunzianten und andere Außenseiter der Gefangenengemeinschaft, etwa geistig Behinderte, und versengten Augen und Genitalien ihrer

Opfer mit Lötlampen.«[75] Später wurden 27 Häftlinge für die 33 Morde angeklagt.[76]

Einen Tag später rebellierten die schwarzen Häftlinge des Reidsville-Gefängnisses gegen Mißstände. Sie waren unbewaffnet und nahmen keine Geiseln. Trotzdem eröffnete die angeforderte Staatspolizei das Feuer auf sie, wodurch ein Wärter und zwei Gefangene den Tod fanden. Gegen 6 Schwarze wurde Anklage erhoben.[77]

Am 15. September 1980 begann der vierte Arbeitsstreik in diesem Jahr im Marion Federal Penitentiary, Illinois. Es war zu der Zeit das einzige Gefängnis der USA mit der höchsten Sicherheitsstufe, der Stufe 6. Hier sind mehr politische Gefangene inhaftiert als in jedem anderen Gefängnis der USA. Der erste Streik hatte nur wenige Tage gedauert, der zweite etwas länger, und der dritte stellte in der US-Gefängnisgeschichte den neuen Rekord von drei Wochen auf. Der vierte überrundete ihn, dauerte bis in das Jahr 1981 an und wurde von einigen zeitweise mit einem Hungerstreik unterstützt. Die Forderungen, wie immer Verbesserung der Haftsituation, muten zum Teil banal an, wie z.B. eine längere Öffnungszeit der Gefängnisbibliothek. Trotzdem gaben die Behörden nicht nach, sondern beendeten den Streik einfach dadurch, daß sie die Arbeitspflicht in Marion abschafften.[78] Im gleichen Gefängnis kam es 1983 nocheinmal zu einem Streik der Gefangene gegen Isolationshaftbedingungen. Seit damals werden dort alle Gefangenen unter permanentem Dauereinschluß gehalten.

1989, Ende Oktober, revoltierten erneut Gefangene. Am 23. Oktober besetzten 100 Häftlinge den Block A des Huntingdon State Prison in Pennsylvania. Nach 3 Stunden wurde er gewaltsam geräumt. Trotzdem sprang der Funke über auf das Camp Hill State Prison, ebenfalls in Pennsylvania. Am 25. Oktober übernahmen dort 1.400 Häftlinge die Gewalt über große Teile des Gefängnisses und brannten 14 von 31 Gebäuden nieder. Nach 2 Tagen wurde die Revolte gewaltsam niedergeschlagen und hinterließ Kosten für den Wiederaufbau, die auf 21 Millionen Dollar geschätzt wurden. Beide Male war der unmittelbare Anlaß, daß ein Häftling von Wärtern zusammengeschlagen worden war. Auch hier liegen die Ursachen natürlich tiefer, im erneuten Anwachsen rassistischer Übergriffe seitens der Wärter und der Verschlechterung der Haftbedingungen, wie zum Beispiel durch dauernde Überbelegung.[79]

Nur Tage später brach in Holmesburgh in Philadelphia eine neue Revolte aus, bei der die Gefangenen brüllten: »Camp Hill! Camp Hill!«

Im gleichen Jahr im Sommer legten Gefangene in Angola, Louisiana, ihre Arbeit nieder. Sie hatten auf Anordnung des Anstaltsleiters in der Gefängnisschreinerei einen Tisch bauen sollen, auf dem künftig Menschen durch die ab dem 15. September gleichen Jahres geplante neue Hinrichtungsmethode der Giftinjektion sterben sollten. Dieser Arbeitsniederlegung schlossen sich die auf den Feldern dieses riesigen Lagers von 20.000 Morgen arbeitenden Gefangenen an. Die Nationalgarde wurde gerufen und die renitenten Gefangenen erhielten Einschluß. Die Gefängnisverwaltung mußte Handwerker von draußen anheuern, um die Todespritsche bauen zu lassen.[80] Im Sommer 1992 besetzten rund hundert schwarze und weiße Frauen im Lexington Gefängnis, Kentucky, mehrere Stunden lang den Gefängnishof, aus Protest gegen die rassistischen Übergriffe der Schließer.

Am 7. September 1991 begannen 3.300 Gefangene des Old Folsom Prison, Kalifornien, einen Hungerstreik für, wie immer, bessere Haftbedingungen. Ihre darauffolgende Einschließung in die Zellen beantworteten einige mit Verstopfung der Toiletten oder Verbrennen von Toilettenpapier. Außer der Bestrafung einiger reagierte die Gefängnisleitung nicht darauf.[81]

Vom 12. bis 14. August 1992 kam es zum ersten Aufbegehren seit 20 Jahren in Lexington, einem Gefängnis für Frauen. Nach dem Übergriff eines Wärters auf zwei Gefangene weigerten sich 90 Frauen zum Zählen vom Hof ins Gebäude zurückzukehren. Der Konflikt wurde durch Verlegung einiger Frauen in andere Gefängnisse beendet.[82]

Riots

Als im Juli 1977 wegen mehrerer Blitzeinschläge das gesamte Stromnetz von New York City zusammenbrach und die Stadt im Dunkeln lag, wurde die Gunst der Stunde genutzt. Vorwiegend junge Schwarze und PuertoricanerInnen zogen johlend und plündernd durch die Straßen, schleppten mit, was sie erbeuten konnten, und hinterließen Trümmer und Brände. Heckenschützen zielten auf Polizei und Feuerwehr. 25 Stunden dauerte die ›Nacht der Tiere‹, so ein Polizeioffizier in Harlem.[83]

Als am 17. Mai 1980 ein weißer Polizist vom Gericht für »Nicht schuldig in allen Punkten der Anklage« für den offensichtlichen Mord an einem Schwarzen befunden wurde, explodierte Liberty City, das Schwarzenghetto im Nordwesten Miamis. 19 Tote und 400 Verletzte, 50 bis 100 Millionen Dollar Sachschaden und 67 beschädigte Gebäude waren das Resultat der Erhebung. Als die Stadt mehrere prominente Schwarze, unter ihnen Jesse Jackson, darum bat, die schwarze Community ›abzukühlen‹, wurden sie von lokalen schwarzen AktivistInnen als unwillkommene Kollaborateure zurückgewiesen. Anlaß des Zorns waren die offensichtlich rassistischen Urteile der Gerichte. Auf der einen Seite hohe Strafen für Schwarze, auch wegen kleinerer Delikte und bei mangelhafter Beweislage – auf der anderen Seite Freisprüche für weiße Polizisten, die sich unrechtmäßig an Schwarzen vergriffen hatten. Es wurden neue Riots prophezeit, schlimmere als je zuvor, aber sie traten nicht ein.[84]

Zu dreitägigen Straßenschlachten, Plünderungen und Brandschatzungen kam es Ende Dezember 1982 wiederum in Miami, im Schwarzenghetto Overtown, nachdem im Rahmen einer Routineüberprüfung ein Polizist einen 20-jährigen Schwarzen erschossen hatte. Neu hieran war nur, daß der Polizist kein Weißer war, sondern ein Exilkubaner.[85]

Hauptsächlich von Latinos ging die Initiative aus, die vom 6. bis 8. Mai 1991 zu Straßenschlachten und Plünderungen in Washington, D.C., führte. Die Stadt erließ zwischenzeitlich ein Ausgangsverbot. Kurz darauf kündigte sie an, der Vorfall, der zum Ausbruch der Gewalt geführt habe, werde untersucht.[86]

August 1991, drei Tage und Nächte lang, vom 19. bis zum 21., entluden sich ›Rassenunruhen‹ im New Yorker Stadtteil Brooklyn. Nachdem ein Jude zwei schwarze Kinder bei einem Autounfall verletzte, eins tödlich, standen sich diese beiden Bevölkerungsgruppen gegenüber und hinterließen einen weiteren Toten, über 110 Verletzte, hauptsächlich Polizisten, mehr als 90 Verhaftete und einen konsternierten New Yorker Bürgermeister. David Dinkins, der erste Schwarze in diesem Amt, wurde von ›seinesgleichen‹ mit Steinen beworfen, als er die Familie des toten Kindes besuchen wollte. In den 60er Jahren schienen Juden und Schwarze als unterdrückte Minderheiten Bundesgenossen zu sein. Seitdem konnten die Juden auf der gesellschaftlichen Leiter nach oben klettern. In der Folge wurde ihnen von den Schwarzen vorgeworfen, daß sie zuviel Macht hätten, von der Polizei und den Behörden bevorzugt behandelt und Schwarze aus dem Wohnviertel verdrängen würden. Umgekehrt klagten die Juden die Schwarzen an, die Nachbarschaft unsicher zu machen. Auch durch die Nahostproblematik wuchsen die Spannungen im Ghetto: während die Juden in den USA hinter Israel stehen, ist spätestens seit dem Sechs-Tage-Krieg 1967 klar, daß die Schwarzen für die PalästinenserInnen Partei ergreifen. Eine Verständigung scheint nicht in Sicht.[87]

South Central, Handlungsort eines der neuen Filme im Boom des Black Cinema, *Boyz N the Hood*: »Für die Jungs im Viertel, einem Schwarzenstadtteil von Los Angeles, dreht sich das Leben nicht um Spaß und Konsum, sondern es geht ums Überleben. Es geht darum, sich herauszuhalten aus einem Teufelskreis von Hoffnungslosigkeit und Haß, von Drogenproblemen und Bandenrivalitäten, von Angst und Rache.«[88] – South Central brannte in der Nacht zum 30. April 1992. »Am Boden herrschte Bürgerkrieg.« schrieb *Der Spiegel*. »Plündernd, prügelnd und brandstiftend zogen Horden meist jugendlicher Randalierer aus den Slums am Rande des glitzernden Geschäftszentrums von Downtown L.A. zunächst durch ihre eigenen Wohngebiete.«[89] Drei neue Brände pro Minute meldete die Feuerwehr, die, wie auch Krankenwagen, an ihrer Arbeit immer wieder von Heckenschützen gehindert wurde.

In der nächsten Nacht breitete sich der Aufstand weiter aus. In L.A. waren immer mehr Stadtteile betroffen. Und aus 15 anderen Großstädten kamen ebenfalls Meldungen über Demonstrationen, Zusammenstößen mit der Polizei, zertrümmerte Scheiben und brennende Autos.[90]

Nach zwei Nächten sowie dem Einsatz von 8.000 kalifornischen PolizistInnen, 9.900 Nationalgardisten (darunter Jugendliche, die zuvor als Plünderer festgenommen worden waren, aber auf Kaution entlassen waren) und 1.000 Bundespolizisten zur Unterstützung der örtlichen Polizei neben 4.000 kriegserfahrenen Männern und Frauen alarmbereiter Infantrie kühlte Los Angeles langsam ab. An dem Aufstand hatten sich nach Schätzungen 40-50.000 Menschen aktiv und etwa 200.000 passiv beteiligt. Zurück blieben – hauptsächlich durch gezielte sowie verirrte Kugeln von Street Gangs, Plünderern und Ladenbesitzern – 55-60 Tote, zumeist Männer und ein großer Teil von ihnen schwarz, 2.383 Verletzte, ca. 13.000 Verhaftete, 5.000 bis 10.000 zerstörte Gebäude, ein Schaden zwischen einer halben und einer Milliarde Dollar. In zwei Nächten des Aufruhrs starben ein Drittel so viele US-Amerikaner wie in den Wochen des zweiten Golfkrieges.[91]

Ähnlich den Aufständen der 60er Jahre lieferten Polizei und Justiz den direkten Anlaß. Am 3. März des Vorjahres hatten Polizisten aus Los Angeles den 26jährigen schwarzen Autofahrer Rodney Glen King nach einer Verfolgungjagd wegen überhöhter Geschwindigkeit gestellt. Vier, umringt von 19 weiteren, knüppelten mit Schlagstöcken auf den von einem Taser gelähmten und am Boden Liegenden ein. 56 Hiebe waren zu zählen in den 81 Sekunden, die ein Videoamateur durch Zufall aufnahm. Schädelbrüche, eine verletzte Augenhöhle, ein gebrochener Backenknochen, ein gebrochenes Bein, beide Knie verletzt und Nervenschäden, die zu Gesichtslämungen führten, waren das Resultat. Die vier Polizisten wurden angeklagt, ihr Prozeß aber, damit er vorurteilsfrei ablaufen könne, nach Simi Valley verlegt, einer Kleinstadt, 60 Kilometer entfernt und Wohnort vieler zur Ruhe gesetzter Polizisten und Feuerwehrleute. Eine Jury, sechs Männer, alle weiß, und sechs Frauen, vier weiß, eine asiatischer und eine hispanischer Herkunft, sprach die Polizisten am 29. April 1992 frei.

Der am Boden herumkrauchende Rodney Glen King sei »Herr der Situation gewesen«, der »jederzeit die gegen ihn gerichtete Gewalt hätte beenden können.«[92]

Los Angeles ist aber mehr als ein trauriges Desaster. Es zeigt Tendenzen auf. Nicht nur, daß die Plünderungen von Menschen jeden Alters und Geschlechts begangen wurden, teilweise waren ganze Familien unterwegs, sondern daß sich alle Ethnizitäten beteiligten: Schwarze, AsiatInnen, Latinos und Latinas, Weiße, die Zusammensetzung entsprach der jeweiligen Community. In San Francisco waren zum Beispiel vorwiegend Weiße unterwegs. Es zeigt sich auch die Tendenz, daß der ›Rassenkonflikt‹ nicht mehr nur entlang der Trennlinie schwarz – weiß verläuft. Wie im August 1991 deutlich wurde, verläuft die Trennungslinie auch zwischen schwarz und jüdisch, und zwischen hispanisch und schwarz, und, wie besonders jetzt deutlich wurde, zwischen Schwarzen und KoreanerInnen, deren Geschäfte in Los Angeles bevorzugt geplündert und niedergebrannt wurden.[93]

Von einem Kampf arm gegen reich kann ebenfalls nicht gesprochen werden. Obwohl die koreanischen Geschäfte in den schwarzen Ghettos zu symbolisieren scheinen: wir haben uns einen Platz in der Ökonomie erobert – ihr nicht, trügt dies: durchschnittlich sind die Geschäftsleute mit 200.000 bis 500.000 Dollar verschuldet. Und auch die Massen auf den Straßen waren nicht allein das Lumpenproletariat. Das Titelbild der *Newsweek* vom 11. Mai 1992 zeigt einen Schwarzen, er ruft, sein rechter Arm ist ausgestreckt und deutet auf etwas, im Hintergrund lodern die Flammen aus einem umgestürzten Wachhäuschen – Mark Craig, so sein Name, war zu einer Symbolfigur des Aufstands geworden. Ein Bürgerkind aus der Vorstadt, behütet aufgewachsen, Golfkriegsveteran und College-Student, mit Träumen vom Heiraten und Hauskaufen im Kopf. So wie er beteiligten sich auch andere aus den wohlhabenderen Vorstädten an den riots.[94]

Wer sich nicht in befürchtetem Ausmaß an ihnen beteiligte, waren die schwarzen Gangs. Seit 1968 gibt es die *Crips*. Sie tragen blaue Jakken, blaue Baseballkappen oder Kopftücher und fahren blaue Autos. Ihre Gegner, die *Bloods*, tragen rot. Diese beiden Haupt-Gangs in Los Angeles mit ihren etwa 150.000 Mitgliedern sind in zahllose Untergruppen aufgeteilt, die jeweils ein paar Häuserblocks ›beherrschen‹. Die militärisch hochgerüsteten und bei ihren Feinden um kein drive-by-shooting verlegenen gangbangers metzelten nicht entsprechend ihrer Feuerkraft reihenweise PolizistInnen und Nationalgardisten hin und sie stürmten auch nicht die Residenzen der Weißen im Westen der Stadt. Vielmehr schlossen die *Bloods* und die *Crips* bereits in den Tagen zuvor einen Waffenstillstand. Diese Bemühungen wurden ausgebaut. Aus dem Waffenstillstand wurde ein formales Abkommen nach dem Vorbild des Camp-David-Vertrags von 1978 formuliert. Mit der Vereinigung Koreanisch-Amerikanischer Lebensmittelhändler wurde eine Vereinbarung getroffen, nach der die Händler Bandenmitgliedern Ausbildung und Arbeit in ihren Läden anbieten, während die Gangs den Schutz der wiederaufgebauten Geschäfte garantierten. Schließlich legten *Crips* und *Bloods* gemeinsam einen Plan mit dem Titel *Human Welfare Proposal* vor. Sie boten im Gegenzug zu ihren Forderungen an, Drogengelder in die Ghettos zu investieren und dabei den staatlichen Ausgaben zu entsprechen. Der Plan sei eine Sammlung »klassischer Stadtplanungsorthodoxie gemischt mit utopischen Träumen und dem *Common Sense* der Straße. Seine Verpflichtung auf freies Unternehmertum und die Abscheu gegenüber der Abhängigkeit vom Wohlfahrtsstaat würde das Herz von Ronald Reagan oder Margaret Thatcher erfreuen«, schrieb der *Guardian*.[95] Die Resonanz war gering. Weder zogen die samoanischen, asiatischen oder lateinamerikanischen Gangs mit, noch das Establishment.[96]

Anfang Juli kam es im New Yorker Stadtteil Washington Heights zu mehrtägigen Auseinandersetzungen, nachdem Polizisten einen dominikanischen Einwanderer erschoßen hatten. Mehrere Verletzte, 14 Verhaftete und ein Toter, der bei der Flucht vor der Polizei vom Dach eines Hauses zu Tode stürzte, waren die Folgen.[97]

Ein Jahr später bebte Los Angeles wieder, aus Angst vor neuen Unruhen. Ein Bundesgericht hatte ein neues Verfahren gegen die vier Polizisten eröffnet, wegen der Verletzung der Bürgerrechte von Rodney Glen King. 7.000 PolizistInnen hatten ein martialisches *riot training* absolviert, die Nationalgarde wurde in Alarmbereitschaft versetzt und die Waffengeschäfte meldeten neue Verkaufsrekorde. Nach sieben Prozeßwochen wurden am 17. April 1993 zwei der Angeklagten für schuldig befunden. Diese Genugtuung sowie die Polizei und sonstige Truppen sorgten dafür, daß Los Angeles ruhig blieb. Die Stadt blieb auch ruhig, als am 4. August das Strafmaß verkündet wurde: jeweils 30 Monate Haft für die beiden Verurteilten. Die mögliche Höchstrafe hätte 10 Jahre und 250.000 Dollar Geldbuße betragen. »Richter Davies gab King bei der Festsetzung des Strafmaßes einen erheblichen Teil an Mitschuld. Dem Schwarzen seien die schwersten Verletzungen durch einen ›legalen‹ Gebrauch von Schlagstöcken zugefügt worden.«[98]

Aber es hatte sich scheinbar doch etwas geändert in Los Angeles. Zum Beispiel gibt es hier jetzt das *Museum of Tolerance*. »Betuliche Damen führen einen durch das edel postmoderne Gebäude, durch Gänge, die mit dicken Teppichböden ausgelegt sind, in Hallen, die voller Computer stehen, an denen man ›spielerisch die großen Probleme der Menschheit erfassen kann‹. In der Abteilung *Understanding The Riots* darf man Knöpfe drücken und Ratespiele zu den Themen ›Vorurteile‹, ›rassistische Beleidigungen‹ und ›ethnische Landschaft Kaliforniens‹ spielen. Ein Museumswärter läuft auf und ab und ruft: ›Nächste Vorstellung im Völkermord-Theater in zehn Minuten‹. Danach geht es weiter. Zum Gruseldiorama gehört eine orginalgetreu nachgebildete Gaskammer. Ein Disneyland über Rassenhaß.«[99]

Kapitel IV

Beschluß

Urteile

Wie ist die *Black Panther Party* bisher beurteilt worden, welche ›Tips‹ gab man ihr?

Da gab's die Rechten, so wie H. Joachim Maitre, der 1972 allgemein in schwarzen und andersfarbigen Radikalen sowieso nur kommunistisch beeinflußte Gewalttäter mit abstrusen Ideen sah. In der Spaltung der Partei mit ihren an Bandenkriege erinnernden Streitereien fand er das bestätigt. Solche radikalen Minderheiten könnten für die Mehrheit der Schwarzen keine Verbesserungen bringen. Um politisch etwas zu erreichen, müßten sie sich in das bestehende faktische Zweiparteiensystem integrieren, also in den Parteien mitarbeiten, sich bei Wahlen aufstellen lassen und um öffentliche Ämter bewerben. Ökonomisch müßten sie sich auf ihre eigenen Beine stellen, d.h. »selber etwas leisten«. Dabei handelte es sich um die Propagierung eines sich unabhängig entwickelnden schwarzen Kapitalismus.[1]

Ganz anders Gene Marine. Der symphatisierte 1969 mit den Panthern und wollte sie als Weißer den Weißen erklären. Daher gab er keine Ratschläge an die Schwarzen ab, sondern an die Weißen: wer Angst vor der militanten Rhetorik der Panther hätte, solle sich erstmal des eigenen Rassismus bewußt werden und ihn und seine Folgen unter seinesgleichen bekämpfen. Dann käme es wahrscheinlich gar nicht zu den Konsequenzen, die die *Black Panther Party* heraufbeschwöre.[2]

Auch bei Conrad Schuhler gab's keine Kritik. Sowohl 1969, vor, als auch 1971, zur Zeit der Spaltung, auf die er nicht einging, las man bei ihm raus: macht weiter so. Damit meinte er aber eine bestimmte Richtung des Weitermachens, nämlich die der Einheitsfront gegen den Faschismus. Die *Black Panther Party* solle daran arbeiten, die zersplitterte US-Linke zu einer effektiven und richtungsbewußten Organisation zu transformieren. Vor allem eine Zusammenarbeit mit der CPUSA sei fruchtbar. Die *United Front Against Fascism* sollte Aufklärungsarbeit betreiben mit dem Ziel des Begreifens des antiimperialistischen Widerstands als eine innenpolitische Kampfaufgabe. Was das heißen sollte und wie Widerstand zu leisten sei, erläuterte er allerdings nicht konkreter.[3]

Die meisten, die damals über die *Black Panther Party* schrieben, waren ›Klassenkampf-Strategen‹. Alle gemeinsam vertraten sie die These, daß letztendlich die kapitalistische Ökonomie an den Übeln der Welt Schuld sei, diese also abgeschafft werden müße, und daß das letztendlich nur die Arbeiterklasse könne. So oberflächlich wie hier beschrieben, waren sie (meistens) jedoch nicht und ihre jeweiligen Konkretisierungen unterschieden sich zum Teil erheblich.

Volkhard Brandes und Joyce Burke kritisierten 1970, also vor der Spaltung, bei aller Sympathie, daß die *Black Panther Party* zu diffuse Vorstellungen vom Sozialismus habe und nicht über eine konsequente Theorie verfüge. »Die *Gettobasis* der Schwarzen Panther ist eine der wesentlichen Ursachen für verschiedene widersprüchliche und reformistische Positionen der Partei, die sie nur durch die Organisierung der Mehrheit der Schwarzen *als Arbeiter auf Produktionsebene* hätte vermeiden können.«[4] Demnach hätte die Partei mehr Energie in den Aufbau von Black Panther-Gruppen in den Gewerkschaften investieren sollen.[5]

1971, kurz nach der Spaltung, gab es drei Beiträge. Mike Coppestone gab auch den Rat der Organisierung des schwarzen Industrieproletariats und dazu den der Aktionseinheit mit »der erfahrensten Kraft des antiimperialistischen Kampfes in den Vereinigten Staaten – der KP der USA«.[6]

Hans Martin Mumm kritisierte die Kolonisationstheorie als nicht haltbar, das Fehlen einer umfassenden ökonomischen Analyse, das Festhalten am Lumpenproletariat als Avantgarde und die damit zusammenhängende Skepsis vor Bündnissen mit der Arbeiterklasse.[7]

Auch Henry Winston, Vorsitzender der CPUSA, war das Festhalten am Lumpenproletariat ein Stein des Anstoßes. Denn: »In den Vereinigten Staaten von Amerika erfordert der revolutionäre Prozeß die Organisierung einer breiten antimonopolistischen Bewegung, und an deren Spitze werden sich Arbeiter aller Hautfarben stellen, die es verstehen werden, die Kontrolle der Monopole über die Regierung zu brechen.«[8] Für Winston war einzig der Marxismus-Leninismus die richtige revolutionäre Theorie, und den sah er nicht bei der *Black Panther Party*, obwohl sie sich selber ja darauf berief. Krise und Niedergang der Panther lägen an den Fehlern, die schon von

Anfang an in ihr gesteckt hätten: »Indem die Partei dem Negervolk die Alternative des Übergangs zur bewaffneten Selbstverteidigung vorschlug, dirigierte sie die städtische Negerjugend auf einen falschen Weg und lenkte sie von der Aufgabe ab, die Einheit der kämpfenden Massen zu festigen.«[9]

Dieter Spichal bemängelte 1974 in einer umfassenden Studie an der *Black Panther Party* den Widerspruch zwischen revolutionärer Rhetorik und weitgehend reformistischen Programmen, das Hin-und-Her-Schwanken zwischen Rassenkampf und Klassenkampf, und den Widerspruch zwischen theoretischer Erkenntnis der Schlüsselposition der Arbeiterklasse im Kampf um die Kontrolle über die Produktionsmittel und lumpenproletarischer Orientierung der Praxis.[10]

Während die ›Klassenkampf-Strategen‹ mehr Sympathien für die Newton-Fraktion zu hegen schienen, könnte man die Zeitschrift *Antiimperialistischer Kampf* auf Seiten der Cleaver-Fraktion vermuten. Der Newton-Fraktion warf sie kurz nach der Spaltung das Fehlen innerparteilicher Demokratie und rigiden Zentralismus vor. Damit zusammen hinge die Unfähigkeit zur Selbstkritik und Bürokratismus. Für sie hatte dieser Teil der *Black Panther Party* eine revisionistische Wendung vollzogen. Ihre Kritik beinhaltete jedoch noch einen Punkt, der in dieser Akzentuierung bei allen anderen zu kurz kam: »Die Spaltung der Black Panther Partei scheint, nach allen bisher vorliegenden Informationen, aus einem Widerspruch zwischen legalen Büros, Massenkampagnen und den bewaffneten klandestinen Selbstschutzgruppen entstanden zu sein; als Ergebnis der antagonistischen Verschärfung eines an sich nicht unbedingt widersprüchlichen Verhältnisses gehört so die Spaltung der Black Panther Partei nicht zu den oben erwähnten historisch-progressiven Spaltungen.«[11] Der daraus resultierende Rat: Auflösung dieser Widersprüche. Das Wie blieb hier jedoch offen.[12]

Aus diesem Schema der Parteinahme für eine der beiden Fraktionen brach die trotzkistische *Socialist Workers Party* aus, die über Jahre hinweg sich kontinuierlich mit der *Black Panther Party* in ihrer Zeitung *The Militant* auseinandersetzte. Aus ihrer eigenen Zielsetzung heraus, die Orientierung der Bevölkerung auf die beiden großen Parteien zu brechen und zu unabhängiger politischer Aktion zu bewegen, war ihre Hauptkritik, daß die *Black Panther Party* die Schwarzen nicht zu solcher führe, sondern sie immer wieder in die Fänge der *Democratic Party* treibe, angefangen bei ihrem Wahlbündnis mit der *Peace and Freedom Party*, die eine zoologische Kollektion weißer Liberaler und sogenannter Radikaler mit kapitalistischem Reformprogramm gewesen sei, bis hin zur Kandidatur von Bobby Seale und Elaine Brown als *Democrats*. Das habe seine Ursache darin, daß die *Black Panther Party* von ihrem richtigen Anfang mit ihrem Zehn-Punkte-Programm und Massenaktivitäten faktisch abgewichen sei und das Defizit der Nichtverfügung über eine konkrete Perspektive mit inhaltsleerer Phrasendrescherei vom bewaffneten Kampf oder dem Schreiben einer neuen Verfassung aufgefüllt habe. Deswegen wären sie nicht mehr in der Lage gewesen, die Reformisten politisch zu besiegen und hätten versucht, politische Differenzen außer- wie innerhalb der Partei durch die Denunzierung der anderen Meinung als konterrevolutionär aus der Welt zu schaffen.[13]

Die BLA als einen Schritt vorwärts begreifend, kritisierten E. Tani und Kae Sera 1985 die *Black Panther Party*. Diese, bzw. ihre Führer Newton, Seale und Cleaver hätten keine Analyse, sondern nur inhaltsleere Rhetorik geliefert. Mit ihrem Griff zur Waffe hätten sie, wie gerade ihr Auftritt in Sacramento zeige, nur Guerillatheater geliefert, während Mao einen richtigen Guerillakrieg gemeint habe, einen Bürgerkrieg der Befreiung durch die Massen. Es habe sich dann gezeigt, daß die Partei unfähig gewesen sei, sich auch nur selbst zu verteidigen, da sie bei den ersten Polizeiattacken zusammengebrochen sei. Das Bündnis mit der *Peace and Freedom Party*, das unter anderem mit der Begründung eingegangen worden war, die Weißen würden als Schutzschild vor der Repression dienen, zeige, daß die Führer nicht auf Schwarze vertraut hätten, sondern auf Weiße, die damit wiedermal als die Lösung für die Probleme Schwarzer erschienen seien. Der Split in der Partei sei dann einer gewesen zwischen denen, die den revolutionären Krieg führen wollten und denen, die unter besseren Bedingungen ins weiße Amerika zurückzukehren gedacht hätten.[14]

1979, mit dem Resultat der Spaltung vor Augen, sah Bob Avakian, Vorsitzender der maoistisch orientierten *Revolutionary Communist Party*, die Fehler der *Black Panther Party* darin, daß sie den Marxismus-Leninismus und Maos Lehren nicht richtig ergriffen hätten und immer weiter davon abgerückt wären, bis hin zum Reformismus. So hätten sie nie die Bedeutung der Arbeiterklasse als objektiv revolutionäre Klasse erkannt. Ein damit zusammenhängender Fehler sei die nicht geleistete ökonomische Analyse, vor allem des Niedergangs der US-Wirtschaft, gewesen.[15]

Eine Kritik ganz anderer Art kam 1977 von Margaret Prescod-Roberts. Sie sah die Ursache des Scheiterns der *Black Panther Party* sowie der Black Power-Bewegung in der fortwährenden Unterdrückung der Frauen. Der Großteil der Arbeit in den Organisationen sei damals von Frauen verrichtet worden, vor allem die alltägliche ›niedere‹ Arbeit, die aber das Rückgrad gebildet hätte. Auch sexuelle Arbeit sei von den Frauen verlangt worden. »In einigen der militanteren Organisationen, wie z.B. den Black Panthers, sollten die Frauen neue Mitglieder werben, und zwar auch mit Sex.«[16] Ende der 60er, Anfang der 70er Jahre hätten die Frauen all das satt gehabt und seien ausgetreten. Daraufhin sei die Arbeit einfach liegengeblieben und einige Organisationen zusammengebrochen. Margaret Prescod-Roberts kritisierte nur, ihr war an Ratschlägen nicht gelegen, da sie andere politische Ziele, die des Frauenkampfes, verfolgte.[17]

Eine ähnliche Kritik kam sehr spät, nämlich 1995, von Frauen aus der BRD, die an der Programmatik der Black Panther Party die Berücksichtigung spezifischer Problemlagen von Frauen vermißten. Konkret hieß das, daß eine straffreie Abtreibung, die nicht von der Einwilligung in eine anschließende Sterilisation abhängig gemacht werden darf, hätte gefordert und über die Möglichkeiten der Selbstverteidigung schwarzer Frauen gegen Vergewaltiger hätte diskutiert werden müssen. Punkt 9 des Programms der Partei hätte den Kommentar enhalten können: »Es ist gleichfalls ungerecht, wenn schwarze Geschworenen-Männer über einen schwarzen Vergewaltiger urteilen, oder gar über eine schwarze Frau, die in Notwehr oder in einem Akt der Gerechtigkeit einen weissen oder schwarzen Vergewaltiger getötet hat.«[17a]

Sicherlich war das nur eine Auswahl der Unmenge an Veröffentlichungen, die sich mit der *Black Panther Party* auseinandergesetzt haben, wohl aber eine repräsentative Auswahl.

Was kann mensch mit diesen Ratschlägen anfangen? Während es sich lohnt, bei der reinen Kritik aller dieser AutorInnen innezuhalten und darüber nachzudenken, selbst bei einem Reaktionär wie H. Joachim Maitre, zahlt sich dies bei den Ratschlägen nicht aus, weil sie als abstrakte Leerformeln im Raum stehen. Das ›Wie‹ fehlt. Es mag ja sein, daß eine Orientierung auf den ›konsequenten Klassenkampf‹ die richtige Strategie hätte sein können, aber dann müßte doch die Frage gestellt und beantwortet werden, ob sie in der historischen Situation überhaupt möglich gewesen wäre und wenn ja, wie sie konkret hätte aussehen können. Mit anderen Worten, und zwar mit denen von Frances Fox Piven und Richard A. Cloward: »eine Bewegung zu kritisieren, weil sie dieses oder jenes Ziel nicht proklamiert oder erreicht hat, ohne auch nur eine beiläufige Einschätzung der politischen Möglichkeiten abzugeben, ist nichts als eine Übung in Selbstgerechtigkeit.«[18] Sie bemerken weiter: »Wir wollen hiermit verdeutlichen, daß Lehrsätze über die Strategien, die Protestbewegungen hätten verfolgen oder vermeiden ›sollen‹, daß Aussagen über die Ziele, die Bewegungen hätten anstreben oder ablehnen ›sollen‹, daß Bemerkungen über die Reaktionen von einflußreichen Gruppen oder von anderen, die man hätte vermeiden ›sollen‹ – daß keiner dieser Kritikpunkte relevant ist, solange nicht auch gezeigt werden kann, daß ein anderer Weg tatsächlich möglich gewesen wäre.«[19] Es ist also wichtig, auch die Grenzen der Politik der *Black Panther Party* klarzustellen, um dann »unterdrückte historische Alternativen«, wie Barrington Moore sie nennt[20], also auf empirischer Grundlage mögliche andere Verläufe der Geschichte zu benennen.

Grenzen der *Black Panther Party*?

Glaubt man, daß die Zerschlagung des kapitalistischen Systems die Grundvoraussetzung für die Beseitigung der gesellschaftlichen Übel sei, und sieht man, wie Karl Marx, das Proletariat als die einzige mögliche Triebkraft einer sozialistischen Revolution an; meint man weiterhin, daß diese Ansicht ihre Grundlage hat in dem Zusammentreffen mehrerer Bedingungen im Proletariat: a) unmenschliche

Arbeits- und Lebensbedingungen, körperliche Pein und Elend, Lohnsklaverei und Ausbeutung, daraus folgend, das absolute Bedürfnis und die absolute Notwendigkeit solche unerträglichen Existenzbedingungen umzuwälzen, b) das Wissen um seine Rolle als die unmittelbaren ProduzentInnen des gesellschaftlichen Reichtums und das technische Wissen über die Produktion, daraus folgend auch die Möglichkeit, daß es in eigener Regie die Produktion übernehmen könnte, c) seine zahlenmäßige Mehrheit in der Bevölkerung und d) das Keimen qualitativ neuer Bedürfnisse und Werte einer menschlichen Existenz frei von den repressiven und aggressiven Konkurrenzbedürfnissen der kapitalistischen Gesellschaft in dieser Klasse; schließt man sich dann Herbert Marcuse an, daß diese, im 19. Jahrhundert im Proletariat zusammentreffenden Bedingungen, in der zweiten Hälfte des 20. Jahrhunderts in den fortgeschrittenen Industriegesellschaften auf verschiedene Bevölkerungsgruppen oder Klassensegmente auseinanderfallen: Anhebung des Lebensstandarts für die Mehrheit – weiterhin unerträgliche Lebensbedingungen für eine Minderheit, Konzentration des technischen Wissens in den Köpfen weniger SpezialistInnen – Undurchschaubarkeit des Produktionsprozesses für die Mehrheit, Vorherrschen repressiver Bedürfnisse bei den Massen – Entwicklung qualitativ neuer Bedürfnisse und Werte bei Wenigen[21]; stimmt man mit all dem überein, so sind damit auch die Grenzen jeder revolutionären Organisation in den USA beschrieben. Wenn Eldridge Cleaver in der Klassenanalyse der *Black Panther Party* sagte, die Arbeiterklasse habe sich aufkaufen lassen, so traf dies auf weite Teile der Weißen sicherlich zu, berührte aber nur die Oberfläche. Die Integration in das bestehende Gesellschaftssystem ging wesentlich tiefer: »Die Menschen erkennen sich in ihren Waren wieder; sie finden ihre Seele in ihrem Auto, ihrem Hi-Fi-Empfänger, ihrem Küchengerät. Der Mechanismus selbst, der das Individuum an seine Gesellschaft fesselt, hat sich geändert, und die soziale Kontrolle ist in den neuen Bedürfnissen verankert, die sie hervorgebracht hat.«[22] Den Menschen sind also Bedürfnisse, sowohl materielle als auch geistige, eingeimpft worden. Damit gehen Einstellungen und Gewohnheiten einher, geistige und gefühlmäßige Reaktionen, die sie an das Bestehende binden. »So entsteht ein Muster *eindimensiona-*

len Denkens und Verhaltens, worin Ideen, Bestrebungen und Ziele, die ihrem Inhalt nach das bestehende Universum von Sprache und Handeln transzendieren, entweder abgewehrt oder zu Begriffen dieses Universums herabgesetzt werden.«[23] »Das Ergebnis ist ein verstümmeltes, verkrüppeltes und frustriertes Menschenwesen, das wie besessen seine eigene Herrschaft verteidigt.«[24]

Diese, von Herbert Marcuse analysierte Tendenz in fortgeschrittenen Industriegesellschaften, zu knacken, indem sie sich an das Proletariat in seiner Gesamtheit gewand hätte, wäre von der *Black Panther Party* in ihrer Situation zu viel verlangt gewesen. Von daher ist ihr Verweis ganz richtig, die weißen Linken sollten gefälligst die Weißen organisieren. Ihre eigene Aufgabe sei es, die Einheit der Schwarzen herzustellen. Dem wird wahrscheinlich kaum jemand widersprechen. Die Kritik war aber, die Panther würden zuwenig Energie in die Organisierung derjenigen Schwarzen investieren, die im Produktionsprozeß steckten. Ob es viel zu wenig, etwas zu wenig oder die angemessene Energie war, läßt sich schwer bestimmen. Falsch wäre es gewesen, die Orientierung der Politik vom Ghetto auf die Fabrik zu legen. Schaut man sich das statistische Material über die Beschäftigungsstruktur an, so zeigt sich, daß ein Drittel der Schwarzen unterbeschäftigt oder arbeitslos war, was impliziert, daß sie ihre Jobs oft wechselten, was alleine schon eine dauerhafte Organisierung in den Fabriken erschwerte bis unmöglich machte. Das, zusammengenommen mit der Tatsache, daß Schwarze die miesesten und austauschbarsten Arbeitsplätze hatten, bedeutet, daß sie kaum eine Machtposition im Produktionsprozeß innehatten. Die These lautet daher: Auch wenn es stimmen sollte, daß nur das Proletariat letztendlich die gesellschaftliche Umwälzung vom Kapitalismus zum Sozialismus bewerkstelligen kann, so hatte die *Black Panther Party* in der damaligen historischen Situation gar keine andere Wahl, als die Orientierung auf das Ghetto und das von ihr so bezeichnete Lumpenproletariat zu legen. Es war richtig, dort mit der politischen Arbeit zu beginnen, wo die meisten Schwarzen anzutreffen waren: im Ghetto. Und an ihren konkreten, alltäglichen, vielfältigen Problemen anzuknüpfen; zu versuchen, diese mit ihnen zu bewältigen; dadurch ihnen stückweise die Vorstellung zu nehmen, der

Müll der Gesellschaft zu sein, und ihnen ihre eigene Kraft und Stärke zu Bewußtsein kommen zu lassen. Ausgehend von der gesellschaftlichen Randstellung der Schwarzen hinsichtlich ihrer Machtmittel, konnten sie nur ›von außen‹ als Initialzünder wirken. Und das taten sie, wenn auch nicht, wie vielleicht wünschenswert, aber unrealistisch, auf alle US-amerikanischen ProletarierInnen, so doch auf die Jugendbewegung und andere ethnische Minderheiten. Daher die zweite These, die nicht empirisch belegbar ist, da die Geschichte einen anderen Verlauf annahm: Erst deren aller Einheit hätte den Boden für den nächsten Schritt bereiten können.

Während die Bürgerrechtsbewegung mit ihren Zielen in die Risse des Machtgefüges intervenierte, diese vergrößern und für sich nutzen konnte, war das für die *Black Panther Party* nicht möglich. Ein Riß war die ökonomische Modernisierung vor allem nach dem 2. Weltkrieg. Die Industrealisierung beinhaltete neue landwirtschaftliche Technologien und Mechanisierungen, die das traditionelle Plantagensystem obsolet machten. »Durch diese ökonomischen Umwälzungen wurden die noch immer in großen Teilen des Südens vorherrschende, halbfeudale politische Ordnung zu einem Anachronismus, zum Überbleibsel eines arbeitsintensiven Plantagensystems, dessen Stunde geschlagen hatte.«[25] Das rief politische Kreise hervor, die kein Interesse mehr an der Aufrechterhaltung der Kastenordnung in den Südstaaten hatten, aber um so mehr an den Stimmen einer zu registrierenden schwarzen WählerInnenschaft.[26] Mit der Forderung nach Integration in das bestehende US-amerikanische System, was unter diesem Gesichtspunkt hieß, das Recht auf Stimmabgabe für die *Democratic Party*, konnte die Bürgerrechtsbewegung sogar an die Liberalen appellieren und verhaltene Unterstützung erlangen. Die Appelle waren scheinbar an die Moral gerichtet, konnten aber nur aufgrund der oben genannten politischen und ökonomischen Interessen wirken. Es wäre auch verwunderlich, würde die Moral mit einem Mal zur handlungsleitenden Instanz. Das alles war für die Panther unmöglich. Ihre Forderungen ließen sich, obwohl zum Teil aus der Verfassung abgeleitet, nicht innerhalb des Bestehenden verwirklichen. Dadurch fanden sie im Establishment auch keine Unterstützung. Vielmehr schlug ihnen eine betonharte Haltung entgegen:

Sei es, daß Ronald Reagan in seinem damaligen Amt als Gouverneur von Kalifornien (1967-1975) versuchte, Angela Davis, die zwar nicht zu den Panthers gehörte, aber zunächst mit ihnen sympathisierte, ihre Anstellung als Dozentin an der UCLA zu entziehen[27], oder Eldridge Cleaver die Abhaltung eines Seminars über experimentelle Soziologie in Berkeley zu verbieten[28]. Sei es die Gesetzesinitiative, die zu dem Vorfall in Sacramento führte und die dazu dienen sollte, den Panthern zu verbieten, offen Waffen zu tragen; ein Recht, das nie in Frage stand, solange es nur Weiße in Anspruch nahmen. Sei es, daß J. Edgar Hoover, Leiter des FBI, die Panther als die größte Gefahr für die innere Sicherheit des Landes bezeichnete und gegen sie COINTELPROs einsetzte. Sei es, daß sie von der Polizei ermordet oder unter fadenscheinigsten Anschuldigungen verhaftet wurden. Sei es, daß die Richter, bis auf wenige Ausnahmen, einen immensen Verurteilungswillen besaßen, der nur von Geschworenen, die es schafften, ihre Vorurteile abzulegen, in seine Schranken verwiesen werden konnte. Die in der Chronologie genannten Fälle waren nur die bekanntesten und eindeutigsten; es gab eine Menge ähnlicher, nicht so genau untersuchter Fälle.[29] Die *Black Panther Party* hatte mit harten Repressionen zu kämpfen, die viel über den Zustand der Demokratie in den USA aussagen. Oder, wie Rap Brown sagte: »Die Gewalt hat eine große Bedeutung in Amerika. Die Gewalt ist genauso amerikanisch wie der 4. Juli oder Kirschtorte. Vergeßt das nicht!«[30]

Das zu den Grenzen der Panther. Doch was für eine Politik haben sie innerhalb ihrer Möglichkeiten gemacht, haben sie ihre Spielräume ausgenutzt, welche Fehler sind ihnen unterlaufen?

Einer ihrer wesentlichsten Fehler war die fehlende innerparteiliche Demokratie. Die nationale Führung lag bei den ›Oaklandern‹. Das waren die Gründer Huey P. Newton und Bobby Seale und einige der ersten Mitglieder. Ab und zu wurde von ihnen ein Neuer in dieses Zentralkomitee aufgenommen. Parteitage, innerparteiliche Wahlen, Mandatsvergabe oder dergleichen scheinen nie stattgefunden zu haben. Vom demokratischen Zentralismus, ohne diesen bewerten zu wollen, verschwand das Demokratische und es blieb der Zentralismus. Die politische Marschroute wurde von Oakland vorgegeben, ohne daß die Basis diese vorab diskutieren oder gar kritisieren konnte. Ein Ausdruck dieser undemokratischen Struktur waren die Parteiausschlüsse während und nach der Spaltung. Teilweise wurden sie vollkommen willkürlich vorgenommen, wenn nur ein Verdacht bestand, jemand hätte Kritik an Newton geübt. Die Ausgeschlossenen wurden dann der Cleaver-Fraktion zugeordnet, ohne auch nur einen Moment über die mögliche Berechtigung ihrer Kritik nachzudenken.[31] Damit ging ein hierarchisierter Personenkult einher. »Mit Recht wird man (...) heute fragen müssen, warum nicht die Parteiführung selbst im Prozeß des Parteiaufbaus diese Identifikation mit Führern abgebaut und durch schöpferisches politisches Kampfbewußtsein ersetzt hat. Vielmehr hat die Huey Newton-Gruppe die Formen der personalisierten Propaganda in z.T. schwer erträglicher Idolatrie im Lauf der Zeit eher verstärkt als abgebaut. So wurde Huey P. Newton, der sich zu Beginn mit dem Titel *Minister of Defense* hatte begnügen müssen, nach und nach zum *Supreme Commander* und schließlich gar zum *Supreme Servant of the People* befördert, anstelle von liberation schools baut die Oakland-Gruppe mittlerweile sogenannte *Huey P. Newton Youth Institutes* auf (...).«[32] Dieser Personalisierung fällt auch diese Arbeit zum Opfer. Obwohl sich die Politik der *Black Panther Party* hauptsächlich an und nach diesen Personen ausrichtete, entfällt die Darstellung anderer Ortsgruppen, ihrer Politik und ihrer dem mainstream widersprechenden Tendenzen, da fast die gesamte Literatur sich ausschließlich auf diese Personen bezieht.

Der krasseste, wenn auch aufgrund der patriarchalen Scheuklappen nicht unbedingt offensichtlichste, Ausdruck dieser Oligarchie war das praktische Fallenlassen des theoretischen Anspruchs der Gleichberechtigung der Frauen und des Kampfes gegen traditionelle Geschlechterrollen. Anscheinend gab es zwar weibliche Mitglieder im Zentralkomitee, jedenfalls nahmen welche an den Sitzungen teil, zum Beispiel Elaine Brown, Kathleen Cleaver, Rosemary Gross, Brenda Presley[33]; so, wie die Männer, traten sie aber nie in Erscheinung. Auch ist dem Verfasser nichts über die leitende Position einer Frau in einer der Ortsgruppen bekannt.[34] Parteiausschlüsse aufgrund von Gewaltanwendungen eines Mannes gegen eine Frau, wie sie z.B.

von dem später als FBI-Informant enttarnten William O'Neal, Nr.3 in der Chicagoer Hierachie, begangen wurden – er hatte das Leben einer Frau bedroht[35] – sind nicht bekannt, obwohl die Disziplinarregeln der Partei dies nahelegten.[36]

Alle diese Faktoren führten zu dogmatischer Erstarrung. Die Spaltung zeigte, daß die Partei nicht mehr in der Lage war, der Realität angemessene Antworten zu finden. Das hatte nicht zuletzt seinen Grund in den unzureichenden Schulungen der Mitglieder. Während die Political Eduacation (PE) für die Communities meist interessant und gut war, waren die internen Schulungsabende zu oberflächlich. Unsystematisch, ohne Hintergrundwissen und ohne einen historischen Rahmen wurden Aufsätze von Parteimitgliedern oder Mao diskutiert. Gerade Bildung war aber dringend nötig, da die meisten nur schlechte Schulen besucht hatten, in denen sie so gut wie nichts über ihre eigene schwarze Geschichte lernen konnten. Die Folgen: »Ohne entsprechendes Schulungsprogramm verfielen viele der Panthers in einen Robotermechanismus. Sie droschen Phrasen und plapperten Parolen nach, deren volle Bedeutung sie gar nicht verstanden hatten, und das Ergebnis war oft eine dogmatische, kurzsichtige politische Praxis.«[37]

Um in ihrem Sinne in die gesellschaftliche Realität wirksam und planmäßig eingreifen zu können, hätte die Partei ihre Mitglieder durch Schulungen befähigen müssen, die Wirklichkeit auf den Begriff bringen zu können und diesen auch theoretisch durchdenken zu können. Ohne diese beiden Aspekte, Bewußtseinsschaffung und Erlernen verantwortungsvollen Handelns in demokratischen Strukturen, kann aus dem zu emanzipierenden Subjekt nicht ›der neue Mensch‹ entstehen. Befähigt ein Zentralkomitee seine Mitglieder nicht, zu sehen, zu lernen, zu denken, zu kritisieren, zu wissen, was vor sich geht und was sie tun können, um es zu ändern, einschließlich der Kritikfähigkeit an der eigenen Organisation, fördert es nicht, anders gesprochen, seine eigene tendenzielle Abschaffung und Auflösung in der Mitgliedschaft, so gelangt die innerparteiliche Diskussion zur Erziehungsdiktatur. Die Erzieher des Zentralkomitees zwingen dann die Mitglieder ›auf Linie‹, damit sie den ›richtigen Weg‹ gehen. Aber da taucht die alte Frage auf: »wer erzieht die Erzieher und was beweist, daß sie im Besitz ›des Guten‹ sind?«[38]

Durch diese beiden Fehler verstrickte sich die *Black Panther Party* in Phrasen und Dogmen, wurde unflexibel und verlor langsam ihre Anziehungskraft gegenüber der Masse der Schwarzen.

Aufgrund der Repression mußte die Partei zudem immer mehr finanzielle und personelle Ressourcen in die Arbeit für die politischen Gefangenen investieren. Natürlich ist die Arbeit für ihre Gefangenen eine der wichtigen Aufgaben für eine revolutionäre Organisation; sie kann diese selbstverständlich nicht der Repression ausliefern und in den Gefängnissen verrotten lassen, ohne ihre Selbsterhaltung zu gefährden und unglaubwürdig zu werden. Fängt eine Organisation aber an, ihre Gefangenen immer mehr zum zentralen Punkt ihrer Politik zu machen und die konkreten, alltäglichen, vielfältigen Probleme der Massen, die sie ja organisieren will, zu vernachlässigen, so weicht ihre Verankerung und ihre Sympathie bei den Massen auf und ihr Scheitern ist abzusehen. Bereits 1970 mußten die Community-Programme der *Black Panther Party* faktisch weitgehend eingestellt werden, da ihre Ressourcen nicht mehr ausreichten sie aufrechtzuerhalten.[39]

Dieses Problem hätte wahrscheinlich nicht vollständig, aber zum Teil gelöst werden können durch eine weniger mangelhafte Organisierung der Illegalität. Obwohl die *Black Panther Party* immer wieder die Unterdrückung der Schwarzen durch die Polizei thematisierte, immer wieder auf ihre eigene Verfolgung durch den Repressionsapparat hinwies, auf die Provokationen, willkürlichen Verhaftungen, Morde und die drohende Internierung in Lager[40] und immer wieder vom Faschismus in den USA sprach, zog sie daraus nur unzureichende Konsequenzen. Anders ausgedrückt: »Man muß schon ein politischer Idiot sein, um zu verkünden, daß alle Macht aus dem Gewehrlauf kommt, wenn die andere Seite die Gewehre hat.«[41] Vor allem kann man nicht anschließend die Repression für das eigene Scheitern verantwortlich machen.

Die beiden Widersprüche, einerseits zwischen Community-Programmen und Kampagnen für die politischen Gefangenen und andererseits zwischen legalen Büros, Massenkampagnen und den bewaffneten klandestinen Selbstschutzgruppen, die sich in der Spaltung der Partei entluden und die beiden Antagonisten Eldridge Cleaver, mit dem

Konzept des Guerillakampfes in den USA, und Huey P. Newton, mit dem der Community-Programme bis hin zur Sozialarbeit und Parlamentarismus, übrig ließen, hätten vielleicht gelöst werden können. Dazu wäre neben dem öffentliche, das heißt auch der Polizei bekannten Parteiapparat, die Bildung eines zweiten Apparates nötig gewesen. Dieser hätte verdeckt arbeiten müssen. Seine Aufgabe hätte nicht die Festlegung der politischen Linie sein dürfen, das hätte nur zu weiterer Entdemokratisierung und Zentralisation geführt, sondern hauptsächlich die Organisierung der politischen Arbeit, ähnlich einer Verwaltung. Eine wichtige Aufgabe wäre dabei gewesen, ein Netz zu schaffen, das Untergetauchten Schutz hätte bieten können. Konkreter ausgedrückt, so etwas wie die *Black Liberation Army* hätte früher aufgebaut werden müssen, mit einer Struktur, die mehr Effektivität versprochen hätte.

An der Organisationsfrage hängt noch ein anderer Aspekt. Das Modell einer leninistischen Kaderpartei wurde gewählt, um effektiv arbeiten zu können, weil, wie Huey P. Newton sagte: »Einem System wie diesem kann man nur mit einer Organisationsstruktur Widerstand leisten, die noch nachdrücklicher diszipliniert und strukturiert ist.«[42] Das sollte revolutionärer Politik über die Hochs und Tiefs der Bewegung(en) hinaus Kontinuität verleihen. Daraus ergibt sich ein von Frances Fox Piven und Richard A. Cloward formuliertes Problem: »Da es der Kernpunkt des Modells ist, daß die formelle Organisation die regelmäßige, disziplinierte und langfristige Mitarbeit ihrer Mitglieder gewährleistet, hängt sein Erfolg davon ab, ob es den Organisationen gelingt, durch Anreize oder Sanktionen massenhaftes Engagement langfristig sicherzustellen.«[43] Sanktionen konnte sich die *Black Panther Party* nur bedingt leisten, ohne unglaubwürdig zu werden. Disziplinarstrafen wie z.B. Zusammenschlagen und in ein 2 Meter tiefes Schlammloch werfen, so daß das Wasser bis zum Hals steht[44], scheinen eher die Schlußphase der Partei zu charakterisieren. Anstelle von Sanktionen hätte nur die Moral einspringen können, die aber nur begrenzt mobilisierende Funktion hat. Die Anreize in Form von Erfolgen ihrer Politik blieben auch aus. Weder bedeutete Mitgliedschaft die absehbare Verbesserung der materiellen Lage, sondern beinhaltete eher die Drohung des Gefängnisses oder der Kugel, noch bedeutete sie, wie zum Teil in der Hochphase der Partei[45], den warmen Schoß einer Gruppengemeinschaft, wie sich am deutlichsten in den bandenartigen Auseinandersetzungen während der Spaltung zeigte. So bröckelten die Mitglieder und die SympathisantInnen ab.

Neben den Fehlern in der Praxis stellt sich die Frage, wie weit das letztliche Scheitern ihrer Politik schon in der Ideologie der *Black Panther Party* angelegt war.

Ob der Kampfbegriff Lumpenproletariat analytisch genau war, soll uns hier nicht interessieren. Diesen Streit können wir den Marxologen überlassen. Die materielle Lage und die Situation der Masse der Schwarzen ist beschrieben worden, und die These lautet, daß die *Black Panther Party* aufgrunddessen richtig daran tat, zu versuchen, diese von ihr als Lumpenproletariat Bezeichneten zu organisieren.

Wie sah es mit dem übrigen analytischen Instrumentarium der Panther aus?

Es zeigt sich, daß ihre Kapitalismusanalyse und, damit zusammenhängend, ihre Sozialismusvorstellungen unzureichend bis mangelhaft waren. Die Phase der kapitalistischen Entwicklung der USA dieser Jahre wurde nur skizzenhaft als staatsmonopolistisch beschrieben[46], die konkrete genauere Wechselwirkung von Ökonomie und Politik und eine differenzierte Darstellung unterschiedlicher Interessengruppen der herrschenden Klasse fehlten. Das Herrschaftsmodell dieser Jahre wurde immer wieder als Faschismus bezeichnet. Obwohl es viele Indizien gab, die für faschistische Tendenzen in den USA sprachen: bereitstehende Konzentrationslager für Schwarze, Organisierung paramilitärischer Truppen, Aufrüstung des Polizeiapparates, Austrocknung des Rechtsstaates, Gleichschaltung und Zensur der Medien[47], verdeckte diese Verengung des Blickwinkels auf die Repression die Sicht für die gewaltigen Integrationsmechanismen der Gesellschaft: nicht jede Kritik und Opposition wurde gnadenlos verfolgt, sondern oft vielmehr aufgesogen und zur Modernisierung benutzt; für die Mehrheit der Bevölkerung die Befriedigung eines Großteils ihrer Bedürfnisse, vor allem Konsumbefriedigung; die (scheinbar) freie Wahl der Herrschaftsform durch freie Wahlen; die (scheinbare) Vernünftigkeit des Bestehenden durch ihre technologische Rationalität; die weitgehende Suspendierung von Utopien, die sich die Gesellschaft radikal anders organisiert vorstellen könnten. So konnte die *Black Panther Party* auch aufgrund ihrer Theorie nicht in die Risse des Machtgefüges eindringen und Interessenskonflikte darin für sich ausnutzen, sondern es stand ihr immer wieder ein monolithischer Block gegenüber.

Ähnlich verhielt es sich mit dem Imperialismusbegriff. Keine Rede von der Weltwirtschaft und ihren komplizierten Mechanismen, daraus folgend die zum Teil großen Unterschiede in der Situation der Länder der sogenannten Dritten Welt, sondern die Erschöpfung des Begriffs in der Rede von ›der Kolonie im Mutterland‹ und der Einordnung in den Einheitsmatsch des internationalen Befreiungskampfes. Der Begriff von ›der Kolonie im Mutterland‹ war zwar sowohl analytisch größtenteils richtig (politische, ökonomische und soziale Unterdrückung[48]), als auch als Kampfbegriff, da er die Ideologie vom *melting pot* USA, d.h. eines Landes, das »durch aufeinanderfolgende, sich jeweils in die multiethnische Gemeinschaft freier Bürger auflösende Immigrantengruppen aufgebaut worden sei«[49], zurückwies. Zur Strategie erhoben wurde er falsch. Für die Schwarzen kann es ohne zusammenhängendes Territorium und als Minderheit in der Gesamtbevölkerung keinen nationalen Befreiungskampf im klassischen Sinn geben. Wie sollte das Ziel aussehen: verstreute, zumeist in den Großstädten sich befindende Enklaven?[50] Auch das Konzept von einer autonomen schwarzen Nation aus fünf südlichen Bundesstaaten gebildet[51], hilft da nicht viel weiter, wenn nicht detailliert gesagt werden kann, wie das aussehen soll. Gerade wenn man sich die Nationalstaaten der sogenannten Dritten Welt anschaut, die zwischen ›Schuldenfalle‹ und politischer Erpressung, Integration in den Weltmarkt und Vernichtung eigener Volkswirtschaften, partieller Industrialisierung und weiterer Massenverelendung zerrieben werden, ganz zu schweigen von ihren internen Problemen, erscheinen solche Konzepte illusorisch. Ironisch daran ist, daß dieses Konzept fast deckungsgleich mit dem »Vorschlag zur geographischen Neuordnung von Amerikas nichtassimilierbaren Minderheiten« US-amerikanischer Neofaschisten ist.[52] Mal ganz abgesehen von dem moralischen Problem, daß dieses Land ›eigentlich‹ den UreinwohnerInnen ›gehört‹ und die Schwarzen es ihnen somit nach den Europäern ein zweites Mal ›stehlen‹ würden.

Bezeichnenderweise waren diese Forderungen nach Land nie direkt verknüpft mit der Proklamierung des Sozialismus. Das zeigt, wie unkonkret die Utopie des Sozialismus für die *Black Panther Party* war. Daher ließen sich die Schritte hin zu dieser Utopie auch nur sehr schwammig bestimmen. Das zeigt sich an ihren Community-Programmen, die sie selber ja als revolutionär und sozialistisch bezeichnete. Aber was war an einem kostenlosen Frühstück für Kinder sozialistisch? Es war eine Dienstleistung, die die größte Not zu lindern suchte. Was war an der geforderten Dezentralisierung der Polizei und ihre Kontrolle durch die jeweilige Community[53] sozialistisch? Das hätte vielleicht einige der Exzeße örtlicher Polizeibehörden verhindern können, und war somit ein Reformprogramm. Schaut man sich die Programme der *Black Panther Party* unter diesem Gesichtspunkt an, so zeigt sich, daß sie keineswegs auf den Sozialismus hinwiesen. Dazu war viel zu unklar, wie er konkret aussehen sollte. Die Programme der *Black Panther Party* wiesen ›nur‹ auf Reformen hin. Wenn auch auf grundlegende! Sie gingen über die Bürgerrechtsbewegung einen Schritt hinaus, indem sie eine umfassende Verbesserung der Lebenssituation der Schwarzen forderten. Das sollte nicht damit einhergehen ›weiß‹ zu werden, also der Übernahme weißer Werte und Normen, sondern mit der Beibehaltung bzw. erst Entwicklung einer ›schwarzen‹ Identität. Das alles soll nicht bedeuten, die *Black Panther Party* ›klein‹ machen zu wollen, d.h. sie auf eine radikale Sozialdemokratie zu reduzieren. Denn, so Herbert Marcuse: »Handelt es sich um das Bedürfnis nach Veränderung unerträglicher Lebensbedingungen und besteht zumindest eine vernünftige Chance, daß sich das innerhalb der bestehenden Gesellschaft erreichen läßt, auf der Grundlage des Wachstums und des Fortschreitens der bestehenden Gesellschaft, so haben wir es mit einer bloß quantitativen Veränderung zu tun. Qualitative Veränderung hingegen bedeutet Veränderung des Systems im Ganzen.

Diese Unterscheidung zwischen quantitativer und qualitativer Veränderung ist nicht identisch mit der Differenz zwischen Reform und

Revolution. Quantitative Veränderung kann Revolution bedeuten und herbeiführen. Aber nur, wenn quantitative und qualitative Veränderung zusammentreffen, kann man von einer Revolution im essentiellen Sinne des Sprungs von der Vorgeschichte in die Geschichte des Menschen sprechen. Mit anderen Worten, das Problem, mit dem wir es zu tun haben, ist die Frage, wo Quantität in Qualität umschlagen kann, wo die quantitative Veränderung der Bedingungen und Institutionen zu einer qualitativen Veränderung werden kann, die das ganze menschliche Dasein umfaßt.

Heute (1967, d.Verf.) sind die beiden potentiellen Faktoren der Revolution, die ich gerade genannt habe, auseinandergerissen. Der erste herrscht in den unterentwickelten Ländern vor, wo quantitative Veränderung – sprich: Schaffung humaner Lebensbedingungen – an sich schon eine qualitative Veränderung darstellt, aber noch nicht zur vollen Freiheit führen kann.«[54]

Déjà-vu

Karl Marx hatte unrecht, als er, Hegel benutzend, behauptete, weltgeschichtliche Tatsachen würden sich zweimal ereignen, das eine Mal als Tragödie, das andere Mal als Farce.[56] In der heutigen Zeit ereignen sie sich das zweite Mal medial.

Im April 1995 wurde der Film *Panther* in Oakland uraufgeführt. Die Vorlage stammte von Melvin Van Peebles, einem schwarzen Künstler, der 1971 den Film *Sweet Sweetback's Baaadasssss Song* gedreht hatte, »ästhetisch gesehen bis heute der reinste Black Film – ein Schmerzensschrei, zugleich eine Lektion in Überlebenstechnik der Schwarzen in Amerika.«[57] Sein Sohn Mario Van Peebles, der durch schwarze Action-Filme wie *New Jack City* (1990) bekannt wurde, verfilmte den Stoff. Die fiktive Gestalt Judge führt durch die Jahre 1966, die Gründung der *Black Panther Party*, bis zu ihrer Hochphase 1970. Obwohl die Van Peebles sich eng an die Historie hielten, war der Film bei ehemaligen *Black Panthers* umstritten. Bobby Seale klagte, er habe nichts mit der Realität zu tun, David Hilliard dagegen fand lobende Worte. Manche sagen, die Charaktere seien zu heroisierend gezeichnet, dadurch werde eine kritische Aufarbeitung unmöglich gemacht, anderen kommt die gezeigte Repression noch zu kurz. Jedenfalls endet die eindrückliche Bilderwelt, bevor die internen Fehler und Unstimmigkeiten eindeutig zu Tage traten.

Im April 1996 lief *Panther* auch in den Kinos der BRD an.

Die Warner Brothers beabsichtigten ebenfalls einen Film über die *Black Panther Party* zu drehen. Bis heute haben sie ihn aber nicht realisiert.[58]

Auf mehreren Kanälen des deutschen Fernsehens waren innerhalb der letzten Jahre mehrfach zwei Dokumentarfilme über die Geschichte und die Schicksale der *Black Panther* zu sehen.

Und auch ansonsten befinden sich die *Black Panthers* in einer medialen Hochphase. 1991 wurde Bobby Seales *Seize The Time* wieder aufgelegt, 1992 erschien Elaine Browns Autobiographie *A Taste of Power*, 1993 zog David Hilliard mit seinen Erinnerungen *This Side of Glory* nach, 1994 veröffentlichte Hugh Pearson *The Shadow of the Panther*, 1995 wurden Huey P. Newtons *To Die for the People* von Toni Morrison und *Revolutionary Suicide* wieder aufgelegt, 1996 seine Doktorarbeit *War Against the Panthers, A Study of Repression in America* veröffentlicht.

Diskutiert werden die *Panthers* auch von Charles Jones *Black Panther Party Reconsider* (1998) und Jennifer B. Smiths *International History of the Black Panther Party* (1999). Für das Jahr 2000 ist sogar hierzulande eine neue wissenschaftliche Auseinandersetzung angekündigt, nämlich Norbert Finzsch mit seinem Werk *Die Black Panther Party im Licht neuer Forschung*.

Was aus dieser medialen Präsenz der *Black Panther Party* wird, bleibt abzuwarten. Ob es je wieder zu einer relevanten linken politischen Kraft kommt, hängt, neben den objektiven Rahmenbedingungen, die schlechter als in den 60er Jahren aussehen, nicht zuletzt von der Tiefe, Radikalität und Konsequenz der kritischen Analyse der Vergangenheit ab, und von der Frage, ob realistische Antworten auf die Probleme der schwarzen Community gefunden werden können. Das wäre der Ausgang, um zum Kristallisationspunkt und Sammlungsort der Bedrückten und Diskriminierten aller Ethnizitäten zu werden. Der wichtigste Schritt, um einen mächtigen Antagonismus zum mainstream-Amerika zu schaffen. Denn die radikale Umgestaltung der bestehenden Gesellschaft ist angesichts ihrer Situation dringend wie eh und je, auch wenn sie weiter davon entfernt scheint als in den 60ern. Die Gesellschaft der Freien und Gleichen sollte immer noch das Ziel sein, oder, wie ein schwarzes Mädchen es formulierte: »Zum ersten Mal in unserem Leben werden wir frei sein, darüber nachzudenken, was wir tun werden.«[59]

Zu fragen ist erstmal, was bleibt
nach 34 Jahren seit der Gründung der *Black Panther Party*,
nach 29 Jahren seit der Spaltung,
nach 18 Jahren seit ihrer Auflösung?

Was bleibt
nach den engagierten Massen der Bürgerrechtsbewegung,
nach der Verankerung der *Black Panther Party* bei den Massen,
nach der Massenmilitanz der 60er Jahre?

Was bleibt
nach den sozialen Experimenten, den Versuchen neuer Formen des Zusammenlebens,
nach den Experimenten in der Organisationfrage?

Was bleibt
nach den bewaffneten Aktionen der 70er und 80er Jahre,
nach dem Versuch der Reorganisation, der Revitalisierung der Bewegung?

Was bleibt
von dem Versuch, das bestehende Gesellschaftssystem aus den Angeln zu heben, die Verhältnisse radikal umzugestalten und eine neue, eine bessere Welt zu schaffen?

Sehr viel bleibt, hauptsächlich in den Knästen, teilweise lebenslang. Die Reihe der sich als politische oder Kriegs-Gefangene Begreifenden ist lang: um die 100 sitzen in den US-Gefängnissen.[60]
Jenseits der Gefängnismauern sieht es genauso düster aus. Um sich dem Gefängnis zu entziehen, gingen einige ins Exil nach Europa oder Afrika. Viele der damaligen AktivistInnen leiden heute an den Spätfolgen des Stresses: sie sind AlkoholikerInnen oder drogenabhängig, leiden an psychischer Zerrüttung oder sind obdachlos. Die Organisationen, die es noch gibt, sind klein und isoliert, bis auf einige islamische und nationalistische Gruppen. Es gibt kaum eine Vermittlung der politischen Erfahrungen an jüngere, weil der Großteil der Radikalen von damals im Gefängnis sitzt oder aus dem politischen Leben rausgedrängt wurde oder rausgerückt ist.[61] Kurz und knapp: es gibt keine radikalen Organisationen mehr. Das heißt, daß die Hoffnung auf Veränderung, die über Reformen und Reförmchen hinausging, heute hoffnungslos dasteht!

Zu fragen wäre noch, ob für die Schwarzen wenigstens kleine Verbesserungen ihrer politischen und sozialen Lage stattgefunden haben.
Da die anfängliche Situationsbeschreibung in der Vergangenheitsform geschrieben ist, liegt die Hoffnung nahe, daß es sich auch um Vergangenheit handelt, daß sich ihre Situation verbessert hat. Dem ist leider nicht so.
Ein Ziel der Bürgerrechtsbewegung, die Partizipation der Schwarzen am aktiven und passiven Wahlrecht, ist erreicht. Im Repräsentantenhaus stellen die Schwarzen entsprechend ihres Bevölkerungsanteils eine fast adäquate Anzahl Abgeordneter. Auf viele hohe Posten werden inzwischen auch Schwarze berufen.[62]
Die schwarze Bewegung hatte für manche Schichten und Berufsgruppen zwar Vorteile erkämpfen können, doch nur kurzfristige, meist auf die 70er Jahre beschränkt. Zwar hat sich eine schwarze Elite herausbilden können, die gegenüber ihrem weißen Pendant finanziell nicht mehr benachteiligt ist, sie beläuft sich aber auf nur 7 bis 10% der Gesamtheit der schwarzen Bevölkerung und ist von dieser scharf getrennt.[63] In den 80er Jahren verdoppelte sich die

Zahl wohlhabender schwarzer Familien (das waren die, die 50.000 $ und mehr pro Jahr verdienen) auf eine Million (1989), das sind fast viermal so viel wie 1967. Die Zahl stieg, so daß 9,3% der schwarzen Familien zwischen 50.000 und 75.000 $ und 5,2% mehr als das verdienen (1993), während das mittlere Jahreseinkommen aller schwarzen Familien bei 25.500 $ (1998) liegt. Tendenziell ist absehbar, daß sich diese Kluft in Zukunft noch vergrößern wird.[64]

Das schwarze Durchschnittsfamilieneinkommen erreicht jedoch mit diesen 25.500 $ pro Jahr gerade 60% des weißen von knapp über 42.000 $ (1998).[65]

Die offizielle Arbeitslosigkeit der Schwarzen liegt bei 11,2% (1993) und ist damit etwas mehr als doppelt so hoch wie bei Weißen (5,4%). Zusammen mit offiziell nicht erfaßten und mit Unterbeschäftigten bleibt ein Drittel der Menschen in den Ghettos arbeitslos. In manchen Wohnvierteln liegt sie sogar bei 60-65% (1994). Immer noch ist für Jugendliche die Situation besonders verheerend. Manche Quellen sprechen von zeitweilig über 70% Arbeitslosigkeit unter schwarzen Jugendlichen.

Zwar ist die Zahl der schwarzen Jugendlichen ohne Schulabschluß rückläufig, aber sie liegt bei 12,6%, während sie bei weißen bei 7,7% liegt (1994). Bei hispanischen Jugendlichen liegt sie sogar bei 30%. Es schließen zwar 32,7% der schwarzen Jugendlichen das College ab, gegenüber 29,8% der weißen, aber über einen Universitätsabschluß verfügen nur 15,3% der Schwarzen, während 31,9% der Weißen einen haben (1998).[66]

Ökonomische Strukturverschiebungen führten zum Verlust von industriellen Arbeitsplätzen, der besonders schwarze ArbeiterInnen traf. Die Zunahme schlechtbezahlter Arbeitsplätze, vor allem im privaten Dienstleistungssektor, also beispielsweise als Hausmeister und Portiers, Reinigungsfrauen/männer, VerkäuferInnen, BotengängerInnen usw., konnte das nicht ausgleichen, zumal sie darüberhinaus so schlecht bezahlt wurden, daß es kaum zum Überleben ausreichte. Außerdem unterlagen die Schwarzen in dem zunehmenden Konkurrenzkampf auf dem Arbeitsmarkt weißen Frauen und Migrationsgruppen aus Lateinamerika, der Karibik und Asien.[67]

»Die Ausgrenzung eines wachsenden Teils der afro-amerikanischen Bevölkerung aus dem kapitalistischen Produktionsprozeß ermöglicht es aber immer weniger, die arbeitslosen Afro-Amerikaner als ‹industrielle Reservearmee› zu begreifen. Alle empirischen Indikatoren deuten darauf hin, daß sie zunehmend in eine Schicht *marginalisierter* und *permanent* aus dem Produktionsprozeß *ausgeschiedener* ‹Massen› transformiert werden.«[68] Oder, wie Sidney Wilhelm, ein schwarzer Theoretiker, es ausdrückte: »Schwarze werden nicht gebraucht. Sie sind nicht so sehr unterdrückt wie unerwünscht; nicht so sehr unerwünscht wie überflüssig; nicht so sehr mißhandelt wie ignoriert. Die perfekte Anwendung der Mechanisierung und das Aufkommen der Automation genügt dem weißen Amerika, um sich des in ihrer Mitte lebenden schwarzen Volkes zu entledigen.«[69]

Von daher ist es nicht verwunderlich, daß immer noch 29,3% (1995) der Schwarzen, gegenüber 11,2% der Weißen, unterhalb der statistischen Armutsgrenze leben (die US-Regierung hat diese gegenwärtig (1996) auf ein Einkommen von 16.029 $ jährlich für eine 4-köpfige Familie festgelegt). 28,9% aller schwarzen Haushalte haben ein Einkommen von unter 10.000 $, 11,8% liegen zwischen 10.000 und 15.000 $.[70]

Weiße Haushalte verfügen über ein zehnmal so großes Vermögen wie schwarze Haushalte (1993).[71]

Die durchschnittliche Lebenserwartung von Schwarzen ist gestiegen, liegt aber unter der von Weißen. Und sie ist geschlechtsspezifisch unterschiedlich. Weiße Frauen leben mit 79,9 Jahren am längsten, gefolgt von schwarzen Frauen mit 74,7 Jahren. Weiße Männer liegen mit 74,3 Jahren knapp drunter. Weit abgeschlagen sind schwarze Männer mit 67,2 Jahren (1997). Sie ist auch je nach Wohnort recht unterschiedlich. In Harlem lag sie 1992 bei 46 Jahren. Das waren 5 Jahre weniger als in Bangladesh. Todgeburten sind bei Schwarzen doppelt so häufig wie bei Weißen (1997). 21% aller Schwarzen (gegenüber 14,2% aller Weißen) sind nicht krankenversichert (1995).[72]

Diese Armut wird immer weniger staatlich aufgefangen. Nachdem Ende der 60er, Anfang der 70er Jahre immer mehr Schwarze ihr Recht auf Sozialfürsorge durchsetzen konnten und auch die einzelnen Zuwendungen erhöht worden waren, wurden diese Sozialprogramme schon in den 70er Jahren wieder zurückgenommen. Die tatsächliche Funktion der Sozialfürsorge ist die Verwaltung von überflüssigen, weil ökonomisch nicht mehr verwertbaren Menschen.[73]

Auch unter anderen Gesichtspunkten verbesserte sich ihre Lebenssituation nicht. Von den fast zwei Millionen Menschen, die derzeit in den Gefängnissen einsitzen, sind mehr als 70% Schwarze oder Latinos/Latinas. Die am schnellsten wachsende Gefangenengruppe sind schwarze Frauen. »Während die Gefängnisrate bei Weißen in den USA derjenigen der westeuropäischen Staaten entspricht, ist sie bei Schwarzen die höchste der Welt.«[74] Es kostet ca. 20.000 $ im Jahr, eine Person wegzusperren – es würde in etwa das gleiche an Studiengebühren kosten, sie auf die Harvard University zu schicken. Die Wissenschaft belegte, zumindest für den Bundesstaat Georgia, daß es bei der Verhängung der Todesstrafe eine durch die Hautfarbe verursachte Ungleichbehandlung gibt. »Angeklagte, die des Mordes an einem Weißen beschuldigt werden, werden mit 4,3 mal höherer Wahrscheinlichkeit zum Tode verurteilt als solche, die wegen Mordes an Schwarzen angeklagt sind; von elf des Mordes an einem Weißen Angeklagten wären sechs nicht zum Tode verurteilt worden, hätte ihr Opfer schwarze Haut gehabt.«[75]

Wenn Dostojewskjis Satz stimmt, daß man, um eine Gesellschaft zu verstehen und den Grad ihrer Zivilisiertheit zu beurteilen, einen Blick in ihre Gefängnisse werfen müsse, was bedeutet das dann für die USA?[76]

Aber der größte Feind des schwarzen Mannes ist der schwarze Mann selbst. »Die Hälfte aller Mordopfer sind Schwarze, weitere dreißig Prozent lateinamerikanischer Abstammung. Genauso die Mörder.«[77] Inzwischen ist Mord die Haupttodesursache schwarzer Männer zwischen 15 und 34 Jahren.[78]

Neben altbekannten Problemen, wie die verheerenden Folgen der Drogen, neuerdings vor allem Crack, tauchen neue auf: AIDS. 27% aller Infizierten sind Schwarze, 52% aller betroffenen Frauen und 53% aller betroffenen Kinder schwarz (1991). AIDS ist die häufigste Todesursache für Schwarze zwischen 25 und 44 Jahren (1997). AIDS wird mehr und mehr zu einer Krankheit der Armen in den Innenstädten. Darüberhinaus sterben Menschen, deren Immunsystem durch schlechte Ernährung und Lebensbedingungen ohnehin geschwächt ist, selbstverständlich schneller. Das bedeutet, daß erkrankte Schwarze durchschnittlich eher sterben als erkrankte Weiße.[79]

Also kann für die 90er Jahre nur wiederholt werden, was schon über die 60er Jahre gesagt wurde: die Lage der meisten Schwarzen ist beschissen.

Und nicht nur ihre: Während in den 80er und Anfang der 90er das Einkommen des »oberen« Viertels der Bevölkerung um 16% zunahm, sank das des »unteren« Viertels um 7% auf 11.530 $. Insgesamt leben bei einer Gesamtbevölkerung von 260 Millionen 15% aller Ethnien unterhalb der Armutsgrenze. Das sind 40 Millionen. 13,5 Millionen Menschen sind obdachlos.[80]

Was für die Schwarzen zutrifft, trifft ähnlich auf die anderen ethnischen ‹Minderheiten› zu. Bei den Hispanics, um nur eine Gruppe zu nehmen, die 26 Millionen der Bevölkerung ausmachen, liegt die offizielle Arbeitslosigkeit auch bei 10% und es leben 28% von ihnen unterhalb der statistischen Armutsgrenze.[81] Der Vergleich zwischen Schwarzen und Weißen zeigte zwar, daß die Schwarzen nochmal schlechter dran sind, den Bodensatz bilden, nichtsdestotrotz aber immer mehr Weiße ebenso verelenden.

Schaut man sich die politische Bühne an, so liegt der Gedanke nahe, daß der Hauch der Emanzipation der 60er Jahre vollends vorbei ist. Der Gedanke, daß Männer und Frauen anders miteinander umgehen könnten, daß nicht jeweils nur ein Exemplar jedes Geschlechts zusammen in einem Haus mit den von ihnen persönlich gezeugten Nachfahren wohnen muß, daß das, was produziert wird, nach vernünftigen Kriterien geplant wird und allen zugute kommt, daß Menschen, deren Gesichtsfärbung einen anderen Ton aufweist, nicht dadurch anders und besser oder schlechter sind, um nur ein paar offenkundig auf dem Tisch liegende Dinge zu benennen, dieser Gedanke ist weg. Der Traum von einer anderen Gesellschaft ist vorbei.

Die politische Szene der USA wird von Louis Farrakhan beherrscht. An ihm kommt keiner vorbei. Er ist der einzige, der noch Massen mobilisieren kann, wie zuletzt bei seinem *One Million Men March*. Die Dramaturgie bei seinen Auftritten ist immer gleich. Er besorgt sich bekannte schwarze KünstlerInnen, wie beispielsweise Maya Angelou, Chaka Khan und Stevie Wonder, ein paar Symbolfiguren der schwarzen Bewegung, wie die Bürgerrechtslegende Rosa Parks und Jesse Jackson. Deren Reden sind kurz bemessen. Danach passiert erstmal nichts. Der Star läßt warten. Und die tausende die gekommen sind, tun dies auch. Wenn er dann auftritt, umringt von Sicherheitsleuten – manchmal sind dies, wie er es sich beim libyschen Staatsführer Qadhafi abgeguckt hat, nur Frauen –, dauert seine Rede Stunden. Er führt seine ZuhörerInnen in atemberaubender Geschwindigkeit durch die Geschichte Afrikas, die Religionen, die Vergangenheit der Schwarzen in den USA und die modernen Probleme, flicht hier und dort ein Witzchen ein und untermauert seine Argumente mit pseudowissenschaftlichen Halbheiten und Wortspielchen. Er ist der Beauftragte Allahs, der die Schwarzen anführen soll.

Die Schuldigen für deren Misere sind schnell parat: selbstverständlich sind das die Weißen, speziell aber die Juden greift er immer wieder an. Sie seien Blutsauger und hätten am Holocaust und am Sklavenhandel verdient.

Seine Lösungsvorschläge entsprechen der Self-Help-Ideologie. Neben der Forderung, daß Schwarze ihr Mundwasser, ihre Zahnpasta und ihre Handtücher selbst produzieren, soll die patriarchale Familie aufgewertet werden, Männer sollen als Familienoberhäupter wieder Verantwortung für sie übernehmen. Moral und Ordnung ist die Devise.[82]

Die Erfolge der Bürgerrechtsbewegung, der Black Power-Bewegung und der *Black Panther Party* hinsichtlich eines schwarzen Selbstbewußtseins, d.h. das schwarz-sein nicht mehr häßlich und minderwertig war, sondern Schönheit und Stärke bedeutete, lebt zwar fort, ist aber nicht mit politischen Vorstellungen verknüpft, sondern spielt sich auf der individuellen Ebene ab und kann sich nur in Abgrenzung konstituieren.

So bleibt bei vielen Schwarzen als einziger »Hoffnungsschimmer« für eine bessere Zukunft nur der Gedanke an Seperation. Wogegen die Bürgerrechtsbewegung ins Feld gezogen ist, wird in neuer Form wieder gewünscht. Die Forderung nach einem eigenen Staat, wie ihn mehrere politische Gruppierungen wünschen, ist wohl nicht so populär, aber das eigene Wohnviertel soll schwarz sein. Die Idee von der USA als Schmelztiegel verschiedener Ethnien hat sich gewandelt in die eines Mosaiks.[83]

»1997 versuchte Präsident Bill Clinton eine nationale Debatte über Rassismus über die ‹Rassengrenzen› hinweg zu initiieren. Er ernannte eine *Commission on Race* unter dem Vorsitz des Pioniers der schwarzen Geschichtsschreibung, John Hope Franklin, eines der wohl bekanntesten African Americans der Vereinigten Staaten. Die Mitglieder der Kommission hatten schon arge Schwierigkeiten bei dem Versuch, überhaupt zu definieren, welches denn die ‹Rassenprobleme› der USA seien. Einige, unter ihnen auch Franklin, argumentierten, die Existenz der African Americans in der amerikanischen Kultur und die Beziehungen zwischen Weißen und Schwarzen seien von so fundamentaler Bedeutung für die amerikanische Kultur und Geschichte insgesamt, daß sich auf ihrem Hintergrund auch das Zusammenleben anderer ethnischer Kulturen gestalte. Nur um sie sollte es deshalb in der Arbeit der Kommission gehen. Andere Mitglieder der Kommission waren davon überzeugt, daß ‹Rasse› ein derartig komplexes Problem sei, daß die Probleme der Amerikaner hispanoamerikanischer oder asiatischer Abstammung nicht unter dem Rubrum der weißen-schwarzen Beziehungen verhandelt werden könnten. Deshalb plädierten sie für eine Erweiterung der Kommissionsarbeit, die alle Minderheiten umfassen sollte. Die Kommission hielt Anhörungen im ganzen Land ab, und der Präsident selbst nahm an Diskussionen über die ‹Rassenproblematik› teil, aber letztlich verlief die Arbeit der Kommission im Sande.«[84]

Währenddessen wird für den *Census 2000* der us-amerikanischen statistischen Behörden über die Einteilung der Bevölkerung in Kategorien diskutiert. Wie läßt sie sich fassen? Entsprechend den historischen Veränderungen hatte sich die Einteilung in »Rassen« und »Ethnien« immer wieder verändert. Gab es früher nur die zwischen Schwarzen und Weißen, dann aufgestockt um die Kategorie Andere, verfeinerte sie sich immer mehr. 1973 legte dann eine Bundeskommission in der *Statistical Policy Directive No. 15, Race and Ethnic Standards for Federal Statistics and Administrative Reporting* des *Office of Management and Budget* eine neue Rassentaxonomie fest. Diese wurde jetzt überholt. Nunmehr gibt es fünf »Rassen«: Natives, AsiatInnen, Schwarze, Pacific Islander und Weiße. Und es gibt zwei Ethnien: Hispanisch und eben Nicht-Hispanisch. Auf eine Kategorie Multiracial wurde bewußt verzichtet.

So kann sich jeder Mensch zuordnen, muß sich zuordnen. Und damit ist seine/ihre »Heimat«, die »eigene« Gruppe gefunden.[85]

Während sich offener Rassismus in den 70er Jahren nicht so gut machte, er verdeckt schwelte, taucht er nun in offen biologistischer Form wieder auf. Der neokonservative Sozialwissenschaftler Charles Murray und der Psychologe Richard J. Herrnstein brachten 1994 an der Harvard University das Buch *The Bell Curve - Intelligence and class structure in American Life* heraus. Danach beruht die geschilderte schlechte Lage der Schwarzen in ihrem niederigen durchschnittlichen Intelligenzquotienten gegenüber den Weißen. Innerhalb weniger Monate wurden mehrere hunderttausend Exemplare verkauft. Eine Meinungsumfrage ergab, daß zwei Drittel der Weißen glauben, daß Schwarze für ihr Elend selbst verantwortlich seien.[86]

Auch in anderer Form taucht der Rassismus wieder auf, nämlich in seiner offen-gewalttätigen Form. »Bevor die Skinheads Mike Bunch Robinson erschossen, entstellten sie ihm das Gesicht bis zur Unkenntlichkeit mit Karatetritten und Schlägen. Sie hatten mit einer solch sadistischen Gewalt auf ihn eingeprügelt, daß seine Leiche nur mittels der Fingerabdrücke identifiziert werden konnte. Der zuständige Gerichtsmediziner warnte seine Freundin, sich den zerschmetterten Körper anzusehen. Robinson, ein recht beliebter VW-Mechaniker aus der Arbeitervorstadt San Bernardino in Highland (etwa 100 Kilometer östlich von Los Angeles) starb am 22. August 1995.«[87]

Und er war kein trauriger Einzelfall. Sondern er war der fünfte Schwarze, der innerhalb von zwei Jahren umgebracht worden war. Zwischen 1995 und 1996 stieg in Los Angeles die Zahl der Angriffe gegen Schwarze um 50%. Die Gewalttaten weißer Skinheads und

Rassisten trifft aber nicht nur Schwarze, sondern Mitglieder anderer
Minderheiten und sozial Randständige ebenso. Und sie müßen nicht
solch drastische Formen annehmen, sondern reichen von Mißhandlungen über Beschimpfungen zu Graffiti-Drohungen.[88]

Seit Beginn der 90er Jahre stürzt der Mythos von der Solidarität
zwischen den verschiedenen »Rassen« und »Ethnien« innerhalb der
People of Color ein. Da »kristallisierten sich im lange aufgeschobenen Dialog zwischen Schwarzen und Braunen (gemeint sind Latinos/
Latinas; d. Verf.) auf der nationalen Ebene mindestens vier Konfliktpunkte heraus. Erstens wurden nach der Volkszählung von 1990
Dutzende Kongreßbezirke, in denen Afroamerikaner oder Latinos
die relative oder absolute Mehrheit stellten, neu aufgeteilt, um die
Repräsentanz von Minderheitengruppen im Kongreß zu erhöhen.
In jenen Städten und Bezirken aber, in denen sich Latinos und
Schwarze in etwa die Waage hielten, und insbesondere in jenen Bezirken, die in den vorhergehenden Jahren von Schwarzen regiert
worden waren, in denen nun aber Latinos die Bevölkerungsmehrheit ausmachten, arteten Meinungsunterschiede häufig in zänkische
ethnische Konflikte aus. Latinos behaupteten, daß ihre Interessen
im politischen Prozeß kaum zur Geltung kämen (...).«[89] Der zweite
Konfliktpunkt dreht sich darum, daß Schwarze sich ihrer Jobs im
Niedriglohnbereich durch illegale EinwanderInnen beraubt fühlen.
Der dritte Konfliktpunkt besteht in der Forderung nach mehrsprachigem Unterricht im Gegensatz zur Assimilierung durch »English-
Only«. All diesem liegt zuletzt die sich wandelnde Zusammensetzung
der Bevölkerung zugrunde. Laut den Prognosen werden in einigen
Jahren nicht mehr die Schwarzen die bevölkerungsreichste Minderheit sein, sondern die Latinos/Latinas. »Die Schwarzenführer aus der
Mittelklasse, die es gewohnt waren, die Vertretung der Interessen ihrer Wahlkreise auf die Rassendimension zu reduzieren, werden zunehmend mit den Ansprüchen von Latinos konfrontiert, die sich
vom System entfremdet und im politischen Prozeß weitgehend übergangen und unterrepräsentiert fühlen.«[90]
Als Symbol dieser Konkurrenz gilt der Aufstand von Latinos und
Latinas im Mai 1991 in Washington D.C., nachdem die Polizei eine

Salvadorianerin erschossen hatte, die sie angeblich mit einem Messer bedrohte. Steine und Flaschen flogen und über ein Dutzend Geschäfte wurden geplündert. Die Bürgermeisterin ordnete daraufhin den Einsatz von mehr als tausend Polizisten an, um den Aufstand niederzuschlagen. Sie hieß Sharon Pratt Dixon und war schwarz. Sie übernahm damit die gleiche Rolle gegenüber den Latinos/Latinas, die weiße Bürgermeister Anfang der 60er Jahre gegenüber den schwarzen Riots wahrgenommen hatten.

Sehr ähnlich ein anderer Kreisbogen der Geschichte. Im Juli 1994 wurde ein Polizeiinspektor auf Video gebahnt, wie er auf einen unbewaffneten Teenager von 1,60m Größe mit dem Schlagstock eindrosch. Der Teenager hieß nicht Rodney King, sondern war ein Latino namens Felipe Soltero, und der Polizist kein Weißer, sondern der Schwarze Michael Wattson.[91]

Nachdem die schwarzen Gangs der *Bloods* und der *Crips* Frieden geschlossen hatten, tauchen auch auf diesem Terrain neue Konfliktlinien auf. Nunmehr bekriegen sich die schwarzen Gangs mit den hispanischen und dies in zunehmend gewalttätiger Form, die auch vor Nicht-Gangmitgliedern keinen Halt mehr macht.[92]

Das us-amerikanische Ethnien- und Rassen-Mosaik ist also keins der filigranen Einlegearbeit verschiedenfarbiger Splitter, die ein harmonisches Ganzes bilden, schön anzuschauen, sondern eines aus scharf gegeneinander abgegrenzten Zwangsgemeinschaften, die an ihren Berührungspunkten zerbersten.

Dementsprechend wird die Schlußsequenz des in der Einleitung erwähnten Films *Strange Days*, in der sich der weiße (Anti-) Held und die schwarze Protagonistin zu den Raketen des Sylvesterfeuerwerks sich küssend und einander liebend in die Arme fallen, von der Kritik[93] als unglaubwürdig bewertet.

Realistisch.

Anmerkungen

Vorbemerkungen
1. vgl. Churchill, Vander Wall, 1988, S.39,40
2. zitiert in: Cooper, S.146, vgl. auch S.145
3. vgl. Vesper, S.589
4. Fanon, S.13
5. zitiert in: Geschichte ist eine Waffe, Bd.1, S.1
6. vgl. Amerik(k)a »The Sixties«, S.39
7. vgl. Capelleveen, S.81-85, Right On, S.14, Sughrue, S.2, Anm. 1
8. vgl. Leineweber/Schibel, S.35-37, Shakur, S.6, Anm., 200 Jahre USA, S.47, Anm.

I. Mosaiksteine
1. vgl. Der Spiegel 32/1964, S.49, 31/1966, S.62, 39/1966, S.129, Die Zeit, 24.7.1964, S.8, 31.7.1964, S.5
2. vgl. Hinckle, S.208, Der Spiegel 35/1965, S.68, 39/1966, S.129, Die Zeit, 20.8.1965, S.3)
3. Der Spiegel 31/1966, S.62
4. vgl. Brandes, Burke, 1970, S.124 und S.262, Der Spiegel 31/1966, S.62,63, 33/1967, S.67
5. Der Spiegel 31/1967, S.85
6. Der Spiegel 31/1967, S.84, vgl. Brandes, Burke, 1970, S.262
7. zitiert in: Der Spiegel 32/1967, S.67
8. zitiert in: Der Spiegel 32/1967, S.68
9. Der Spiegel 32/1967, S.67, vgl. Amendt, S.101
10. vgl. Brandes, Burke, 1970, S.124,129,262, Kerner Report, S.340, in: Lernen: subversiv Amerikkka, S.92, Der Spiegel 32/1967, S.67,68
11. Amendt, S.180, vgl. Brandes, Burke, 1970, S.262, Der Spiegel 32/1967, S.68
12. Brandes, Burke, 1970, S.129
13. vgl. dazu den Bericht der von Präsident Johnson beauftragten Rassen-Kommission, den Report of the National Advisory Commission on Civil Disorders (New York 1968), auch Kerner Report genannt, die die Unruhen des Sommers 1967 analysieren sollte, auszugsweise abgedruckt in: Der Spiegel 11/1968, S.118-123, vgl. auch Brandes, Burke, 1970, S.129, Piven, Cloward, 1977, S.295-298
14. vgl. Brandes, Burke, 1970, S.91,92, Anm.2, Schuhler, o.J., S.5
15. Brandes, Burke, 1970, S.91ff, Piven, Cloward, 1986, S.211
16. vgl. Brandes, Burke, 1970, S.91,92, Anm. 2, Piven, Cloward, 1977, S.282, Anm. 16
17. Brandes, Burke, 1970, S.97
18. vgl. Brandes, Burke, 1970, S.94 und S.97-99

[19] Brandes, Burke, 1970, S.104, vgl. Brandes, Burke, 1970, S.100, 102, Piven, Cloward, 1977, S.274-277
[20] vgl. Amendt, S.195-197, Brandes, Burke, 1970, S.104-106
[21] zitiert in: Amendt, S.197,198
[22] vgl. Brandes, Burke, 1970, S.106-109, Koenen, S.47-49, Piven, Cloward, 1977, S.284-286
[23] vgl. Brandes, Burke, 1970, S.100,102
[24] vgl. Davis, 1982, S.226, Schuhler, o.J., S.21
[25] Brandes, Burke, 1970, S.105
[26] Schuhler, o.J., S.7, vgl. Brandes, Burke, 1970, S.19, Anm. 10
[27] Grafik nach: Schuhler, o.J., S.9, vgl. Schuhler, o.J., S.8
[28] vgl. Brandes, Burke, 1970, S.104, Schuhler, o.J., S.8
[29] vgl. Schuhler, o.J., S.8
[30] vgl. Brandes, Burke, 1970, S.125, Hinckle, S.89, Marable, S.111
[31] zitiert in: Der Spiegel 11/1968, S.118
[32] zitiert in: Der Spiegel 11/1968, S.118
[33] vgl. Der Spiegel 11/1968, S.122
[34] zitiert in: Der Spiegel 11/1968, S.123
[35] vgl. Capelleveen, 1988, S.85-99, Capelleveen, 1993, S.62-72, Hetmann, S.38-50
[36] Carmichael, Hamilton, S.16
[37] vgl. Carmichael, Hamilton, S.17
[38] Carmichael, Hamilton, S.19
[39] Carmichael, Hamilton, S.19
[40] Carmichael, Hamilton, S.26, vgl. Carmichael, Hamilton, S.19-30
[41] Carmichael, Hamilton, S.35, vgl. Carmichael, Hamilton, S.30-37
[42] Kenneth Clark, in: Dark Ghetto, S.63-64, zitiert in: Carmichael, Hamilton, S.43-44, vgl. Carmichael, Hamilton, S.37-46, Dratch, S.51,52,81-85
[43] vgl. Koenen, S.67-69
[44] vgl. Brandes, Burke, 1970, S.181-185, Carmichael, Hamilton, S.15-19, Spichal, S.129,130
[45] vgl. Piven, Cloward, 1986, S.30-39
[46] vgl. Piven, Cloward, 1986, S.202,231,323, S.440, Anm. 15
[47] vgl. Amendt, S.11,12, Brandes, Burke, 1970, S.72,73,259, Lernen: subversiv Amerikkka, S.246-248, Piven, Cloward, 1986, S.232-235
[48] Piven, Cloward, 1986, S.235
[49] Piven, Cloward,1986, S.235
[50] vgl. Amendt, S.16, Brandes, Burke, 1970, S.73,81,82, Piven, Cloward, 1986, S.247-250,254
[51] vgl. Piven, Cloward, 1986, S.256-262,282-285
[52] vgl. Brandes, Burke, 1970, S.77,78,259, Piven, Cloward, 1986, S.247-250, Shakur, S.356

53 Zinn, Howard: SNCC: The New Abolitionists, Boston 1964, S.10, zitiert in: Piven, Cloward, 1986, S.442, Anm. 27
54 vgl. Dratch, S.56, Piven, Cloward, 1986, S.248
55 King, Martin Luther, S.121-125, hier S.124,125
56 vgl. Brandes, Burke, 1970, S.71,79
57 vgl. Brandes, Burke, 1970, S.73-76, Piven, Cloward, 1986, S.250-281, Wynn, S.396,397,414,415
58 vgl. Piven, Cloward, 1986, S.202,203
59 Brandes, Burke, 1970, S.85, vgl. Brandes, Burke, 1970, S.84
60 vgl. Piven, Cloward, 1977, S.292,293
61 vgl. Brandes, Burke, 1970, S.85, Spichal, S.11
62 vgl. Brandes, Burke, 1970, S.75
63 Brandes, Burke, 1970, S.83
64 vgl. Churchill, Vander Wall, 1988, S.XV und S.396, Anm. 61, Dratch, S.65, Hayden, S.113, Lester, S.138, Maitre, S.51,52
65 vgl. Brandes, Burke, 1970, S.59, Shakur, S.353, vgl. auch Ende/Steinbach, S.149 und S.467,468 (wobei einige Informationen mit Vorsicht zu genießen sind)
66 vgl. Brandes, Burke, 1970, S.115-119, Marable, S.60,61, Munzinger Archiv, ABA-X, 13/65, 10267*, Orient 1/1982, S.78-80, taz vom 21.2.90, S.13, vgl. auch Ende/Steinbach, S.149 und S.467,468 (wobei einige Informationen mit Vorsicht zu genießen sind)
67 Munzinger Archiv, ABA-X, 13/65, 10267*
68 zitiert in: Munzinger Archiv, ABA-X, 13/65, 10267*
69 vgl. Black Power, S.32-43,83-85, Brandes, Burke, 1970, S.119-124, Marable, S.98-100, Der Spiegel 10/1965, S.96,98, X, S.20,21,66,105-110
70 X, S.96
71 vgl. Amerika Gegeninformationspresse, S.26, taz vom 21.2.90. S.13
72 vgl. Brandes, Burke, 1970, S.121,123,124
73 Carmichael, Hamilton, S.57,58, vgl. Brandes, Burke, 1970, S.80,261, Dratch, S.67, Martin Luther King, Chaos or Community, zitiert in: Lernen: subversiv Amerikkka, S.248-250
74 Amendt, S.34
75 Carroll, S.88, vgl. auch die unwesentlich veränderte Zitierung in: Carmichael, Hamilton, S.49, Cooper, S.29; dieses Zitat wird fälschlicherweise immer dem früher geschriebenen *Alice im Wunderland* zugeschrieben
76 Carmichael, Hamilton, S.58
77 Carmichael, Hamilton, S.61, vgl. Amendt, S.37,38, Carmichael, Hamilton, S.47-71, Dratch, S.67, Marable, S.104-110
78 Carmichael, Hamilton, S.60
79 vgl. Amendt, S.45,46, Carmichael, Hamilton, S.59,60
80 Carmichael, Hamilton, S.66, vgl. Carmichael, Hamilton, S.65-67

[81] vgl. Carmichael, Hamilton, S.70-100
[82] vgl. Carmichael, Hamilton, S.9-14

II. Die Black Panther Party

[1] vgl. Seale, S.73,76
[2] vgl. Marine, S.22,39, Munzinger Archiv, Na-ABA, 47/73-P-13727, Seale, S.11-48
[3] vgl. Brandes, Burke, 1970, S.82
[4] Seale, S.65
[5] vgl. Brandes, Burke, 1970, S.81, Dratch, S.62, Marine, S.45,46, Schuhler, o.J., S.60, Spichal, S.33-35,87,88
[6] aus Seale, S.66-69, vgl. auch die geringfügig anderen, inhaltlich aber gleichen Zitierungen in: Amendt, S.110-113, Cleaver, 1970 b, S.28-30, Schuhler, o.J., S.77-79, vgl. auch The Black Panther, Februar 1991, S.17
[7] vgl. Spichal, S.68 u. S.252, Anm.133, vgl. auch The Black Panther, Februar 1991, S.17
[8] vgl. Seale, S.64
[9] Marine, S.47, vgl. Marine, S.44,47, Seale, S.62,65,76
[10] Marine, S.46,47
[11] Seale, S.72
[12] vgl. Seale, S.76-78
[13] vgl. Seale, S.77-83
[14] Cleaver, 1970 a, S.51
[15] Seale, S.109
[16] Cleaver, 1970 a, S.46
[17] vgl. Spichal, S.43-47,54-61
[18] vgl. Seale, S.80-83
[19] Cleaver, 1970 a, S.37, vgl. Seale, S.31,39
[20] vgl. Cleaver, 1970 a, S.38, Spichal, S.48-53, vgl. auch Fanon, S.29-91
[21] vgl. Marine, S.48, Seale, S.84
[22] vgl. Cleaver, 1970 a, S.41-52, Seale, S.76,83,106-122
[23] vgl. Seale, S.83-95,102-105,111-121
[24] Cleaver, 1970 a, S.48-50
[25] vgl. Schuhler, o.J., S.60 und S.75, Anm. 63, Seale, S.90,95, Spichal, S.80,81
[26] vgl. Schuhler, o.J., S.61, Seale, S.125,126
[27] Marine, S.64, vgl. auch Schuhler, o.J., S.61, Seale, S.125,126
[28] Seale, S.127
[29] Seale, S.129
[30] vgl. Schuhler, o.J., S.62, Seale, S.129
[31] vgl. Marine, S.66, Schuhler, o.J., S.61, Seale, S.131-135
[32] vgl. Seale, S.135,136
[33] vgl. Buhle, Buhle, Georgakas, S.639,640, Cleaver, 1969, S.9-25, Cleaver, 1970 a, Umschlag und S.8,12,13, Cleaver, 1980, S.30,241, Marine, S.59,

Munzinger Archiv, 41/82 K 012280-4/10 Ch-ABA, Seale, S.122-124,229, Spichal, S.18

34 Seale, S.137
35 aus: Seale, S.146,147, vgl. auch die geringfügig andere, inhaltlich aber gleiche Zitierung in: Newton, Huey P., S.32,33, vgl. weiterhin Marine, S.68,69, New Studies on the Left, S.132, Schuhler, o.J., S.62, Seale, S.137,139,141-146
36 vgl. Cleaver, 1970 a, S.14, Schuhler, o.J., S.62, Seale, S.149,150,158-161,168
37 vgl. Schuhler, o.J., S.63 und S.75, Anm.63, The Black Panther, Februar 1991, S.18
38 vgl. Spichal, S.99
39 vgl. Cleaver, 1970 b, S.3
40 vgl. Spichal, S.107-112,114,115 und S.249, Anm.91
41 vgl. Newton, Huey P., S.38,48,82-84, Spichal, S.125-133
42 vgl. Amendt, S.78,79, Cleaver, Loockwood, 1971, S.54-56,59,60, Spichal, S.115-122, Where it's at, S.197,212,213,217
43 Amendt S.153
44 Spichal, S.106
45 vgl. Newton, Huey P., S.75,76, Spichal, S.100-106
46 vgl. Amendt, S.76, Cleaver, 1970 b, S.16,17, Where it's at, S.197
47 vgl. Cleaver, 1970 b, S.16,17, Where it's at, S.203,204
48 Cleaver, 1970 b, S.10,11
49 Cleaver, 1970 b, S.11
50 vgl. Amendt, S.76-80, Cleaver, 1970 b, S.8,10,11,17
51 Cleaver, 1970 b, S.9,10
52 vgl. Spichal, S.148
53 vgl. Spichal, S.150,151
54 vgl. Spichal, S.178-181
55 Cleaver, 1970 b, S.5
56 vgl. Cleaver, 1970 b, S.5,6
57 vgl. Spichal, S.139-144
58 vgl. Spichal, S.107
59 Cleaver, 1970 b, S.19
60 vgl. Cleaver, 1970 b, S.6-9,12,17,19, Spichal, S.173
61 vgl. Cleaver, Lockwood, 1971, S.86-88,96,97, Where it's at, S.202-207
62 Seale, S.64, vgl. Cleaver, 1970 b, S.12, Cleaver, Lockwood, 1971, S.88, Spichal, S.162-167, vgl. auch Fanon, S.92-126
63 Where it's at, S.215
64 Amendt, S.81
65 vgl. Amendt, S.81-87, Cleaver, 1970 b, S.18,19,25,26, Where it's at, S.214-216
66 vgl. Dratch, S.67, Lester, S.100-104
67 Amendt, S.78

[68] vgl. Schuhler, o.J., S.57, Spichal, S.12
[69] Seale, S.339,340
[70] vgl. Schuhler, o.J., S.57, Where it's at, S.20,21
[71] The Black Panther, Februar 1991, S.27, Übersetzung teilweise vom Verf., teilweise aus: Seale, S.334-336, bei dem allerdings Punkt 12 fehlt, vgl. auch Spichal, S.12,13 und S.244, Anm.12
[72] vgl. Seale, S.108
[73] vgl. Seale, S.161-163,179,326
[74] vgl. Seale, S.98-102
[75] Seale, S.337
[76] vgl. Seale, S.336-345
[77] vgl. Amerik(k)a »The Sixties«, S.39, Koenen, S.93-100,156,157
[78] vgl. Schuhler, o.J., S.58,61,63, Spichal, S.67,68
[79] vgl. Amendt, S.83,84
[80] vgl. Seale, S.96-102 und S.130,131
[81] Seale, S.60
[82] Seale, S.351
[83] vgl. Seale, S.63,64,346,350,351, Spichal, S.91-96
[84] vgl. Amendt, S.171,174, Seale, S.347, The Black Panther, Februar 1991, S.20,21, Where it's at, S.22,227-229
[85] Cleaver, 1970 b, S.18
[86] vgl. Cleaver, 1970 b, S.14-27, Hinckle, S.129, Seale, S.348,350, Spichal, S.92,93, The Black Panther, Februar 1991, S.20,21, Where it's at, S.22,229,230
[87] vgl. Shakur, S.278,279
[88] vgl. Seale, S.348,349
[89] vgl. Right On, S.81,82, Spichal, S.77
[90] Seale, S.349, vgl. Spichal, S.154,155
[91] vgl. Seale, S.159-163, The Black Panther, Februar 1991, S.21
[92] vgl. Mumm, S.28, Anm.2, Newton, Michael, S.116,117, Seale, S.317, Spichal, S.181
[93] vgl. Cleaver, 1970 a, S.29, Marine, S.80-107, Schuhler, o.J., S.63, Seale, S.169, Anm. d. amerikan. Hrsg.
[94] vgl. Seale, S.180-183,240
[95] vgl. Marable, S.121, Newton, Michael, S.105
[96] vgl. Cleaver, 1970 a, S.29, Marine, S.111,118, Seale, S.183-186,211
[97] Marine, S.113
[98] zitiert in: Marine, S.114
[99] vgl. Marine, S.111, Seale, S.183,184
[100] vgl. Seale, S.185,192,193
[101] vgl. Education for Socialists, S.48,49
[102] vgl. Cleaver, 1970 a, S.30, Seale, S.187,191

[103] vgl. Cooper, S.2,5, Munzinger Archiv, Ca-ABA, 27/70-P-11763**
[104] vgl. Amendt, S.191, Cleaver, 1970 a, S.30, Seale, S.195,196, The Black Panther, Februar 1991, S.18
[105] vgl. Cleaver, 1970 a, S.15,30,31, Marine, S.125-128, Newton, Huey P., S.34,35, Seale, S.196-200,242, Spichal, S.15
[106] Newton, Huey P., S.35,36, vgl. auch Seale, S.200,201
[107] vgl. Cleaver, 1970 a, S.31, Marine, S.129,130
[108] vgl. Churchill, Vander Wall, 1990, S.123-125
[109] abgedruckt in: Churchill, Vander Wall, 1988, S.38, Übersetzung vom Verf. und Silja Freudenberger
[110] vgl. Buhle, Buhle, Georgakas, S.223, Churchill, Vander Wall, 1988, S.XII, 37, 38, 54-62, 77, Geschichte ist eine Waffe, Bd.1, S.6,7, Pumphrey, S.172-175, vgl. auch die Dokumente in: Fletcher, Jones, Lotringer, S.243-248
[111] zitiert in: Churchill, Vander Wall, 1988, S.53, Übersetzung vom Verf. und Silja Freudenberger
[112] vgl. Churchill, Vander Wall, 1988, S.37-53, Pumphrey, S.175-182,190,191, Seale, S.162, 163
[113] vgl. Marable, S.117
[114] Brandes, Burke, 1968, S.106
[115] Der Spiegel 11/1968, S.133
[116] vgl. Der Spiegel 16/1968, S.138
[117] vgl. Cleaver, 1970 a, S.15,16,32,80-89, Marine, S.132-153, New Studies on the Left, S.133, Seale, S.201,202,206,207, Spichal, S.18, The Black Panther, Februar 1991, S.18
[118] vgl. Cleaver, 1970 a, S.80, Seale, S.202,207-209
[119] vgl. Brandes, Burke, 1970, S.262
[120] vgl. Mailer, S.89,145,146, Seale, S.304,305, Der Spiegel 38/1968, S.150, Regierungskommission zur Erforschung der Gewalt, Auszüge in: Der Spiegel 51/1968, S.124,126, die ausführliche Beschreibung der Ereignisse dort S.126-131
[121] zitiert in: Marine, S.105, vgl. Marine, S.80-107, New Studies on the Left, S.132, Schuhler, o.J., S.63-65, Seale, S.212-215
[122] zitiert in: Lester, S.141
[123] vgl. Lester, S.137-142
[124] vgl. Churchill, Vander Wall, 1988, S.44,49,50
[125] Seale, S.225, vgl. auch Newton, Huey P., S.57-59
[126] zitiert in: Churchill, Vander Wall, 1988, S.41, Übersetzung von Silja Freudenberger
[127] zitiert in: Churchill, Vander Wall, 1988, S.42, Übersetzung von Silja Freudenberger
[128] zitiert in: Churchill, Vander Wall, 1988, S.42, Übersetzung vom Verf., vgl. auch S.XVI und S.41-43, Seale, S.236-240
[129] vgl. Churchill, Vander Wall, 1988, S.63

[130] vgl. Marable, S.123, Marine, S.160, New Studies on the Left, S.132, Schuhler, o.J., S.63,68, Seale, S.210, Spichal, S.17,19
[131] Schuhler, o.J., S.68
[132] zitiert in: Cleaver, 1970 a, S.17
[133] vgl. Cleaver, 1970 a, S.16-24, Cleaver, Lockwood, 1971, S.13,34, Marine, S.157,158, Spichal, S.18
[134] Cleaver, 1980, S.126
[135] vgl. Cleaver, 1980, S.126,127
[136] vgl. Marine, S.169,170, Schuhler, o.J., S.70
[137] vgl. Schuhler, o.J., S.70
[138] vgl. Churchill, Vander Wall, 1988, S.47,48 und S.400, Anm.47, Schuhler, o.J., S.70
[139] vgl. Newton, Michael, S.198,199, Seale, S.313-317,320,321,333,334, Where it's at, S.224,225
[140] vgl. Amendt, S.189-194, Munzinger-Archiv, Ca-ABA, 27/70-P-11763**, Der Spiegel 30/1969, S.120
[141] vgl. Cleaver, Lockwood, 1971, S.19-21,23,24, Munzinger-Archiv, 41/82 K 012280-4/10 Ch-ABA, Newton, Michael, S.117
[142] vgl. Cleaver, 1980, S.128,130,131,140, Orient 5/1969, S.180, Orient 3/1973, S.105
[143] vgl. Schuhler, o.J., S.72, Seale, S.254, The Black Panther, Februar 1991, S.19
[144] vgl. Face Reality., S.6, Lernen: Subversiv Amerikkka, S.100-102, New Studies on the Left, S.133, Marable, S.125, Schuhler, 1971, S.264,265,271, Spichal, S.21
[145] vgl. Spichal, S.25
[146] Hinckle, S.124
[147] vgl. Davis, 1977, S.189,190, Schuhler, 1971, S.271, Spichal, S.93
[148] vg. Brandes, Burke, 1970, S.236,237, Hinckle, S.124, Marable, S.220, Anm.57, Spichal, S.176
[149] Schuhler, o.J., S.70
[150] Schuhler, o.J., S.70, vgl. Schuhler, o.J., S.70, Seale, S.317-319, The Black Panther, Februar 1991, S.18,19
[151] vgl. Where it's at
[152] Hinckle, S.124
[153] vgl. Hinckle, S.121-160, Leineweber/Schibel, S.104-106, 200 Jahre USA, S.106
[154] vgl. archiv '92, S.55-59, Churchill, Vander Wall, 1988, S.119, Michels, S.49-255
[155] vgl. Michels, S.257-278
[156] vgl. Buhle, Buhle, Georgakas, S.60,61, Hinckle, S.47-64, Tabelle nach: Hinckle, S.51
[157] vgl. Hinckle, S.49-51
[158] vgl. Hinckle, S.22-24,60,61
[159] vgl. Hinckle, S.17

[160] vgl. Widerstand in der US-Armee, S.10,14,21,26
[161] vgl. Widerstand in der US-Armee, S.9
[162] vgl. Widerstand in der US-Armee, S.14,15,34,35
[163] vgl. Widerstand in der US-Arme, S.7,34,35
[164] vgl. Widerstand in der US-Armee, S.15,36
[165] vgl. Widerstand in der US-Armee, S.7
[166] Widerstand in der US-Armee, S.20, Hervorhebung im Orginal durch auseinandergezogene Schreibweise
[167] vgl. Churchill, Vander Wall, 1988, S.51, Hayden, S.9,71,89,90 und S.7,8, Anm.2 und S.85, Anm.17, Schuhler, 1971, S.265,266, Seale, S.250-271, Der Spiegel 9/1970, S.96,97
[168] zitiert in: Hayden, S.79
[169] Der Spiegel 9/1970, S.96,97
[170] vgl. Churchill, Vander Wall, 1988, S.51, Davis, 1972, S.150, Hayden, S.7,64-78, Seale, S.279-302, Shakur, S.356, Der Spiegel 9/1970, S.96,97
[171] vgl. Churchill, Vander Wall, 1988, S.52,53, Churchill, Vander Wall, 1990, S.146, 147
[172] vgl. Davis, 1972, S.151,152, Der Spiegel 37/1970, S.122
[173] Davis, 1972, S.151, vgl. auch Newton, Michael, S.163-171
[174] vgl. Churchill, Vander Wall, 1988, S.64-66,69 und S.397,398, Anm.12 und 20
[175] vgl. Churchill, Vander Wall, 1988, S.XIII und S.64,65, New Studies on the Left, S.133, The Black Panther, Februar 1991, S.19
[176] vgl. Churchill, Vander Wall, 1988, S.65
[177] vgl. Churchill, Vander Wall, 1988, S.65,66
[178] vgl. Churchill, Vander Wall, 1988, S.67,68, und S.399, Anm.41
[179] vgl. Churchill, Vander Wall, 1988, S.68 und S.399,400, Anm.44 und 46
[180] vgl. Churchill, Vander Wall, 1988, S.69
[181] vgl. Churchill, Vander Wall, 1988, S.66
[182] Pumphrey, S.60
[183] vgl. Churchill, Vander Wall, 1988, S.69,70 und S.401-403, Anm.80 und 111
[184] Churchill, Vander Wall, 1988, S.71
[185] Churchill, Vander Wall, 1988, S.73
[186] vgl. Churchill, Vander Wall, 1988, S.71-73
[187] vgl. Churchill, Vander Wall, 1988, S.73
[188] vgl. Churchill, Vander Wall, 1988, S.73-77
[189] vgl. Churchill, Vander Wall, 1988, S.82, Pumphrey, S.66-69
[190] Davis, 1977, S.227
[191] vgl. Davis, 1977, S.216-229
[192] vgl. Churchill, Vander Wall, 1988, S.77,79-81, New Studies on the Left, S.87,88
[193] vgl. Churchill, Vander Wall, 1988, S.81

[194] vgl. Churchill, Vander Wall, 1988, S.84,86
[195] vgl. Churchill, Vander Wall, 1988, S.84-87, Pumphrey, S.69
[196] Churchill, Vander Wall, 1988, S.82
[197] vgl. Churchill, Vander Wall, 1988, S.81,82,85
[198] vgl. Churchill, Vander Wall, 1988, S.85
[199] vgl. Churchill, Vander Wall, 1988, S.85
[200] vgl. Churchill, Vander Wall, 1988, S.87
[201] Geschichte ist eine Waffe, Bd. 1, S.35, vgl. auch S.17-35
[202] vgl. Churchill, Vander Wall, 1988, S.94,95, Pumphrey, S.156,157
[203] vgl. Churchill, Vander Wall, 1988, S.94-96, Geschichte ist eine Waffe, Bd. 1, S.79-85,143
[204] vgl. Geschichte ist eine Waffe, Bd. 1, S.201-211
[205] Davis, 1977, S.90
[206] vgl. Davis, 1977, S.79-263, Munzinger Archiv, 36/83 P 013106-4/20 Da-ABA
[207] vgl. Churchill, Vander Wall, 1988, S.96, Davis, 1977, S.20-30,70-78
[208] vgl. New Studies on the Left, S.133, The Black Panther, Februar 1991, S.19
[209] vgl. Hilliard, Cole, S.312-314, Katsiaficas, S.134, Mumm, S.33, Spichal, S.25, The Black Panther, Februar 1991, S.19, vgl. auch das Dokument in: Katsiaficas, S.265-279
[210] vgl. Antiimperialistischer Kampf 1, ohne Seitenangabe, Churchill, Vander Wall, 1988, S.63, New Studies on the Left, S.133, Schuhler, o.J., S.57, Der Spiegel 13/1971, S.119
[211] zitiert in: Mumm, S.28, Übersetzung vom Verf. und Silja Freudenberger
[212] zitiert in: Antiimperialistischer Kampf 1, ohne Seitenangabe
[213] Antiimperialistischer Kampf 1 gibt allerdings das Datum mit dem 5.3. an, ohne Seitenangabe
[214] vgl. Antiimperialistischer Kampf 1, ohne Seitenangabe, Churchill, Vander Wall, 1988, S.40,87, Mumm, S.27-35, New Studies on the Left, S.133, Der Spiegel 13/1971, S.116,119, The Black Panther, Februar 1991, S.18,19
[215] mit den Zufügungen zitiert in: Churchill, Vander Wall, 1988, S.40, Übersetzung vom Verf. und Silja Freudenberger, vgl. auch S.40-42 und die Dokumente in: Fletcher, Jones, Lotringer, S.257-265
[216] vgl. Mumm, S.33,34, Spichal, S.207-211
[217] vgl. Cleaver, 1969, S.79-100
[218] vgl. Antiimperialistischer Kampf 1, ohne Seitenangabe, Mumm, S.34,35, Spichal, S.168,169,175,176
[219] vgl. Amendt, S.81-87, Cleaver, 1970 a, S.74, Seale, S.209
[220] vgl. Spichal, S.190-198
[221] vgl. Spichal, S.200
[222] Cleaver, Lockwood, 1971, S.43,44
[223] vgl. Cleaver, Lockwood, 1971, S.47,48
[224] vgl. Antiimperialistischer Kampf 1, ohne Seitenangabe, Mumm, S.35,36

225 vgl. Mumm, S.36
226 Spichal, S.95, vgl. auch The Black Panther, Februar 1991, S.20
227 vgl. Antiimperialistischer Kampf 1, ohne Seitenangabe

III. Fragmente

1. vgl. National Governors' Association, SIII-X und S.1-13, wobei diese offizielle Studie bewaffneten Links- und Rechtsextremismus gleichsetzt und ihre Angaben damit für den hier behandelten Zusammenhang nur bedingt tauglich sind
2. Der Spiegel 22/1974, S.98
3. vgl. Schwarzer Faden, »Nostalgienummer« 1985, S.91, Der Spiegel 15/1974, S.125,126, Der Spiegel 22/1974, S.98, Der Spiegel 9/1976, S.97-105, Der Spiegel 21/1977, S.236, Der Spiegel 20/1981, S.98, Der Spiegel 51/1981, S.116-124, Der Spiegel 52/1981, S.110-117, Der Spiegel 53/1981, S.74-98
4. vgl. Geschichte ist eine Waffe, Bd.1, S.270-272, Konkret 8/85, S.34-38 und 4/90, S.23, Right On, S.53, Anm.26, 200 Jahre USA, S.57-70,97-114
5. vgl. Shakur, S.349
6. vgl. Can't Jail the Spirit, S.200
7. zitiert in: Im Herzen der Bestie, S.36, dort in Großbuchstaben, vgl. auch S.33-38 und archiv '92, S.24,25,60-62, Buhle, Buhle, Georgakas, S.62
8. Information auf einer Veranstaltung mit VertreterInnen der puertoricanischen Befreiungsbewegung am 29.4.1991 in Köln, vgl. auch archiv '92, S.30
9. vgl. archiv '92, S.17,24, und 61-63
10. vgl. Brown, S.347-353, Hilliard, Cole, S.369-378, New Studies on the Left, S.134, Newton, Michael, S.207,208
11. Der Spiegel 21/1972, S.18
12. zitiert in: Antiimperialistischer Kampf 1, ohne Seitenangabe, vgl. Brown, S.311-450
13. vgl. Antiimperialistischer Kampf 1, ohne Seitenangabe, Hilliard, Cole, S.382,384, Munzinger Archiv, 47/73-P-13727 NA-ABA und 42/89, P013727-2 NA-ABA, New Studies on the Left, S.134,135, Newton, Michael, S.211,212, Schwarzer Faden 2/1991, S.54, Shakur, S.354, Der Spiegel 21/1972, S.18
14. vgl. Churchill, Vander Wall, 1988, S.XI, Geschichte ist eine Waffe, Bd.1, S.266,267, Shakur, S.344,345,355, Tani, Sera, S.214,215 und S.232, Anm., The Black Panther, Februar 1991, S.19
15. Shakur, S.304
16. Shakur, S.305,306, vgl. auch S.210-216,303-306
17. vgl. New Studies on the Left, S.136, Tani, Sera, S.210,211
18. vgl. Right On, S.45-49, Tani, Sera, S.216,217
19. Im Herzen der Bestie, Nr.7, S.7, vgl. auch Churchill, Vander Wall, 1990, S.309, Tani, Sera, S.232, Anm.
20. zitiert in: Im Herzen der Bestie, Nr.7, S.8

[21] zitiert in: Im Herzen der Bestie, Nr.7, S.9, dort in Großbuchstaben abgedruckt, vgl. auch S.6-9 und Tani, Sera, S.231-234
[22] Shakur, S.345, vgl. Angehörigen Info, Nr.61, S.9, Churchill, Vander Wall, 1988, S.364,365 und S.464, Anm.57,58, Churchill, Vander Wall, 1990, S.411, Anm.25, Im Herzen der Bestie, Info No.5, September 1980, S.12, Right On, S.45-49, Tani, Sera, S.238,239
[23] vgl. Churchill, Vander Wall, 1988, S.365
[24] vgl. Angehörigen Info, Nr.61, S.9, Churchill, Vander Wall, 1990, S.315, Interview mit politischen Gefangenen in den USA, S.5-20, Konkret 4/90, S.24
[25] vgl. Panther, The socialist voice of the black & asian community, Spring 1991 Issue No3, Summer 1991 Issue No 4, Spring 1993 Issue No 7 und Summer 1993 Issue No 8, The Independent vom 5.10.1992, The Times vom 5.10.1992, sowie eigene Erfahrungen des Verfassers in Londoner Buchläden im Frühjahr 1994
[26] vgl. Sunday Telegraph vom 15.4.1990, The Guardian vom 22.8.1992
[27] Schwarzer Faden, 2/91, S.55
[28] zitiert in: Schwarzer Faden, 2/91, S.58,59
[29] zitiert in: Schwarzer Faden, 2/91, S.59, Rechtschreibfehler im Orginal wurden korrigiert
[30] zitiert in: Schwarzer Faden, 2/91, S.59, Rechtschreibfehler im Orginal wurden korrigiert, vgl. auch Schwarzer Faden, 2/91, S.52-58
[31] vgl. The Black Panther, Herbst 1991, S.6
[32] The Black Panther, Februar 1991, S.1
[33] vgl. The Black Panther, Februar 1991
[34] vgl. The Black Panther, Herbst 1991, S.6
[35] vgl. The Black Panther, Sommer 1991, The Black Panther, Herbst 1991
[36] vgl. The Black Panther, Herbst 1992
[37] zitiert in: Konkret 12/89, S.31, vgl. Right On, S.24-26, S.133,134 und S.140
[38] Konkret 12/89, S.32
[39] Konkret 12/89, S.30
[40] vgl. Angehörigen Info, Nr.61, S.9,10, Fletcher, Jones, Lotringer, S.127, Konkret 12/89, S.30-32
[41] vgl. z. B. die Einleitungsabsätze zu den einzelnen Interviews in Right On
[42] vgl. 17°C, Nummer 7, S.50 und S.60, Anm. 10
[43] vgl. Buhle, Buhle, Georgakas, S.841, King, Deborah, S.188 und S.205
[44] vgl. Black Voice, Vol 23 No 1 1992, S.12, Jacob, S.42, Kreye, S.101, Marable, S.178,179, Right On, S.24, Shakur, S.353, Der Spiegel 12/1977, S.123,124, Der Spiegel 17/1984, S.122, Der Spiegel 24/1985, S.138-151, taz vom 21.2.90, S.13, vgl. auch Ende/Steinbach, S.149 und S.468,469 (wobei einige Informationen mit Vorsicht zu genießen sind)
[45] vgl. Kreye, S.97-107
[46] vgl. http://www.vida.com/speakout/

47 vgl. Shakur, S.345, http://www.interchange.org/kwameture/AP112298.html, http://www.interchange.org/KwameTure/latimes111698.html, http://www.interchange.org/KwameTure/biography.html
48 vgl. Churchill, Vander Wall, 1988, S.405, Anm.132, Cleaver, 1980, S.116-120,128,129,142-162,167-193,199-208,229-231 Munzinger Archiv, 41/82 K 012280-4/10 Ch-ABA, Orient 3/1973, S.105,106, Piek, S.111, Shakur, S.347, Der Spiegel 44/1975, S.232-237, http://cjonline.com/stories/050298/new_blkpanther.shtml, http://www.britannica.com/, http://www.fiv.edu/fcf/cleaver5298.html
49 vgl. http://www.law.emory.edu/LAW/CATALOG/faculty/cleav.html
50 vgl. Churchill, Vander Wall, 1988, S.96, Davis, 1977, S.316-324,331-373, Der Spiegel 25/1972, S.85,86
51 vgl. Munzinger Archiv, 36/83 P 013106-4/20 DA-ABA, Der Spiegel 2/1992, S.107, The Guardian vom 30.12.1991, http:/www.hawaii.edu/ur/News_Releases/NR_Jan/Davis.html
52 vgl. http://www.vida.com/speakout/, http://oac.cdlib.org:28008/dynaweb/ead/stanford/m0864
53 vgl. Geschichte ist eine Waffe, Bd. 1, S.104,105, Der Spiegel 36/1971, S.102
54 zitiert in: Geschichte ist eine Waffe, Bd. 1, S.253
55 vgl. Geschichte ist eine Waffe, Bd. 1, S.184-195,222,223
56 vgl. Geschichte ist eine Waffe, Bd. 1, S.65, Interview mit politischen Gefangenen in den USA, S.31, New Studies on the Left, S.76
57 Geschichte ist eine Waffe, Bd. 1, S.255, vgl. New Studies on the Left, S.76, 200 Jahre USA, S.62
58 vgl. Churchill, Vander Wall, 1988, S.98, Geschichte ist eine Waffe, Bd. 1, S.4,121-131, New Studies on the Left, S.76
59 vgl. http://dcwi.com/ magee/nyasha.html
60 vgl. New Studies on the Left, S.133, Newton, Michael, S.65
61 vgl. New Studies on the Left, S.134
62 vgl. Munzinger Archiv, 42/89, P013727-2 Na-ABA, New Studies on the Left, S.134,135
63 vgl. New Studies on the Left, S.135
64 vgl. Churchill, Vander Wall, 1988, S.397, Anm.2, New Studies on the Left, S.135
65 vgl. New Studies on the Left, S.129-131,135
66 vgl. Churchill, Vander Wall, 1988, S.87-94, http://mediafilter.org/shadow/S42/S42geronimo.html
67 vgl. Cohn-Bendit, S.43-47, Education for Socialists, S.54,55, Munzinger Archiv, 42/89, P013727-2 Na-ABA, NOMMO, Oktober 1989, S.12, Schwarzer Faden 2/1991, S.56,57, http://www.bobbyseale.com/
68 Geschichte ist eine Waffe, Bd.1, S.220,221
69 zitiert in: Geschichte ist eine Waffe, Bd.1, S.224
70 zitiert in: Geschichte ist eine Waffe, Bd.1, S.224

[71] vgl. Geschichte ist eine Waffe, Bd.1, S.219-251, Der Spiegel 39/1971, S.112, Der Spiegel 1/1982, S.87
[72] vgl. agipa-press informationsbulletin, oktober 1991, S.9
[73] vgl. Pumphrey, S.153,154
[74] vgl. Im Herzen der Bestie, Nr.7, S.28
[75] Der Spiegel 1/1982, S.89
[76] vgl. Der Spiegel 1/1982, S.89
[77] vgl. Pumphrey, S.219,220
[78] vgl. Acoli, S.43-47, New Studies on the Left, S.22,23
[79] vgl. Angehörigen Info, Nr.28, S.3,4, Fletcher, Jones, Lotringer, S.137, 138, 144, 145, 161, 162
[80] vgl. agipa-press informationsbulletin, oktober 1991, S.7,8
[81] vgl. The Black Panther, Herbst 1991, S.21
[82] vgl. Prison News Service, September/October 1992, Nummer 7, S.1
[83] vgl. Der Spiegel 30/1977, S.84,85, Der Spiegel 39/1977, S.156
[84] vgl. Marable, S.187, Pumphrey, S.41-44, Der Spiegel 22/1980, S.129, 132
[85] vgl. Der Spiegel 21/1983, S.134
[86] vgl. taz vom 11.5.1991, S.7
[87] vgl. Frankfurter Rundschau vom 29.8.91, S.3, Kreye, S.91, taz vom 22.8.91, S.8, taz vom 23.8.91, S.9, taz vom 24.8.91, S.8
[88] Phillips, hinterer Umschlagstext
[89] Der Spiegel 19/1992, S.184
[90] vgl. Der Spiegel 19/1992, S.185-187, Süddeutsche Zeitung Nr. 102, 4. Mai 1992, S.2, taz vom 2.5.92, S.2,3, The Black Panther, Herbst 1992, S.15
[91] vgl. Dunne, S.109-115 und S.120-123, Keil, S.287,288, Konkret 6/92, S.41, Süddeutsche Zeitung Nr.104, 6. Mai 1992, S.8, und Nr.105, 7. Mai 1992, S.3, taz vom 2.5.92, S.2,3, Die Zeit, Nr.20, 8. Mai 1992, S.15,16, aus den unterschiedlichen Zahlenangaben der Quellen wurde versucht, ein realistisches Mittel zu finden
[92] vgl. Dunne, S.10-18 und S.106-109, Kreye, S.33, Der Spiegel 19/1992, S.184,186, taz vom 2.5.92, S.2, Die Zeit, Nr.20, 8. Mai 1992, S.15
[93] vgl. Frankfurter Rundschau, Nr.102, 2. Mai 1992, S.2, Der Spiegel 19/1992, S.184, Süddeutsche Zeitung Nr.101, 2./3. Mai 1992, S.4, taz vom 2.5.92, S.3, Die Zeit, Nr.20, 8. Mai 1992, S.15,16
[94] vgl. Keil, S.296,297, Kreye, S.21-43 und S.279,280
[95] zitiert in: Keil, S.299
[96] vgl. Keil, S.290 und S.298-300, Kreye, S.133,134, Spex, 10/93, S.25-27
[97] vgl. Frankfurter Rundschau vom 8.7.1992, 9.7.1992, 11.7.1992
[98] Oberhessische Presse vom 6.8.1993, vgl. Frankfurter Rundschau vom 11.3.1993, 13.4.1993, 19.4.1993, taz vom 19.4.1993
[99] Kreye, S.279

IV. Beschluß

1. vgl. Maitre, S.51-83,106-117,125-137
2. vgl. Marine, S.19,21,186-196
3. vgl. Schuhler, ohne Jahresangabe, S.72,73, Schuhler, 1971, S.270,271
4. Brandes, Burke, 1970, S.237
5. vgl. Brandes, Burke, 1970, S.229-239,252
6. Coppestone, S.17, vgl. auch S.18
7. vgl. Mumm, S.33-35
8. Winston, S.1691
9. Winston, S.1685, vgl. auch S.1684-1693 und Spichal, S.264, Anm.375
10. vgl. Spichal, S.213-220
11. Antiimperialistischer Kampf 1, ohne Seitenangaben, vgl. auch Newton, Huey P., S.94-96
12. vgl. Antiimperialistischer Kampf 1, ohne Seitenangabe
13. vgl. Education for Socialists, S.47-55
14. vgl. Tani, Sera, S.189-196
15. vgl. Avakian, S.1-17
16. Prescod-Roberts, S.179
17. vgl. Prescod-Roberts, S.179,180,189
17a. Schwarzer Widerstand und Befreiungsbewegung seit dem 17. Jahrhundert in den USA, S.46
18. Piven, Cloward, 1986, S.12
19. Piven, Cloward, 1986, S.13
20. vgl. Piven, Cloward, 1986, S.12,13
21. vgl. Cooper, S.92, Marcuse, 1988, S.42-54
22. Marcuse, 1988, S.29
23. Marcuse, 1988, S.32, vgl. auch S.24-32,69,70
24. Cooper, S.95
25. Piven, Cloward, 1986, S.203
26. vgl. Piven, Cloward, 1986, S.217-226,235-281
27. vgl. Davis, 1977, S.206
28. vgl. Cleaver, 1970 a, S.18-20
29. vgl. z.B. Churchill, Vander Wall, 1988, S.49,51, Marable, S.143, New Studies on the Left, S.133, Pumphrey, S.213,214
30. zitiert in: Spichal, S.39
31. vgl. oben und New Studies on the Left, S.134
32. Antiimperialistischer Kampf 1, ohne Seitenangabe
33. vgl. Churchill, Vander Wall, 1988, S.88 und S.408, Anm.169
34. vgl. Right On, S.38,39
35. vgl. Churchill, Vander Wall, 1988, S.68
36. siehe oben

[37] Shakur, S.279, vgl. auch S.278-280
[38] Marcuse, 1988, S.61, vgl. auch S.60
[39] vgl. Antiimperialistischer Kampf 1, ohne Seitenangabe
[40] vgl. Lernen: subversiv Amerikkka, S.100-102
[41] Saul Alinsky, zitiert in: Der Spiegel 13/1971, S.119
[42] Amendt, S.78
[43] Piven, Cloward, 1986, S.19
[44] vgl. Schwarzer Faden 2/1991, S.54
[45] vgl. Schwarzer Faden 2/1991, S.55
[46] siehe oben
[47] vgl. Face Reality., S.6, Lernen: subversiv Amerikkka, S.100-102, Marcuse, 1975, S.51-53, Pumphrey, S.83-88, Der Spiegel 46/1971, S.148,150
[48] siehe oben
[49] Capelleveen, S.95,96
[50] vgl. Capelleveen, S.95-97
[51] siehe oben
[52] vgl. Konkret 3/92, S.39
[53] vgl. Seale, S.352,353
[54] Cooper, S.92,93
[55] entfällt
[56] Marx, S.19
[57] Monaco, S.365
[58] vgl. Die Beute, Winter 1995/96, S.8-18, Monaco, S.365,387,388, Neue Züricher Zeitung vom 10.10.1995, S.31, Spex, Februar 1996, S.48,49, Van Peebles, S.149
[59] zitiert in: Marcuse, 1980, S.134
[60] vgl. Can't Jail the Spirit, Face Reality., S.4-10,59-112,118-120
[61] vgl. Angehörigen Info, Nr.16, S.3,4, Kreye, S.74-93, Right On, S.40,42
[62] vgl. Der Fischer Weltalmanach '95, Spiegel special, S.36, taz vom 8.3.90, S.13
[63] vgl. Marable, S.169-172
[64] vgl. Adams, Lösche, S.642, The Militant, October 4, 1991, S.2; Andere Quellen geben an, ohne ihre Kategorien zu benennen, daß sich der schwarze Mittelstand auf ca. ein Drittel der schwarzen Bevölkerung vergrößert hat. vgl. Der Spiegel 19/1992, S.187, Die Zeit, Nr.20, S.18
[65] vgl. http://www.census.gov/hhes/income/income98/incxrace.html
[66] vgl. Adams, Lösche, S.656, http://www.census.gov/population/socdemo/race/black/tabs98/tab01.txt
[67] vgl. Angehörigen Info, Nr.61, S.5, Capelleveen, S.99-103, Der Fischer Weltalmanach '95, Spiegel special, S.37, taz vom 8.3.90, S.13, Die Zeit, 18. Februar 1994
[68] Capelleveen, S.103

69 Sidney Wilhelm, Black in a White America, Cambridge, Mass., 1983, zitiert in: Capelleveen, S.100
70 vgl. Adams, Lösche, S.642,674-680
71 vgl. Adams, Lösche, S.641
72 vgl. Adams, Lösche, S.691, Capelleveen, S.106, Der Fischer Weltalmanach '95, Face Reality., S.7, taz vom 8.3.90, S.13, http://www.cdc.gov/nchs/releases/99facts/99sheets/97mortal.htm, The Militant, October 4, 1991, S.2,7, Spiegel special, S.35,37,82, taz vom 8.3.90, S.13, Die Zeit, Nr.3, 10.1.1992
73 vgl. Capelleveen, S.105-107, Piven, Cloward, 1986, S.289-399
74 Face Reality., S.6, vgl. Davis, 1999a, S.1, Right On, S.157
75 Abu-Jamal, S.54, vgl. auch S.137
76 vgl. Capelleveen, S.107-109, Face Reality., S.5,7, New Studies on the Left, S.23-25, taz vom 8.3.90, S.13
77 Die Zeit, Nr.3, 10.1.1992
78 vgl. New Studies on the Left, S.24
79 vgl. Angehörigen Info, Nr.61, S.5, Face Reality., S.7, http://www.cdc.gov/nchs/releases/99facts/99sheets/97mortal.htm, The Black Panther, Februar 1991, S.26, Die Zeit, Nr.3, 10.1.1992
80 vgl. Spiegel special, S.36,82, The Black Panther, Sommer 1994
81 vgl. Fischer Weltalmanach '95, Spiegel special, S.36
82 vgl. Diederichsen, S.191-203, Frankfurter Rundschau vom 18.10.1995, Spiegel special, S.35-38, taz vom 16.10.1995
83 vgl. Frankfurter Rundschau vom 18.10.1995, Der Spiegel 7/1994, S.150,151, Spiegel special, S.21,35-38, taz vom 16.10.1995
84 Finzsch, Horton, Horton, S.576,577
85 vgl. Office of Management and Budget, Revisions to the Standards for the Classification of Federal Data on Race and Ethnicity, http://www.census.gov/population/www/socdemo/race/Ombdir15.html, U.S. Bureau of the Census, Recommendations from the Interagency Committee for the Review of the Racial and Ethnic Standards to the Office of Management and Budget Concerning Changes to the Standards for the Classification of Federal Data on Race and Ethnicity, http://www.census.gov/population/www/socdemo/race/Directive_15.html
86 vgl. Finzsch, Horton, Horton, S.11,574, Schülting, S.98-100
87 Davis, 1999b, S.459
88 vgl. Davis, 1999b, S.459-465
89 Lüthje, Scherrer, S.260,261
90 Lüthje, Scherrer, S.261
91 vgl. Lüthje, Scherrer, S.260,261,270
92 vgl. Davis, 1999c, S.201-223
93 vgl. Microsoft Cinemania 97, Stichwort: Strange Days

Literatur

Abu-Jamal, Mumia, ... aus der Todeszelle, Live from Death Row, Bremen, 1995
Acoli, Sundiata, Sunviews, Newark, 1983
Adams, Willi Paul/ Lösche, Peter (Hrsg.), unter Mitarbeit von Anja Ostermann, Länderbericht USA, Geschichte Politik Geographie Wirtschaft Gesellschaft Kultur, 3. Auflage, Bonn, 1998
agipa-press informationsbulletin, Nachrichten und Hintergründe zur Kampagne für Mumia Abu-Jamal und die politischen Gefangenen in den USA, Bremen, Oktober 1991
Amendt, Gerhard, Hrsg., Black Power, Dokumente und Analysen, Frankfurt am Main, 1970,1971
Amerika Gegeninformationspresse, Agipa-Press, Bremen, Juli 1990
Amerik(k)a »The Sixties«, Gulliver 21, Argument-Sonderband AS 156, Berlin, Hamburg, 1987
Angehörigen Info, Herausgegeben von den Angehörigen und FreundInnen der politischen Gefangenen in der BRD, Hamburg, Köln, verschiedene Nummern
Antiimperialistischer Kampf 1, Materialien & Diskussion, Zur Spaltung der Black Panther Partei, ohne Jahrgang
archiv '92, Puerto Rico libre!, Kolonie der USA?, Hrsg. Archiv 1992, Archiv für transatlantische Sozial- und Kulturgeschichte, Bremen, Mai 1991
Avakian, Bob, Summing Up, The Black Panther Party, Chicago, ohne Jahrgang
Black Power, Dokumentation, Hrsg. Dutschke, Hammer, Hoornweg, Jacob-Baur, Petermann, Berlin, ohne Jahrgang
Black Voice, Popular Paper of the Black Unity & Freedom Party., Vol 23 No 1 1992, London, 1992
Brandes, Volkhard, Burke, Joyce, U.S.A. – Vom Rassenkampf zum Klassenkampf, Die Organisierung des schwarzen Widerstandes, München, 1970
Brandes, V. H., Burke, Joyce, Hrsg., NOW, Der schwarze Aufstand, München, 1968
Brown, Elaine, A Taste of Power, A Black Woman's Story, New York, 1992, 1994
Buhle, Mari Jo, Buhle, Paul, Georgakas, Dan (Editors), Encyclopedia of the American Left, Urbana und Chicago, 1990, 1992
Can't Jail the Spirit, Political Prisoners in the U.S., A Collection of Biographies, Chicago, ohne Jahresangabe
Capelleveen, Remco van, Rassismus und »American Dream«: Zur Lebenswirklichkeit der afro-amerikanischen Bevölkerung in den USA, in: Unger, Frank, Hrsg., Amerikanische Mythen, Zur inneren Verfassung der Vereinigten Staaten, Frankfurt/Main, New York, 1988, S.81-112
Capelleveen, Remco van, Rassismus und »American Dream« – Afro-AmerikanerInnen in den USA –, in: Rassismus, Texte zur antifaschistischen Diskussion I, Münster, 1993, S.62-72

Carmichael, Stokely, Hamilton, Charles V., Black Power, Die Politik der Befreiung in Amerika, Stuttgart, 1968
Carroll, Lewis, Alice hinter den Spiegeln, Frankfurt am Main, 1963, 1981
Churchill, Ward, Vander Wall, Jim, Agents of Repression, The FBI's Secret Wars Against the Black Panther Party and the American Indian Movement, Boston, 1988
Churchill, Ward, Vander Wall, Jim, The COINTELPRO Papers, Documents from the FBI's Secret Wars Against Dissent in the United States, Boston, 1990
Cleaver, Eldridge, Seele auf Eis, München, 1969
Cleaver, Eldridge, Nach dem Gefängnis, Reinbek bei Hamburg, 1970 a
Cleaver, Eldridge, Zur Klassenanalyse der Black Panther Partei, Frankfurt/M., 1970 b
Cleaver, Eldridge, Lockwood, Lee, Gespräche in Algier, München, 1971
Cleaver, Eldridge, Seele im Feuer, Neuhausen-Stuttgart, 1980
Cohn-Bendit, Daniel, Wir haben sie so geliebt, die Revolution, Frankfurt am Main, 1987
Cooper, David, Hrsg., Dialektik der Befreiung, Reinbek bei Hamburg, 1969
Coppestone, Mike, Wie steht es um die Black Panthers?, in: UZ, Nr.19/8. Mai 1971, S.17,18
Davis, Angela Y., Der industrielle Gefängniskomplex, in: So oder So, Nr.3, 1999a
Davis, Angela, Materialien zur Rassenjustiz, Neuwied am Rhein und Berlin, 1972
Davis, Angela, Mein Herz wollte Freiheit, Eine Autobiographie, München, 1977
Davis, Angela, Rassismus und Sexismus, Schwarze Frauen und Klassenkampf in den USA, Westberlin, 1982
Davis, Mike, Ökologie der Angst, Los Angeles und das Leben mit der Katastrophe, München, 1999b
Davis, Mike, Casino Zombies und andere Fabeln aus dem Neon-Westen der USA, Berlin, Hamburg, 1999c
Der Fischer Weltalmanach '95, Frankfurt am Main, 1994
Die Beute, Politik und Verbrechen, Winter 1995/96, Frankfurt, Berlin, 1996
Diederichsen, Dietrich (Hg.), Yo! Hermeneutics!, Schwarze Kulturkritik, Pop, Medien, Feminismus, Berlin, 1993
Dratch, Howard B., Der Beginn der Black Power, in: Dreßen, Wolfgang, Hrsg., Sozialistisches Jahrbuch 1, Berlin, 1970, S.50-99
Dunne, John Gregory, Faustrecht, Polizeiwillkür in Los Angeles, München, Wien, 1992
Education for Socialists, Prepared by the National Education Department Socialist Workers Party, Independent Black Political Action 1954-78, New York, July 1982
Ende, Werner/Steinbach, Udo, Hrsg., Der Islam in der Gegenwart, München, 1991
Face Reality., There are Political Prisoners in the U.S.A., Freedom Now!, Reihe -texte-, Dokumentationen zur Zeitgeschichte 6, München, Köln, 1991

Fanon, Frantz, Die Verdammten dieser Erde, Frankfurt am Main, 1981
Finzsch, Norbert, Horton, James O., Horton, Lois E., Von Benin nach Baltimore, Die Geschichte der African Americans, Hamburg, 1999
Fletcher, Jim, Jones, Tanaquil, Lotringer, Sylvere (Editors), Still Black, Still Strong, Survivors of the U.S. War against Black Revolutionaries, Dhoruba Bin Wahad, Mumia Abu-Jamal, Assata Shakur, New York, 1993
Frankfurter Rundschau, verschiedene Ausgaben aus verschiedenen Jahren
Geschichte ist eine Waffe, Bd.1., Comrade George & Attica, Bremen, 1987
Hayden, Tom, Der Prozeß von Chicago, Frankfurt am Main, 1971
Hetmann, Frederik, Sklaven - Nigger - Schwarze Panther, Ravensburg, 1972
Hilliard, David, Cole, Lewis, This Side of Glory, The Autobiography of David Hilliard and the Story of the Black Panther Party, Boston, Toronto, London, 1993
Hinckle, Warren, Guerilla-Krieg in USA, Stuttgart, 1971
Im Herzen der Bestie, Info No.5, Hrsg. Arbeitskreis Antiimperialistische Solidarität (AKAS), Düsseldorf, September 1980
Im Herzen der Bestie, Info Nr.7, Hrsg. Arbeitskreis Antiimperialistische Solidarität (AKAS), Düsseldorf, Juli 1982
http://cjonline.com/stories/050298/new_blkpanther.shtml, besucht am 23.12.1999
http://dcwi.com/~magee/nyasha.html, besucht am 15.1.2000
http://mediafilter.org/shadow/S42/S42geronimo.html, besucht am 3.1.2000
http://oac.cdlib.org:28008/dynaweb/ead/stanford/m0864, besucht am 5.1.2000
http://www.bobbyseale.com/, besucht am 5.1.2000
http://www.britannica.com/, besucht am 10.1.2000
http://www.cdc.gov/nchs/releases/99facts/99sheets/97mortal.htm, besucht am 19.1.2000
http://www.census.gov/hhes/income/income98/incxrace.html, besucht am 19.1.2000
http://www.census.gov/population/socdemo/race/black/tabs98/tab01.txt, besucht am 19.1.2000
http://www.fiv.edu/~fcf/cleaver5298.html, besucht am 23.12.1999
http:/www.hawaii.edu/ur/News_Releases/NR_Jan/Davis.html, besucht am 3.1.2000
http://www.interchange.org/kwameture/AP112298.html, besucht am 3.1.2000
http://www.interchange.org/KwameTure/biography.html, besucht am 3.1.2000
http://www.interchange.org/KwameTure/latimes111698.html, besucht am 3.1.2000
http://www.law.emory.edu/LAW/CATALOG/faculty/cleav.html, besucht am 23.12.1999
http://www.vida.com/speakout/, besucht am 5.1.2000
»Inmitten der Krise gibt es Hoffnung...« Gespräche mit Leuten vom puertorikanischen Kulturzentrum in Chicago/ USA, Sept. 1992, Wiesbaden, 1992
Interview mit politischen Gefangenen in den USA, Stadtgefängnis Washington, D.C., Oktober 1989, Hamburg, Köln, April 1990

Jacob, Günther, Agit-Pop, Schwarze Musik und weiße Hörer, Texte zu Rassismus und Nationalismus, HipHop und Raggamuffin, Berlin, 1993

Jones, Charles, Black Panther Party Reconsider, Baltimore, 1998

Katsiaficas, George, The Imagination of the New Left: A Global Analysis of 1968, Boston, 1987

Keil, Roger, Weltstadt – Stadt der Welt, Internationalisierung und lokale Politik in Los Angeles, Münster, 1993

King, Deborah, Mehrfache Unterdrückung, vielfältiges Bewußtsein, Der Kontext eines schwarzen Feminismus, in: Basta!, Frauen gegen Kolonialismus, Berlin, 1992, S.176-212

King, Martin Luther, Testament der Hoffnung, Letzte Reden, Aufsätze und Predigten, Gütersloh, 1981

Koenen, Anne, Zeitgenössische Afro-amerikanische Frauenliteratur, Selbstbildnis und Identität bei Toni Morrison, Alice Walker, Toni Cade Bambara und Gayl Jones, Frankfurt/Main, New York, 1985

Konkret 8/85, S.34-38; 12/89, S.30-34; 4/90, S.23-25; 3/92, S.38-42, 6/92, S.38-41

Kreye, Andrian, Aufstand der Gettos, Die Eskalation der Rassenkonflikte in Amerika, Köln, 1993

Leineweber, Bernd, Schibel, Karl-Ludwig, Die Revolution ist vorbei – wir haben gesiegt, Die Community-Bewegung. Zur Organisationsfrage der Neuen Linken in den USA und der BRD, Internationale Marxistische Diskussion 44, Berlin, 1975

Lernen: subversiv Amerikkka, ein Lese – Bilder – Buch, Frankfurt/Main, 1974

Lester, Julius, Essays eines schwarzen Sozialisten, Frankfurt (Main), 1970

Lüthje, Boy, Scherrer, Christoph (Hrsg.), Zwischen Rassismus und Solidarität: Diskriminierung, Einwanderung und Gewerkschaften in den USA, Münster, 1997

Mailer, Norman, Nixon in Miami und die Belagerung von Chicago, Reinbek bei Hamburg, 1969

Maitre, H. Joachim, Black Power, Ein amerikanisches Problem, München, Wien, 1972

Marable, Manning, Race, Reform and Rebellion: The Second Reconstruction in Black America, 1945-1982, London, Basingstoke, 1984

Marcuse, Herbert, Der eindimensionale Mensch, Studien zur Ideologie der fortgeschrittenen Industriegesellschaft, Frankfurt am Main, 1967,1988

Marcuse, Herbert, Versuch über die Befreiung, Frankfurt am Main, 1969,1980

Marcuse, Herbert, Zeit-Messungen, Frankfurt am Main, 1975

Marine, Gene, Black Panthers, Hamburg, 1970

Marx, Karl, Der achtzehnte Brumaire des Louis Bonaparte, Berlin, 1982

Michels, Peter M., Aufstand in den Ghettos, Zur Organisierung des Lumpenproletariats in den USA, Frankfurt am Main, 1972

Michels, Peter M., Bericht über den politischen Widerstand in den USA, Frankfurt am Main, 1974

Microsoft Cinemania 97, The Best-Selling Interactice Guide to Movies and the Moviemakers, CD-ROM

Monaco, James, Film verstehen, Reinbek bei Hamburg, 1980, 1995

Mumm, Hans Martin, Zur Spaltung der Black Panther Party, in Neues Rotes Forum 2/71, S.27-36

Munzinger-Archiv, Internationales Biographisches Archiv

National Governors' Association, Domestic Terrorism, Washington, D.C., 1979

Neue Züricher Zeitung, 10.10.1995

New Studies on the Left, Vol. XIV, Nos. 1&2, 1989, The Prison Issue

Newton, Huey P., Selbstverteidigung!, Frankfurt/M, 1971

Newton, Huey P. To Die for the People, Erstauflage 1972, New York, 1995

Newton, Huey P., Revolutionary Suicide, Erstauflage 1973, New York, 1995

Newton, Huey P., War Against the Panthers, A Study of Repression in America, New York, 1996

Newton, Michael, Bitter Grain, Huey Newton and the Black Panther Party, Los Angeles, 1980, 1991

NOMMO, The African Student News Magazine at UCLA, Los Angeles, Oktober 1989

Oberhessische Presse, 6. August 1993

Office of Management and Budget, Revisions to the Standards for the Classification of Federal Data on Race and Ethnicity, http://www.census.gov/population/www/socdemo/race/Ombdir15.html, besucht am 15.11.1999

Orient 5/1969, 3/1973, 1/1982

Panther, The socialist voice of the black & asian community, Spring 1991 Issue No 3, Summer 1991 Issue No 4, Spring 1993 Issue No 7, Summer 1993 Issue No 8

Pearson, Hugh, The shadow of the panther, Huey Newton and the price of black power in America, Reading, Massachusetts, 1994

Phillips, Mike, nach dem Drehbuch von John Singleton, Boyz N the Hood, Jungs im Viertel, Frankfurt am Main, 1992

Piek, Werner, Algerien, Die wiedergewonnene Würde, Hildesheim, 1987

Piven, Frances Fox, Cloward, Richard A., Regulierung der Armut, Die Politik der öffentlichen Wohlfahrt, Frankfurt am Main, 1977

Piven, Frances Fox, Cloward, Richard A., Aufstand der Armen, Frankfurt am Main, 1986

Prescod-Roberts, Margaret, Schwarze Frauen, Sozialhilfe und Dritte Welt, in: Frauen als bezahlte und unbezahlte Arbeitskräfte, Beiträge zur 2. Berliner Sommeruniversität für Frauen – Oktober 1977, S.179-189, Hrsg. Dokumentationsgruppe der Sommeruniversität für Frauen e.V. Berlin, Berlin, 1978

Prison News Service, September/October 1992, Number 37

Pumphrey, Doris u. George, Ghettos und Gefängnisse: Rassismus und Menschenrechte in den USA, Köln, 1982

Report of the National Advisory Commission on Civil Disorders, New York, 1968

Right On (Hg.), Black Power, Interviews mit (Ex-)Gefangenen aus dem militanten schwarzen Widerstand, Berlin, 1993

Schülting, Michael, Migration und Rassismus, Die Einwanderungsdebatte in den USA, Köln, 1988

Schuhler, C., Black Panther, Zur Konsolidierung des Klassenkampfes in den U.S.A., Trikont - Schriften zum Klassenkampf Nr. 12, München, ohne Jahrgang

Schuhler, Conrad, Angela Davis und die »Einheitsfront gegen den Faschismus« in den USA, in: Blätter für deutsche und internationale Politik 3/1971, S.261-272

Schwarzer Faden, Anarchistische Vierteljahresschrift, »Nostalgienummer« 1985

Schwarzer Faden, Vierteljahresschrift für Lust und Freiheit, 2/91

Schwarzer Widerstand und Befreiungsbewegung seit dem 17. Jahrhundert in den USA, Beiträge zu einem internationalistischen Feminismus, Bielefeld, April 1995

Seale, Bobby, Seize The Time: The Story of the Black Panther Party and Huey P. Newton, Erstauflage 1970, Baltimore, 1991

Seale, Bobby, Wir fordern Freiheit, Der Kampf der Black Panther, Frankfurt am Main, 1971

Shakur, Assata, Assata, Eine Autobiographie aus dem schwarzen Widerstand in den USA, Bremen, 1990

17°C, Zeitung für den Rest, Nummer 7, 1. Quartal 1994

Smith, Jennifer B., International History of the Black Panther Party, Connecticut, 1999

Spex, 10/93, S.25-27

Spex, Februar 1996

Spichal, Dieter, Die Black Panther Party, Ihre revolutionäre Ideologie und Strategie in Beziehung zur Geschichte und Situation der Afro-Amerikaner, zur »Dritten Welt« und zum Marxismus-Leninismus, Osnabrück, 1974

Der Spiegel, verschiedene Ausgaben aus verschiedenen Jahren

Der Spiegel special, Nr.2/1996, Wahnsinn USA, Land der Extreme

Süddeutsche Zeitung, Nr.101 bis Nr.105, 2./3. Mai 1992 bis 7. Mai 1992

Sughrue, Patricia, Die afrikanisch-amerikanische Bewegung von der Bürgerrechtsbewegung der 60er Jahre bis zur Regenbogen Koalition, unveröffentlichte Hausarbeit, Marburg, 1988

Sunday Telegraph vom 15.4.1990

Tani, E. & Sera, Kae, False Nationalism False Internationalism, Class Contradictions in the Armed Struggle, A Seeds Beneath the Snow Production, 1985

taz, verschiedene Ausgaben aus verschiedenen Jahren

The Black Panther, Black Community News Service, Memorial Issue: Spring, 1991 Vol.1 No.1, Berkeley, Februar 1991

The Black Panther, Black Community News Service, For Malcolm: Summer, 1991 Vol.1 No.2, Berkeley, Sommer 1991

The Black Panther, Black Community News Service, For Jon & George: Fall, 1991 Vol.1 No.3, Berkeley, Herbst 1991

The Black Panther, Black Community News Service, For Mumia, Fall, 1992 Vol.1 No.4, Berkeley, Herbst 1992

The Black Panther, Black Community News Service, Prison Issue, Fall/Winter 1993 Vol.1 No.2, Berkeley Herbst/Winter 1993

The Black Panther, Black Community News Service, Homelessness, Spring/Summer 1994 Vol. 4 No.1, Berkeley, Sommer 1994

The Guardian vom 30.12.1991 und vom 22.8.1992

The Independent vom 5.10.1992

The Militant, A Socialist Newsweekly Published in the Interests of Working People, Vol.55/No.35, New York, October 4, 1991

The Times vom 5.10.1992

U.S. Bureau of the Census, Recommendations from the Interagency Committee for the Review of the Racial and Ethnic Standards to the Office of Management and Budget Concerning Changes to the Standards for the Classification of Federal Data on Race and Ethnicity, http://www.census.gov/population/www/socdemo/race/Directive_15.html, besucht am 15.11.1999

Van Peebles, Mario, Taylor, Ula Y., Lewis, J. Tarika, Panther: the pictorial history of the black panthers and the story behind the film, New York, 1995

Vesper, Bernward, Die Reise, Reinbek bei Hamburg, 1983

wer ist die Nation of Islam?, Broschüre, ohne Angaben

Where it's at, Hrsg., Die Fraktionierung der amerikanischen SDS, Berlin, 1970

Widerstand in der US-Armee, GI-Bewegung in den siebziger Jahren, Berlin, 1986

Winston, Henry, Krise der Partei »Schwarze Panther«, in: Probleme des Friedens und des Sozialismus 12/1971, S.1684-1693

Wynn, Neil A., Vom Weltkrieg zur Wohlstandsgesellschaft, 1941-1961, in: Fischer Weltgeschichte, Die Vereinigten Staaten von Amerika, Frankfurt am Main, 1977, S.354-404

Wynn, Neil A., Die 1960er Jahre, in: Fischer Weltgeschichte, Die Vereinigten Staaten von Amerika, Frankfurt am Main, 1977, S.405-428

X, Malcolm, Schwarze Gewalt, Reden, Michael Schneider, Revolution der Sprache, Sprache der Revolution, Voltaire Handbuch 1, Frankfurt am Main, Berlin, September 1968

Die Zeit, verschiedene Ausgaben aus verschiedenen Jahren

200 Jahre USA, resistance in Free America, Frankfurt am Main, 1976

Wir machen Themen zu Büchern !

Alibri Verlag ☆ ag spak ☆ Atlantik Verlag
☆ KomistA ☆ Neuer ISP Verlag ☆
Schmetterling Verlag ☆ SozialEXtra-Verlag
☆ UNRAST-Verlag ☆

Liebe Leser/innen anspruchsvoller Bücher,
in der assoziation Linker Verlage (aLiVe) haben sich eine Reihe von Kleinverlagen mit einem politisch engagiertem Programm zusammengeschlossen. Politische Alternativen sind in den letzten Jahren oft zuerst in sozialen Bewegungen entwickelt worden; in den gesellschaftskritischen Kleinverlagen fanden sie die Möglichkeit, neue Ideen öffentlich zu machen und kontrovers zu diskutieren. So ist durch jahrelange kontinuierliche Arbeit eine Kompetenz entstanden, die wir Kleinverlage den Branchenriesen voraus haben, die kritische Themen meist erst dann aufgreifen, wenn sie »in« werden.
Nun ist es aber so, daß sich mit unseren Titeln kaum Geld verdienen läßt. Deshalb führen die aktuellen Konzentrationsprozesse im Buchhandel dazu, daß unsere kritischen Titel immer weniger geführt werden – und mit unseren Büchern verschwindet für das Publikum ein weiteres Stück kritischer Gegenöffnetlichkeit.
Diesem Trend wollen wir mit unserem Zusammenschluß entgegenwirken. Durch unsere engere Zusammenarbeit können wir unsere Kräfte effektiver einsetzen und wieder mehr Energie darauf verwenden, Teil einer lebendigen linken Kultur zu sein. Daß dieses Land eine solche heute mehr denn je braucht, steht für uns außer Frage!

Infos und der aktuelle Gemeinschaftskatalog von *aLiVe* können angefordert werden über:

aLiVe, c/o Alibri Verlag, Postfach 167, 63703 Aschaffenburg

Peter Michels: Black Perspectives
Berichte zur schwarzen Bewegung
Dieses unentbehrliche Geschichtsbuch über Ereignisse und Bewegungen in den USA und der Karibik in den 60er bis 80er Jahren ermöglicht einen umfassenden Rückblick auf die politischen und kulturellen Bewegungen, die im Vor- und Umfeld der 68er-Bewegung entstanden sind.
Bd.1: USA, u.a. Bürgerrechtsbewegung, Black Panther Party, Attica, Vietnamkrieg, Schwarze Frauen/Schwarze Männer, 384 Seiten, br., 34,00 DM, ISBN 3-926529-39-3
Bd 2: Karibik, u.a. Puerto Rico, Kuba, Jamaica, Rastafari, Pan & Steelbands, Calypso, Soca, Rapso, 344 Seiten, br., 32,00 DM, ISBN 3-926529-40-7
Gesamtausgabe 58,00 DM, ISBN 3-926529-41-5, Atlantik Verlag

Mumia Abu-Jamal: Ich schreibe um zu leben
Das zweite Buch des afroamerikanischen Journalisten und Ex-Black Panthers enthält Reflexionen und Essays über Fragen des individuellen und gesellschaftlichen Lebens – geschrieben in der Todeszelle. Ein bewegendes Zeugnis der Unbesiegbarkeit des menschliches Geistes und der Kraft des geschriebenes Wortes.
216 S., 36,- DM, ISBN 3-926529-20-2, Atlantik Verlag

Christian Schüller/Petrus van der Let (Hrsg.): Rasse Mensch
Jeder Mensch ein Mischling
Die Autoren entkleiden den Begriff der »Rasse« seines wissenschaftlichen Mäntelchens. Sie führen den Beweis, daß er mit naturwissenschaftlichen Erkenntnissen nicht vereinbar ist, zeigen auf, aus welchen ideologischen Traditionen er entstand und weisen nach, daß der Begriff von Beginn an eingesetzt wurde, um Menschen nicht nur zu klassifizieren, sondern auszugrenzen, zu benachteiligen und zu unterdrücken. Denn tatsächlich hat sich die Menschheit durch Mischung und Migration herausgebildet; so gesehen ist jeder Mensch ein »Mischling«.
ISBN 3-932710-14-2, 179 S., kart., DM 28.-, Alibri Verlag

gruppe demontage: Postfordistische Guerrilla
Vom Mythos nationaler Befreiung
Aus Anlaß der weltweiten Globalisierung von Politik und Kapital fragt die *gruppe demontage* nach den veränderten Spielräumen von Befreiungsbewegungen in Europa und im Trikont.
An den Beispielen ETA, PKK, IRA, EZLN und der korsischen FLNC werden deren unterschiedliche politische Konzepte von Nation, Befreiung und Sozialismus analysiert und hinsichtlich einer kritischen Solidarität unter die Lupe genommen.
»... birgt die Möglichkeit, neue Perspektiven einer kritischen Solidarität zu entwikkeln.« express
2. erweiterte Auflage, 292 Seiten, 29.80 DM, ISBN 3-928300-77-6, UNRAST Verlag